# 近世讃岐地域の歴史点描

木原溥幸［著］

生駒藩四代藩主生駒高俊夫妻の墓所（秋田県由利本荘市矢島町）

小豆島岩谷石丁場に残る巨大な大坂城築城残石の「種石《たねいし》」
（小豆郡小豆島町）。

かつて防波堤の上に置かれていた大坂城築城の「残念石」
（小豆郡土庄町小海）。

丸亀市塩飽本島の泊・笠島にある人名の墓と、塩飽勤番所（丸亀市本島町）。

高松藩の科学技術者で、坂出塩田の築造に貢献した久米通賢（栄左衛門）の肖像画（東かがわ市教育委員会蔵）。（萩野憲司氏提供）

万延元年（1860）に咸臨丸で渡米し死去した、サンフランシスコの日本人墓地にある塩飽水夫富蔵と源之助の墓。（渡辺隆喜氏提供）。

昭和63年（1988）に竣工した香川県県民ホール建設に際し、高松城旧東ノ丸で出土した近世初期の高松城石垣（高松市玉藻町）。

坂出塩田の築造を記念して建てられた、天満神社にある文政12年（1829）の「阪出墾田之碑」（坂出市京町）。

解体再築造前の高松城天守閣石垣と松平家廟、平成25年(2013)に完了した高松城天守閣石垣解体修理により、再びすがたを現した天守閣の石段と礎石（高松市玉藻町）。

現存する十二の木造天守閣の一つ、丸亀城の天守閣と「扇」の勾配とよばれる曲線美の石垣。

高松藩幕末・明治の家老松崎渋右衛門の墓地（高松市宮脇町）。

正徳元年（1711）の越訴により処刑された平井兵左衛門の墓所（小豆郡小豆島町池田）。

高松藩が幕末に築いた屋島長崎鼻の旧砲台跡（高松市屋島西町）。

金毘羅丸亀街道の中間にある、与北茶屋に建つ文政11年（1828）の街道最大の灯籠（善通寺市与北町）。

琴平町の北神苑に建つ万延元年（1860）建立の高灯籠。

八十五番札所八栗寺への参道に立っている「袖道標」(「右本堂参詣道」)(高松市牟礼町)。

長尾寺への遍路道にある「袖道標」(「右長尾寺道十五丁　やくり三里」)(さぬき市長尾西町塚原)。(藤井洋一氏提供)

高松藩の藩校講道館初代総裁となった儒学者後藤芝山の墓所(高松市宮脇町)。

高松藩藩校講道館の大聖廟前に建てられた天保５年（1834）撰の「新建大聖廟記」碑（高松市　香川大学教育学部附属高松小学校内）。

高松城下の「亀井の霊泉」（旧新井戸跡）。高松市丸亀町の再開発で平成24年（2012）に撤去された。

金毘羅参詣の上陸地、新堀湛甫のそばに建つ天保９年（1838）の「江戸講中灯籠」（丸亀市西平山町）。

向山周慶と関良助を祀って弘化３年（1846）に建立された旧向良神社（東かがわ市白鳥町）。

高松藩の砂糖の製造と普及に尽力した向山周慶の肖像画（『高松市史』より）。

安政５年（1858）に建立された「糖業感謝碑」(東かがわ市引田町黒羽)。(萩野憲司氏提供)

弘化３年（1846）の「向山翁沙糖開基碑」(東かがわ市白鳥町)。

幕末の砂糖作りの姿を残す昭和30年（1955）代終わりころの砂糖締小屋（坂出市青海町北山)。(井上勝之氏提供)

坂出市史跡「三十六」と、そこに文政11年（1828）に立てられた「細川将軍戦跡碑」（坂出市林田町）。

塩江街道と仏生山街道の分岐点に建つ天保２年（1831）の金毘羅大権現常夜灯籠（高松市太田上町）。

# はじめに

九州の福岡県を出たことがなかった私が、はじめて四国香川県の高松の土を踏んでから、随分と長い歳月が経ちました。この間研究者としての生活を送ることができましたのは、ひとえに日頃からご厚誼をいただいている方々、また香川の地域史研究に奮闘されている方々のご支援、ご協力のお蔭であると深く感謝を致しております。

高松で香川大学教育学部に奉職し日本史を担当することになりましたが。それまでの私の研究テーマが江戸時代末期の藩の政治史でありましたので、地元讃岐の幕末のことを研究してみようと調査を進めているうちに、幕末には讃岐、とくに高松藩で砂糖生産が盛んであったことを知りました。しかしこれに関する本格的な研究がほとんどなされておらず、また史料の発掘も十分でないことがわかり、高松藩の藩財政と砂糖生産との関連について、研究を進めていくことにしました。

高松藩の砂糖に関する研究を進めている一方で、『善通寺市史』をはじめとして、『新編香川叢書』、『寒川町史』、『香川県史』、『飯山町誌』、『新編丸亀市史』、『町史 ことひら』、『高瀬町史』、『大野原町誌』などの自治体史の編纂に参加させていただきました。そのなかで執筆担当として高松藩の政治以外のこと、たとえば丸亀藩の藩政、農村のありかた、幕末の農民の軍事的役割、高松城下町のすがた、金毘羅や門前町の発展なども調査、研究することになりました。

とくに『香川県史』の編纂に参加することによって、それまで自治体史の編纂で分担した分野に限らず、讃岐近世の全体的な歴史のありかたを大いに勉強することになりました。とくに県史編纂に参加した地域史研究者との共同での調査や研究発表会は、これまでの香川の地域史研究にはなかったことでした。これらのことは高松藩に関する研究を中心に据えながら、私の近世讃岐史の研究の視野を大きく拡げてくれることになりました。

これらの自治体史や報告書などに執筆したものを、『地域にみる讃岐の近世』（美巧社。二〇〇三年）、『藩政にみる讃岐の近世』（美巧社。二〇〇七年）としてまとめました。そしてこの間高松藩の砂糖統制や高松藩・丸亀藩の財政問題、またそれら以外の近世の讃岐に関する研究論文を執筆していましたので、これらを中心にして『近世讃岐の藩財政と国産統制』（溪水社。二〇〇九年）、『近世後期讃岐の地域と社会』（美巧社。二〇一二年）を出版しました。

ところで、こうした研究の成果を踏まえて、一般の読者を対象とした各種の出版物にも、近世の讃岐に関する文章を書いてきました。それらは概論風、研究余録的なもので、いままで刊行してきた拙著と内容が重複するところもありますが、平易な文章を心がけたつもりですので、研究論文とは違った意味で近世の讃岐の歴史に関心をもち、理解していただけるのに役に立つことができるのではないか考えました。また、これらをまとめておくことも研究者の務めだろうと思いました。書名には悩みましたが、一般向きの内容であるということで、『近世讃岐地域の歴史点描』としました。

本書の内容は厳密には区別しにくいものもありますが、一応、概論と余録に分けております。それぞれについては内容的な分類をせずに、順番は刊行年の古いものからとすることにしました。本文は執筆当時のままを尊重しましたが、文章の内容をわかりやすくするために表題を変更したり、文意が十分に伝わっていなかった、あるいは今からみて間違っていたなどの箇所は修正しました。また新たに小見出しをつけて読みやすくしたところもあります。またルビもできるだけ付けました。一般の読者を対象として書かれたものですので、厳密に出典を記していない箇所もありますがご了承下さい。

今後の讃岐の近世史研究の発展に、本書はほとんど役に立つような内容のものではありませんが、近世の讃岐史の一端を述べたものとして、讃岐の地域史研究に関心をもっておられる方々に、何らかの参考になれば大変有り難いと思っています。私自身これからも健康の許す限り、近世讃岐の地域史研究を続けていきたいと念じています。

なお、本書の口絵の写真は大体各文章の内容に関係した順に、江戸時代から現在まで残されているもの、あるいは最近まで残っていたものなどを載せております。また、元の文章には挿絵が入っておりましたが、それらはすべて省かせていただきました。

本書の出版にあたり、旧稿を掲載した刊行物を発行された多くの出版社、資料館、自治体等より、転載のご了承をいただきました。厚くお礼を申し上げます。

本書の刊行に際しましては、美巧社の池上晴英社長にいつものようにお世話になりました。心より感謝を申し上げます。

平成二八年五月

木原溥幸

# 近世讃岐地域の歴史点描●目次

## Ⅱ部　余　録

# I部　概論

# 一　生駒藩と御家騒動（『香川県の歴史と風土』「歴史編」。創土社、一九八二年）

## 1　生駒親正と高松城下町

天正十五年（一五八七）八月、生駒親正（近規とも書く）は豊臣秀吉より讃岐国を与えられた。親正は美濃国土田の出で、はじめ織田信長に仕えたが、のち秀吉の配下に入り、天正十二年に播磨国に二〇〇〇石を領してのち石高を増していき、二年後には播磨の赤穂に六万石を有するまでになり、近世大名として成長しつつあった。

讃岐に入封した親正は領内支配体制を強めるために、讃岐国内の有力な武将を家臣に取り立てていった。「生駒記」は末石五郎兵衛・佐藤志摩・佐藤掃部《かもん》・三野四郎左衛門らの名をあげているが、このほか天正十五年に由佐平右衛門に二四〇石、大山入蔵に一五〇石の知行を与えた文書が残っている。また寺社にも所領の寄進によって保護を行っており、同年に白峯寺五〇石、一宮（田村）神社五〇石、翌年に善通寺誕生院二八石、松尾寺金光院（金毘羅大権現）二五石を与えている（『新編香川叢書・史料篇(二)』）。

しかし他方では、生駒氏による讃岐支配の方針に反抗するものには、徹底した取り締まりを行った。天正十七年に秋の年貢納入時期になっても山田郡の農民が年貢を納めなかったために、その首謀者を捕えて香川郡西浜村の浜辺で首を刎ねたという（「生駒記」）。

ところで生駒親正が支配した讃岐の石高ははっきりしないが、『思栄録』によると、慶長五年（一六〇〇）冬に親正の子一正は、徳川家康より二万三〇〇〇石を加封され一七万三〇〇〇石を安堵されたといい、親正入封から慶長五年までは一五万石であったことがわかる。ただし慶長十六年に一正の子正俊に一七万一八〇〇石余が安堵されていることから考えると、一正に安堵されたのは一七万一八〇〇石余が正しいと思われる。なお讃岐一五万石の中には、太閤蔵入地一万五〇〇〇石（定納一万石）があった（「生駒家文書」）。その場所は『西讃府志』では豊田郡内にあり、上坂丹波守が代官で、代官所は観音寺の高丸城に置かれたとしている。

生駒親正が初めに入った引田城は讃岐の東端になることから、鵜足《うた》津の聖通寺城を居城にしようとした。しかし内部が狭かったため、那珂郡津森庄の亀山や山田郡上田井の由良《ゆら》山などに築城しようとしたが、結局香東郡野原庄の海浜に決まり、天正十六年に黒田如水（一説には細川忠興）の縄張り（設計）によって着工し、三年後に完成したという。これを高松城と称し、讃岐支配の拠点としての城下町の建設を進めていった。高松城は海水を利用して濠がつくられており、水城として著名である。

三六年後の寛永四年（一六二七）の高松城下町は東西九〜一〇町（一町は約一〇九メートル）・南北六町で、町家数は九〇〇戸ほどであった（「讃岐探索書」）。「生駒家時代讃岐高松城下屋敷割図」によると、西の外濠に「西浜舟入」として藩船の船倉があり、東の外濠は「東浜舟入」とあり諸船の港となっている。天守閣は濠の中央よりやや北側にあり、三重（内部四重）であった。天守閣の西に本丸、内濠をへだてたその北に二の丸、内濠をへだてた東に三の丸がつくられていた。内濠の西外側は生駒隼人屋敷・局屋敷・近習者屋敷などが置かれ、中濠と外濠の間に重臣らの屋敷があった。外濠の西の外側に侍屋敷、南に片原町・丸亀町・百間町・紺屋町・鍛冶屋町・大工町などの諸商人・職人町が、東に東舸子《かこ》町・塩焼町があった。そして城下の南のはずれに寺院が配置されていた。なお寛永十二年に高松城の石垣が崩壊しており、その普請が幕府の老中から許可されている（「生駒家文書」）。

高松城下町の成立には、石清尾山の東を通ってこの城下に流れ込んでいた香東川の流れを止めることが、水害からまもるために不可欠であった。上流の大野から分かれていた香東川の本流を西へ変え、石清尾山の西側を通る現在の香東川の流れにしたのは、西島八兵衛の事業であるといわれている。

慶長二年に西讃岐統治のために、親正は津森庄亀山に丸亀城を築いた。この丸亀城には生駒親正の子一正が居城したが、一正が藩主となって高松城に入った慶長六年以降は、重職たる奉行の佐藤掃部を城代としておいた。慶長十五年一正死後藩主となった子の正俊は、丸亀城下の一部の町人を高松城下へ移住させ、その地を丸亀町と呼んだという。丸亀城は元和元年（一六一五）の幕府による一国一城令により廃城となった。

## 2　関ヶ原の合戦と生駒藩

豊臣秀吉の朝鮮出兵にあたり、文禄元年（一五九二）三月に生駒親正は五五〇〇の兵、一正は二五〇〇の兵をそれぞれ率いて朝鮮へ渡り、また慶長二年（一五九七）の再度の出兵では一正が七番手として二七〇〇人を率いて渡海した（『大日本史料』）。なお、このころに親正は中村一氏・堀尾吉晴とともに中老となり、秀吉のもとで重きをなしたという。

秀吉の没後、五大老の一人徳川家康は勢力を強めていき、家康に抵抗した会津の上杉景勝を討つため慶長五年六月に大坂を出発したが、これには生駒一正が従軍した。この家康留守の隙に石田三成が反徳川大名とともに兵を挙げ、九月に関ヶ原の合戦が起こった。生駒親正は豊臣秀吉恩顧の大名であり石田方についた。この合戦の結果は家康方の勝利となり、親正は高野山に入って出家した。

生駒一正は関ヶ原の合戦で徳川方の先鋒をつとめて活躍し、特に家臣三野四郎左衛門が功を立てたという（「生駒記」）。これにより生駒藩は所領没収を免がれ、一正に讃岐一七万一八〇〇石余が安堵された（『寛政重修諸家譜』）。生駒家は豊臣系の外様大名であったが、関ヶ原の合戦は何とか乗り切り、近世大名として存続することができた。

慶長十三年九月に生駒一正は妻子を江戸屋敷へ住まわせたことにより、普請役を半分免除されている（「生駒家文書」）。大名の妻子の江戸居住は、徳川幕府の大名統制の中心となる参勤交代《さんきんこうたい》制の始まりであるが、慶長八年ごろから行われはじめ、慶長十年には浅野長政・藤堂高虎が妻子を江戸へ居住させている（『大日本史料』）。こうして生駒藩は徳川幕府への忠誠の証を示していったのである。

慶長十五年三月に生駒一正は没し、子正俊が後を継いだ。その後、慶長十九年冬から元和元年（一六一五）夏にかけて大坂の陣が起こったが、冬の陣では、正俊は徳川軍に属して船場の堀の内に陣を取った。和睦ののち、家臣の森出羽・生駒将監・萱生《かよう》兵部が徳川家康・秀忠より感賞された（「讃羽綴遺録」）。また翌年の夏の陣でも正俊は出陣の軍令を受け、軍用金五〇〇〇両を家臣に分配して出陣した（「生駒記」）。のち元和六年からの大坂城修築では普請役を勤めている。

元和五年六月に広島城主福島正則が改易された。このとき生駒正俊は土佐藩主山内忠義ら六名の大名とともに広島城の接収に当たったが（『徳川実紀』）、それから二〇年後には生駒家が転封され、高松城が接収される運命が待ちうけていたのである。

近世社会における幕府および藩の経済的基盤は農民からの年貢にあった。このため近世初めから幕藩領主は農民支配を強め、農民からの年貢徴収を確実なものにするために行ったのが検地であり、これによって農民の耕作面積や生産高を把握しようとした。すでに豊臣秀吉は全国統一の過程で各地に検地を実施していった（これを太閤検地《たいこうけんち》という）。讃岐国では天正十八年（一五九〇）に、生駒藩領ではないが、塩飽諸島で検地が行われ、その石高一二五〇石が秀吉から塩飽船方衆《ふなかた》六五〇人に与えられた（「塩飽島諸事覚」）。

生駒藩での検地の状態については詳しくはわからないが、現在残っている生駒時代の検地帳としては、慶長二年長尾庄西村・塚原村検地帳、慶長四年木之郷村検地帳、慶長七年富田中村検地帳、寛永七年富田中村検地帳がある（いずれも写である）。これまで生駒藩の検地については、慶長四年に行われ、生駒一正が藩主となった直後の慶長六年にも検地を行って、慶長四年検地を補ったといわれているが（「生駒記」）、検地帳の残存状況からみて、慶長二年から検地が始まり、五年後の七年に終了したと考えられる。

慶長七年の富田中村検地帳によると、田方面積は四四町余、畠方は二六町余で、畠方がほぼ三分の一を占めているのは、灌漑設備の整備による水田化がまだ不十分であったことを示しているのであろう。また高請《たかうけ》一〇石未満の下層農民が五三パーセントを占めている一方では、庄屋を勤める有馬与兵衛のように七四石をもっているものもいる。このような大高持は戦国時代の土豪層に系譜を引くものである。富田中村では旧土豪が村内有力者として君臨するとともに、彼らのもとで耕作に従事しなければ生活を維持できない零細農民が多数存在していた。

寛永七年（一六三〇）の検地帳は畠方のみであり、またこのころに全藩的に検地が実施されたのかどうか明らかでないが、この畠方検地帳で特徴的なのは、「勝兵衛分清三郎」のように「分付《ぶんづけ》」百姓の記載がみられることである。これまで独立した農民として認められていなかった隷属的な状態にあったものが、分付という形ではあるが検地帳に登録され、年貢を負担する耕作者農民として扱われているのであり、近世的な農民である本百姓として自立化してきている姿をみることができよう。畠方のみではあるが、分付主は三一名、分付百姓は六六名で、最も多く分村百姓をもっているのは庄屋有馬勝左衛門の一三名であった。慶長七年検地帳に記載された高請人《たかうけにん》は五五名であったが、寛永七年では畠方のみで分付百姓を含めて一〇三名と倍近くなっている（『大川町史』）。

なお幕府領であった小豆島については慶長十年の検地帳が残っており、このころ検地が実施されている。

## 3　生駒家と藤堂高虎

元和七年（一六二一）六月、生駒正俊は幕府から暇を与えられて江戸から帰国の途についたが、京都で急死した。齢三六歳であった。遺領は当時一一歳の子の高俊が継いだ。しかし高俊が幼少であったため、高俊の母（正俊の正室）が藤堂高虎の娘（実は家臣の娘で養女）であった関係から、外祖父高虎が生駒藩政を執ることになった。

藤堂高虎は初め豊臣秀吉の弟秀長に仕えたが、のち文禄四年に秀吉から四国の伊予に七万石を与えられ、宇和島を居城とした。関ヶ原の合戦後、軍功によって徳川家康より伊予半国二〇万石を与えられ今治城に入ったが、慶長十三年には伊勢の津城に移り、伊賀・伊勢に二二万石を領した。高松城の縄張りが高虎の紹介により黒田如水によって行われたともいわれるように、讃岐生駒藩は成立当初から高虎との関係が深かったようである。それが、いつ頃からのことかは明らかではないが、四国に所領をもつ大名同士であったことも関係しているかもしれない。

藤堂高虎は豊臣系の外様大名であったが、関ヶ原の合戦後に所領を拡大していき、その子高次は徳川譜代の名門で時の老中酒井忠世の娘を正室に迎えているように、徳川幕府から重くみられていた外様大名であった。生駒家はこの高虎の養女を正室とし、また正俊の娘二人を高虎の家臣に嫁がせて藤堂家との関係を強めており、さらに老中土井利勝の娘を高俊の正室に迎えて幕府要人との姻戚関係ももった。このようにして生駒藩は豊臣氏直系の外様大名でありながら徳川幕府支配下でその安泰をはかり、近世大名としての地位を固めようとした。しかし正俊の急死は生駒藩政に混乱をもたらしていくことになり、生駒藩の悲劇はすでにここに始まったといえる。

生駒藩の執政役となった高虎は、元和七年七月に家臣西島八兵衛を讃岐へ派遣して正俊亡き後の藩政の監視に当たらせ、また翌年九月には讃岐国元の重臣へ、蔵入《くらいり》地支配のありかた、藩財政内容に関する報告、給人領の取り扱いなどについて申し送っている（「生駒家文書」）。

## 4　西島八兵衛と満濃池

西島八兵衛は生駒高俊襲封直後に藤堂高虎より讃岐へ派遣されたが、のち寛永二年（一六二五）に讃岐が旱魃により飢饉に陥ったため、地理・農業に詳しかった八兵衛は再び讃岐へ派遣され、五〇〇石で生駒藩に召し抱えられた。以後讃岐の農村の復興に取り組み、寛永六年に一度高虎から江戸へ呼び戻されたが、また讃岐へ帰り、翌七年に二〇〇〇石の知行が与えられ寛永十六年まで讃岐に滞在した（『高山公実録』）。

この間西島八兵衛は、藩政に関与するとともに、旱魃による水不足にともなう災害を解消し、灌漑用水の確保によって農業生産力を高めるために、讃岐各地に溜池を築いていった。

寛永四年の生駒藩領内の米の実際の生産高は二二万一〇〇〇石余で、このうち蔵入地が九万四六三六石余、給知役高《きゅうちやく》九万九四七二石余、御女中・寺社領などが二万六八八〇石余であり、蔵入地は全生産高の約四三パーセントを占めるだけであった。そしてこの年の蔵入地年貢収納高は、災害のためか、免（年貢率のこと）が二割一分と低く、一万八九三六石余しかなかった（「西島家文書」）。

蔵入地が少ないうえに、旱魃による災害を受けることが多いとすれば、藩財政の財源不足は明らかであった。このため蔵入地の拡大や免を上げることによって年貢収入を増やす必要があり、特に免を上げるためには農民による米の生産を安定させねばならなかった。ここに西島八兵衛が溜池の築造に奔走しなければならない理由があったといえよう。

すでに生駒親正の時代に那珂郡の郡家村に大池、阿野南条郡の国分村に関ノ池、香西郡の笠居村に衣懸池が築かれたといわれるが、西島八兵衛は大小九〇余の池を築いたとされている（「生駒記」）。その主なものをあげると、寛永四年に香東郡川東の龍満池・同郡川部の小田池・阿野北条郡福江の大池を築造したのをはじめ、以後十六年までに三木郡氷上の山大寺池、三野郡羽方の瀬丸池、那珂郡真野の満濃池、三野郡麻の岩瀬池、鵜足郡炭所の亀越池、山田郡西植田の神内池などを築造した。またこの間、寛永十四年には高松城下東浜から山田郡新川に至る海岸線に福岡・木太・春日の新田を、さらにその東に百石新田を開いたという（福家惣衛氏『香川県通史』）。

これらの中でも満濃池の築造が有名なものである。満濃池は平安時代初期に弘法大師空海が修築した池として知られているが、元暦元年（一一八四）に決壊してのち約四五〇年間再築されず、寛永のはじめには三五〇石ほどの池内村となっていた。三年間かかって満濃池は完成したが、この水掛《みずかか》り高は那珂郡・多度郡・鵜足郡の三郡四四か村におよび、その総石高は三万五八一四石余に達した（「満濃池水懸申候村高之覚」）。寛永十七年の讃岐の米の総生産高は二三万二九四八石余で（「生駒讃岐守高俊公御領分讃州郡村并惣高覚帳」）、寛永四年よりも約一万二〇〇〇石増えているのは、西島八兵衛による溜池築造の成果のあらわれであるといえよう。

## 5　新参家人の台頭

生駒家は大名として成長していくにつれて新たに家臣を召し抱えていったが、播磨の六万石から一五万石の大名として讃岐に入ってきてからは一層多くなった。領内支配を確固たるものとするために、統治機構を作りあげねばならず、これを動かす有能な人材を確保することが必要であったのである。詳細は明らかでないが「生駒記」によると、豊臣秀吉の甥秀次に仕えていた前野但馬守長康の家老役前野助左衛門と石崎若狭《わかさ》は、文禄四年（一五九五）に浪人の身となったが、生駒一正の時に一〇〇〇石で召し抱えられて家老並みとなった。また阿波出身の小野木重左衛門が正俊の代に足軽として取り立てられ、のち八五〇石の国奉行となった。高俊の代には七〇〇石で野々村九郎左衛門を取り立てている。西島八兵衛もこの新参家人の一人であったことはいうまでもない。

元和七年（一六二一）に高俊が新藩主となった時に、前野助左衛門・石崎若狭は参勤交代の供家老となって江戸屋敷と国元を往復し、また江戸屋敷の留守居役には彼らとの関係を強めていた譜代家老森出羽の子出雲がなった（「生駒記」）。

その後、前野・石崎は江戸詰家老となっており、彼らは高俊襲封後江戸屋敷を中心として勢力を張っていったと思われるが、執政役の藤堂高虎が在世中はそれほど目立ったものではなかったであろう。寛永七年（一六三〇）に高虎は死去し、これ以後高俊は高虎の子高次と高俊の義父で幕府老中の土井利勝を後見役として、藩政をみることになったが、前野・石崎らは「数年、我まゝを仕《つかまつり》、自由をはたらき重々不届き仕合」と、その専横をあらわにするようになった（「生駒家文書」）。

彼らは親正・一正・正俊の三代の間に召し抱えた侍の多数の扶持を没収し、代わって彼らに与《くみ》する新参侍を多く召し抱えて知行・扶持を給していき、のちには前野助左衛門は三五〇〇石、石崎若狭は三〇〇〇石の知行をもつまでになった。この前野派には、譜代家老の森出雲・上坂勘解由が属し、また奉行・代官・横目・郡奉行など藩政の重要な役職にも新参人を多く登用していった（「生駒記」）。

ところで、寒川郡富田中村に出された寛永十四年（一六三七）と十五年の「免定《めんさだめ》」（年貢の高と率を記したもの）を見ると（「有馬家文書」）、差出人の奉行はいずれも小野木十左衛門・市原惣右衛門・西島八兵衛となっている。小野木・市原はともに前野派である。そしてこの富田中村には家臣の知行《ちぎょう》地と蔵入地たる代官地が併存していたが、寛永十四年の代官には前野派である山田太兵衛がなっている。このように前野派の人物が奉行や代官に登用され、また富田中村以外の代官地にも前野派の代官が多く用いられたことであろう。

またこの免定を通して、代官地が元和九年には一二〇石余であったのが、寛永十四年には五二八石余と富田中村の全石高の七六パーセントを占めるまでに増加しているのがわかる。これはこの間に蔵入地拡大の政策が採られたのではないかということを推測させる（『大川町史』）。

# 6　生駒騒動

寛永十四年（一六三七）七月に国家老生駒帯刀は、前野派の横暴を糾弾した一九か条の訴状を土井利勝・藤堂高次らに提出した。これが生駒騒動の発端である。「生駒記」によると、この訴えに対し利勝・高次は、前野派の前野助左衛門ら四名と反前野派の生駒帯刀ら四名に切腹を命じて喧嘩両成敗とし、内密に処理しようとした。ところが藩主高俊は、前野派はやむを得ないとしたが生駒帯刀ら四名の切腹に反対したため、寛永十七年七月に正式に幕府の評定にのぼることになったという。

しかし事実は異っていたようである。生駒高俊が老中阿部重次に宛てた寛永十七年五月二十日付の「中上覚」（「生駒家文書」）によると、前年の冬に生駒帯刀の訴状の内容を調査しているうちに、前野助左衛門が病死したため、土井利勝と藤堂高次は帯刀の訴状はなかったことにしてかれを国元へ帰らせた。しかしその後石崎若狭と助左衛門の子の前野次太夫は、江戸屋敷はもとより国元のものをも巻きこんで徒党《ととう》をくみ、高俊の命にも従わなかったため、利勝・高次と相談の上高次の藩地へ若狭・次太夫と帯刀を預けたという。つまり寛永十七年七月に幕府の評定にのぼったのは、若狭・次太夫らが徒党をくみ、藩主の命令を聞かなかったことが問われたのである。

すでに六年前の寛永十一年に前野助左衛門・石崎若狭ら一四名は、藤堂藩の重臣へ「何分も訴訟かましき事、徒党を立て与《くみ》をいたし申間敷《まじく》事」（「生駒家文書」）と、徒党しないことを誓約していた。したがって評定の結果、前野派中心人物の五名の切腹の理由が「家老ノ身トシテ主人ノ為ヲ疎意ニ存シ、家中ノ者一味」とされたのである（「生駒記」）。

生駒騒動の結末は、前野派一七名の切腹、生駒帯刀派の帯刀・生駒左門・三野四郎左衛門の大名預けとなり、藩主生駒高俊は讃岐一七万一八〇〇石余を取り上げられて転封され、出羽国の矢島に一万石を与えられるのみとなった。そしてこの二年後の寛永十九年に、御三家の一つである水戸藩より松平頼重《よりしげ》が讃岐東部地域を支配する高松藩の藩主として入ってきたのである。

これによって外様大名の割拠する四国に、寛永十二年の伊予松山藩の松平家とともに徳川一門の配置が実現していったことを考えると、生駒騒動は徳川幕府の大名配置策と何らかの関係をもっていたようにも考えられるのである（藤野保氏『新訂幕藩体制史の研究』）。

またややもすれば生駒騒動は、正義派生駒帯刀と悪人派前野助左衛門の対立という形で捉えられがちである。しかし前野派が徒党をくんだ時に、この派に属していた江戸、国元の家臣ら約二〇〇名が大坂に集まったという。このことは単に前野派の藩政に対する不正・横暴という理由だけで片づけられないものがあったことを示しているのではあるまいか。

生駒騒動にみられる家臣の対立の根源には、前野派が、家臣に土地を与える地方知行制を否定し、米を支給する俸禄制を拡大していくことによって、蔵入地を増やし、藩の財政収入を増加させようとしていたことがあったのではないかとの見解が出されている（佐々木潤之介氏『大名と百姓』）。先に富田中村で、寛永十四年に代官地が増えてきていることを指摘しておいたが、この時期に讃岐において地方知行制から俸禄制への動きがみられたのかどうか、生駒騒動の背景にある一つの重要な問題として検討されねばならないであろう。

## コラム・小豆島の大坂城石丁場

慶長十九年（一六一四）十月から翌元和元年にかけての大坂の陣により、大坂城は落城し豊臣氏は滅んだが、徳川幕府は元和六年・寛永元年（一六二四）・寛永五年の三回、一〇年にわたって多数の大名に知行役《ちぎょうやく》を課して大坂城修築の大工事を行った。この時西国各地から石材を切り出して石垣に使用しており、その中の石材切り出し地の一つが小豆島であった。

当時小豆島は幕府の直轄領であった関係から、大名がそれぞれ持ち場を担当して石の切り出しを行った。小豆島の石丁場《いしちょうば》は、福田・当浜・岩谷《いわがたに》・石場（以上小豆島町）、大部・千振島・小瀬・千軒・小海《おみ》・豊島家浦（以上土庄町）の各丁場の一〇か所であった。

これらの石丁場のうち細川藩担当の小海丁場については、元和八年の「小豆島去年御仕置之石改帳」（永青文庫蔵）に、実測を記した大小合わせて八四九の石があげられており、また年は不明であるが「小海村石数之覚」（「三宅家文書」）によると計一二八九の石があったと記されている。しかし現在は、切り出し跡の状況は明らかでなく、ただ小海の海辺に、切り出されたものの大坂へは運ばれずに放置された残石が並べられているのが往時を偲ばせる。

小豆島の石丁場跡を代表する岩谷丁場は南谷・天狗岩・豆腐石・亀崎・八人石・磯の各丁場より成っており、大坂城修築当時の石の切り出し状態をよく現在に残している。この岩谷丁場は福岡藩の担当丁場であったが、大坂城修築完成後も福岡藩はここに御用石番人七兵衛を置き、残石の監視に当たらせた。幕末の文久三年（一八六三）の「御用石員数寸尺改帳」（石本家文書）によれば、角取・そげ石合計六五四個の残石があり、このうち二二三個は海辺に置かれていたという。現在でも天狗岩磯丁場の海中に多くの残石の姿をみることができる。

昭和四十七年三月に岩谷丁場は国の史跡に指定されたが、その後の調査によると、種石を含めて一六一二個、角取・そげ石だけでも一二三二個の残石が確認されており、文久三年の数字をかなり上まわる残石が明らかとなっている。

# 二　塩飽廻船と勤番所（『受験講座・社会』第一一〇号。福武書店、一九八五年）

## 1　塩飽水軍の活躍

四国の高松から西へ車で一時間ほど行ったところに丸亀がある。ここの港から対岸の岡山県の下津井へフェリーが出ており、牛島・本島・与島・岩黒島・向島・櫃石島の島々の間を縫うようにして航行している。この航路に沿って現在瀬戸大橋の架橋工事が進められ、昭和六十三年十月に完成の予定で、すでに巨大な橋脚が櫃石島・与島などにでき上っている。これらの島々のほかに近くの広島・手島・高見島・佐柳島などを加えた大小二八の諸島からなっているのが、いわゆる塩飽《しわく》である。この塩飽は今瀬戸大橋の島として脚光を浴びようとしているが、江戸時代の前期には廻船《かいせん》業で栄えたところであり、また国指定史跡の塩飽勤番所《きんばんしょ》が本島の泊にある。

塩飽は讃岐国（香川県）に属し備讃瀬戸の西部にあって、瀬戸内海海上交通の要衝に位置しているところから、古来より歴史上にその名が見えている。文治元年（一一八五）に屋島の合戦で源義経軍に敗れた平氏一族は、一旦塩飽島に立ち寄って長門の壇ノ浦へ落ちのびていった。鎌倉時代に入ってからは、この一帯を根拠地にして瀬戸内海で水軍の塩飽衆として活躍した。室町時代には塩飽本島の宮本氏が勢威を張って海賊大将軍と呼ばれ、中国地方の守護大名大内氏に従って勘合《かんごう》貿易に従事したこともあったという。また文安二年（一四四五）ごろには兵庫の北関（神戸市）に塩飽船が塩や油などを積んで頻繁に出入りしていた。そして戦国時代には伊予の水軍村上氏の配下にいたが、のち織田信長が勢力を伸ばすに及んで、塩飽水軍はこれに属した。

豊臣秀吉による全国統一が進む中で、塩飽衆は秀吉の配下で重要な役割を果たした。天正十四年（一五八六）の九州の島津氏攻撃に際しては、五〇人乗り船一〇艘と一艘に水主（舸子とも書く）五人を差し出し、また同十八年の後北条氏攻撃には大坂から小田原へ兵糧米を積み送った。そして朝鮮の役では医師・奉行や物資の輸送に携った。秀吉は天正十八年に塩飽に検地を実施し、塩飽の石高を一二五〇石と定め、これを島中の船方衆《ふなかたしゅう》六五〇人に与える朱印状《しゅいんじょう》を出した。つまり島高をすべて与えられる代わりに、船方衆六五〇人は秀吉の御用水主《ごようかこ》を勤めることになったのである。

## 2　西廻り航路と塩飽

関ヶ原合戦のあった慶長五年（一六〇〇）に、徳川家康は島中船方六五〇人の領知を認めた豊臣秀吉朱印状と同内容の朱印状を出しており、徳川幕府にも塩飽船方の御用水主は引き継がれた。ここに塩飽は幕府の直轄領ではあるが、水主六五〇人によって島政が運営されるという、独特の統治形態をとることになった。ただし島政の実権は中世以来の伝統的勢力で水主の中でも最も有力な年寄役《としよりやく》が握っていた。

幕府の御用水主を勤めた例として、元和元年（一六一五）の大坂夏の陣で備中から堺へ兵糧米を運び、寛永十四年（一六三七）の島原の乱では船二五艘によって島原へ陣道具を送っている。そして承応三年（一六五四）に長崎奉行の豊前小倉までの下向に塩飽水主一二〇人を出すことを命じられて以後宝永元年（一七〇四）まで、長崎奉行の下向の御用水主を勤めている。

ところで、幕府の全国に散在している幕府領からの年貢米（城米《じょうまい》という）の多くは、江戸に運ばれた。ことに幕府による全国支配が完成していくにつれて江戸の町も大きくなり、大量の城米を江戸へ運ばねばならなくなった。このため東北地方の城米を江戸へ運送するよう幕府の命を受けた河村瑞賢《かわむらずいけん》は、寛文十一年（一六七一）に東廻《まわ》り航路、翌十二年に西廻り航路を開発した。西廻り航路は出羽国最上郡の幕府領の城米を酒田湊（山形県酒田市）から積み出し、日本海を南下して下関を経て瀬戸内海へ入って大坂へ運び、さらに紀伊半島を迂回して江戸へ至るというものであった。

この西廻り航路の開発には北国海運に慣れた讃岐の塩飽・直島、備前の日比浦、摂津の伝法・河辺・脇浜などの廻船が使われた。この航路開発の事情を述べた新居白石の『奥羽廻運記《おおうかいうんき》』に、塩飽の廻船は「特に完堅精好（巧）にして他州視るべきに非ず」とあって、その優秀さが指摘されている。中世以来の塩飽水軍の伝統ある航海技術を持ち、北海の荒波に耐えうる大型廻船であったことが注目された要因であり、同時に幕府の御用水主を勤めていたことも無視できない点であった。

## 3　塩飽廻船の全盛

塩飽の廻船が西廻り航路開発のころにどれほどあったのかはっきりした数字はわからないが、最盛時には二〇〇艘余の廻船が廻米や諸物資の運送にあたったという。延宝三年（一六七五）には本島の南にある牛島では船主四五名が七五艘の廻船を持っており、そのうち丸尾五左衛門が八艘で一番多く、次いで長喜屋伝助六艘、次郎兵衛六艘となっている。ただし長喜屋は伝助のほか権兵衛が三艘、伝兵衛が一艘持っており、長喜屋は計一〇艘となって牛島で最も多くの廻船を所持していたことになる。のち元禄十六年（一七〇三）は船主一九名で船数四五艘となっている。そのうち丸尾五左衛門が一三艘、長喜屋吉之助六艘、長喜屋伝助五艘、長喜屋長右衛門四艘、伊勢松三艘である。長喜屋が計一五艘で牛島最大の船持ちであることに変わりはなかった。そして長喜屋、丸尾ともに延宝三年よりも五艘ずつ増えており、彼らへの廻船の集中が進んでいた。

塩飽は多くの島々からなっており、六五〇人の水主数は各島や浦計二〇か所に割り付けられた。正徳三年（一七一三）の状況をみると本島の泊浦が水主数九〇で最も多く、本島の笠島浦七八、高見島七七、手島六六、本島の尻浜浦四〇、与島四〇、牛島三七となっていた。水主数が多いということは、それだけ塩飽の中で優位にあることを示しており、牛島よりも水主数の多い島や浦は、牛島ほどでないにしても相当の廻船数があったといえよう。

塩飽廻船の活躍を示す例を挙げると、但馬国の丹生湾内の今子浦《いまごうら》（兵庫県香美町）という風待ち湊の船番所が、享保四年（一七一九）から同十一年までの八年間の諸国の入港廻船を書き留めた「船番所入津記録」がある。これによると国別では摂津一〇六艘、越前七四艘、讃岐六八艘の順であり、讃岐のうち塩飽が四五艘、宇足津二〇艘、粟島三艘となっている。塩飽の四五艘は一地域の廻船数としては他の国と比べて最も多い。塩飽の中では牛島が一八艘と最高で、次いで本島泊浦八艘、同笠島七艘であった。また廻船の大きさをみると、塩飽は殆どが七〇〇石積から一〇〇〇石積の大型廻船、いわゆる千石船であった。そして全体で城米積廻船は一九艘であったが、そのうち塩飽廻船が一三艘を占めており、塩飽廻船が城米船として活躍しているのがわかる。塩飽の船は越後・越前・丹後の城米を積んでいたが、大坂を出て下関を経由して日本海を北上し、北陸から東北、のちにはさらに蝦夷《えぞ》（北海道）にまで航海する廻船が当時多くなってきた。このコースを航海する廻船のことを北前船《きたまえふね》と呼んだ。

## 4　廻船業の衰退

塩飽惣船持組頭七郎兵衛と喜兵衛は元禄十年に、最近塩飽廻船の城米の運送高が減少して船持ちが困窮し廻船数が減っているので、以後毎年七万五〇〇〇石の城米の運送を認めて欲しいとの願書を出した。これはそのころすでに塩飽廻船が持っていた御用城米船としての特権がくずれようとしていることを示すものであるが、かかる状況をもたらした原因は、各藩の蔵米運送を行う中で台頭してきた諸国廻船を使って、町人が塩飽廻船よりも安い運賃で城米の運送を請け負い始めてきたからであった。

これから二三年後の享保五年に幕府は、北国・出羽・奥州の城米の東廻りによる江戸への廻米を江戸の廻船問屋筑前屋作右衛門に命じ、翌六年には越前の城米の西廻りによる運送も同じく彼に命じた。つまり幕府は城米の運送を町人に請け負わせることにし、これまでの城米の直雇《じきやとい》直送方式から請負《うけおい》雇船方式へ切り換えたのである。ここに城米運送の御用船として塩飽廻船の持っていた特権が否定されたことになり、これを境にして塩飽の廻船数は減少していった。牛島の廻船は享保六年は四三艘であったのに、同十三年には二三艘に減っているが、この背景にはかかる幕府の城米廻米体制の方針の変化があったからである。

塩飽全体の廻船数は正徳三年が一一二艘（二〇〇石積以上）、享保六年は一一〇艘（二〇〇石積以上）であったが、その後明和二年（一七六五）には二五艘（四〇〇石積以上）、寛政二年（一七九〇）が七艘（四〇〇石積以上）となっている。明和二年・寛政二年ともに四〇〇石から二〇〇石積の廻船数が不明なので、享保六年と直接比較はできないが、それにしても急激に廻船数が減ったことはまちがいない。

明和頃になると、廻船が減ってきたため、かつて廻船業に従事していたものが漁業を行ったり、他地域の廻船に雇われたりしているが、多くは大工職で生計を維持しているという状況の下で、明和六年に大工職による一揆が起こり、年寄二家と庄屋二家が打ちこわされた。年寄役が島政の実権を握っていたことは先述したが、この年寄役に次ぐ地位にあったのが、各島や浦に置かれた庄屋（泊浦と笠島浦は年番《ねんばん》という）であった。年寄や庄屋は水主（江戸時代中ごろになると人名《にんみょう》と呼ばれた）六五〇人の中の有力者であった。その年寄や庄屋が大工職に襲われたということは、これまで島政の実権を握ってきた年寄らに対する人名の不満が爆発したのであり、年寄らの権威の失墜を示すものであった。

## 5　勤番所の設置

大工職の一揆から二〇年後の寛政元年に、幕府巡見使《じゅんけんし》の来島に際して笠島浦の年番惣兵衛と大工職小右衛門は島中人名の代表として、島中困窮についての願書を提出した。その内容は島入用《しまにゅうよう》の支出を抑えること、年寄による島入用の流用を禁ずること、島財政を圧迫する年寄の大坂への出向を減らすことなどであり、島中財政の窮迫にともなって人名の負担が増加しているのを軽減し、人名の困窮を防ごうとしていた。

島中財政の財源は島高から六五〇人の人名や年寄・年番・庄屋への配分高を引いた残りと、山年貢・塩浜年貢・網年貢であり、これらが島全体に関する経費に充てられた。不足が出た時は人名六五〇人が負担することになっていた。寛政の初めごろには不足銀が増加する事態となっており、人名の負担もまた増えてきた。人名が廻船業などで収入を多く得ていれば、負担が増えてもそれほど人名が困窮化することもないのであろうが、廻船数が減って漁業や大工職などで生計を立てるものが増えてきている状況では、人名には重い負担であった。

訴願から三年目の寛政四年に幕府の裁決が下り、宮本伝太夫・吉田彦右衛門・宮本伝之助・宮本政吉の四人の年寄役が罷免された。島入用を増やし、また濫費し、島中困窮の実状を把握しようとしなかったことが、その理由に挙げられている。つまり訴願の発端は島中財政の問題であったが、島中困窮をもたらした年寄役の恣意的な行動が取り上げられ、近世初期以来塩飽の島政の最高責任者としての年寄役のありかたそのものが問われたのである。

翌五年に新年寄役として牛島の丸尾（丸屋）喜平次、訴願の中心人物笠島浦年番惣兵衛、泊浦年番清兵衛の三人が島中人名の入札《いれふだ》を基にして選ばれた。かれらは旧年寄役のように伝統的な有力者ではなく、近世に入って廻船業などで勢力をもってきた人たちであった。そして、以後年寄役はこれまでの世襲をやめて一代限りとすること、旧年寄のように自宅ではなく年寄役場を建て当番の年行司年寄はここへ詰めて執務すること、年寄役場の中に「室蔵」をつくって織田信長以来の朱印状を保管することを決めた。のち寛政十年に年寄役場は完成し、以後これが勤番所《きんばんしょ》と称され、朱印状を保管する蔵は御朱印庫《ごしゅいんこ》と呼ばれた。

寛政元年の訴願によって年寄役が島中人名の入札を基本として決められるようになったのは、画期的なことであった。そしてこの新年寄に島中人名の意向を反映させるために、人名の会議たる島中寄合《よりあい》の権威の向上がはかられていった。つまり勤番所の設置は、新年寄の下で島中人名の意向が反映されるような新しい島の政治が行われていく出発点であった。しかし人名以外の島民は島政に参加できず、全島民によって島政の運営が行われたのではなかった。

現存する国史跡の塩飽勤番所は文久二年（一八六二）に改修された建物を、昭和五十二年に解体修理・復元工事したもので、昔日の姿が再現されている。瀬戸大橋の完成によって塩飽の景観は全く変わってしまうが、塩飽に刻まれた多くの歴史の痕跡は大切にしていきたいものである。

（本文の記述にあたっては、塩飽勤番所文書、長徳院文書、「塩飽島諸事覚」、真木信夫氏『瀬戸内海に於ける塩飽海賊史』、柚木学氏『近世海運史の研究』、五味克夫氏「讃州塩飽島の人名制と漁業制」〈『鹿児島大学文理学部文科報告』第九・十号〉などを参照した。）

# 三　近世の塩田と高松藩

（原題「近世の塩田と藩」『受験講座・社会』第一二六号。福武書店、一九八六年）

## 1　自然浜・揚浜・入浜

海水を使って塩をつくらなくなって一五年余が経った。そしてかつて製塩のため各地の海岸部にあった塩田は全く姿を消し、跡地は工場が建ったり住宅地になってしまった。塩田といっても知らない人もいるだろうと思うので、近世江戸時代の塩田のことについて述べてみよう。

塩はいうまでもなくわれわれの日常生活にとって不可欠の物資である。わが国では古くは藻を利用して海水を濃縮する方法がとられていたが、奈良時代ごろから海浜を利用することにかわり始めたといわれる。そして中世には製塩方法として「自然浜」と「揚浜《あげはま》」があった。自然浜は海岸の遠浅を利用し、乾いて塩分の凝固した砂を集めて海水をかけ、得られた濃厚な鹹水《かんすい》を塩釜で煮沸し、煎熬《せんごう》して塩をつくるという、自然の砂浜を利用した人工を加えない塩浜である。揚浜は海岸より少し高い土地を平にして砂をまいて塩浜をつくり、そこに海水を運んで撒布して水分を蒸発させる。そして塩の結晶のついた砂を集めて海水をそそいで濃厚な鹹水をとる。鹹水から塩をつくるのは自然浜の時と同じである。

揚浜は近世以降明治に入っても干満の差の少ない山陰・北陸などの地方で使われたが、近世の塩田の主流となったのは「入浜《いりはま》」である。海浜を堤防によって海から遮断して海水の浸入を防ぎ塩浜の一部を掘って溝をつくる。樋門から入ってきた海水は溝を流れて毛細管現象によって塩浜に浸透し、表面にまいてある砂に付着する。そしてこの塩のついた砂を集めて海水をかけて鹹水をとる方法である。入浜塩田は近世期を通して瀬戸内海を中心として開発されていった。

## 2　瀬戸内の入浜と藩

この入浜塩田の開発状況を瀬戸内でみると、最も早く文献にあらわれてくるのは播磨の高砂の荒井浜であり、慶長の始めころすでに開発されていた。荒井浜につぐ塩田としては同じく播磨の赤穂の塩屋村塩浜・加里屋村塩浜、阿波の撫養《むや》塩浜などがある。一七世紀の後半に入ると、幕藩体制社会の確立にともなって、大坂・江戸を中心とする流通機構が整備されて全国市場が成立する中で、塩の市場が拡大し、塩田開発が積極的に推進されていった。その時期は正保元年（一六四四）から元禄末（一七〇三）までの半世紀に集中しており、開発面積は八〇〇町歩（約八〇〇ヘクタール）で近世における開発塩田の二六パーセントを占めている。国別の状況は下表を参照してほしいが、阿波の二四〇町が最も多い。このうち主な塩田としては安芸の竹原古浜（五九町）、備後の松永浜（三九町）、赤穂の御崎沖新浜（三三町）、周防の三田尻古浜（四二町）がある。

時代は下って宝暦末（一七六三）の塩の全生産高は三五〇万石といわれ、そのうち瀬戸内の塩田はほぼ三〇〇万石で全国の八〇パーセントをも占めているが、その中では播磨が一一四万石で最も多く、ついで讃岐三九万石、阿波三四万石、安芸二六万石、備後二一万石、周防二〇万石の順となっている。その後塩田は明和から文化末（一七六四〜一八一八）までに

入浜塩田の開発状況

| | 慶長1〜寛永20 | 正保1〜元禄16 | 宝永1〜宝暦13 | 明和1〜文化14 | 文政1〜慶応3 | 計 |
|---|---|---|---|---|---|---|
| | 町 | 町 | 町 | 町 | 町 | 町 |
| 播磨 | 165.0 | 75.6 | 19.5 | 56.0 | 247.0 | 563.1 |
| 備前 | 3.4 | 33.6 | − | − | 263.3 | 300.3 |
| 備中 | − | 21.9 | − | − | − | 21.9 |
| 備後 | − | 70.6 | 3.6 | 19.1 | − | 93.3 |
| 安芸 | − | 98.1 | 16.1 | 1.0 | 35.7 | 150.9 |
| 周防 | 108.0 | 157.0 | − | 400.0 | 43.0 | 708.0 |
| 長門 | 28.0 | − | − | 3.0 | 9.0 | 40.0 |
| 伊予 | 20.0 | 51.0 | 43.0 | 5.0 | 134.0 | 253.0 |
| 讃岐 | 92.0 | 55.0 | 113.0 | 54.0 | 223.0 | 537.0 |
| 阿波 | 163.0 | 240.0 | 16.0 | − | 15.0 | 434.0 |
| 計 | 579.4 | 802.8 | 211.2 | 538.1 | 970.0 | 3,101.5 |
| % | 18.7 | 25.9 | 6.8 | 17.3 | 31.3 | 100.0 |
| 年間平均 | 町 12.07 | 町 13.38 | 町 3.52 | 町 9.96 | 町 19.40 | 町 11.40 |

『日本塩業大系・近世』より。

五三八町、文政から慶応（一八一九〜一八六七）までに九七〇町の開発が行われ、文政以降は近世を通して三一パーセントと最高の開発高となっているが、国別の状況を前表で見ると、備前の二六三町が最も多い。この文政以降多いのは、藩が国産としての塩に注目し、藩財政の窮乏を克服するために藩が直接に塩田を開発したり、あるいは藩のバックアップを受けて民間資本によって開発されたりしたことが、大きく影響している。

## 3　藩の塩田政策

ところで塩田開発のありかたは、誰によって開発されたのかということによって次のように分類できる。㈠藩が資金を出して藩営事業として開発する藩営塩田。㈡家臣が中心となって地主らに働きかけて開発した藩士開発塩田。㈢城下町の有力商人が資金を拠出して開発する城下町人開発塩田。㈣農民的商品経済の発展を背景にして城下ではない在方で台頭してくる在方商人による在方商人開発塩田。㈤庄屋・大庄屋などの村役人で地主となっている村落有力者が開発した地主開発塩田。近世後期には在方商人や地主らによる開発が多くなるが、藩営による塩田の開発も盛んに行われた。

塩は生活必需品であり、また近世初頭では非常に備えての軍事用としても重要だったので、領主たちは塩の確保や領内供給に深い関心を払った。徳川幕府は早くから江戸湾内の行徳《ぎょうとく》塩田に注目し、塩生産の奨励やその江戸輸送の確保に努めている。また豊臣秀頼の拠《よ》る大坂城にも慶長十年（一六〇五）の検地を契機として小豆島から塩が納められており、豊臣氏滅亡後の徳川大坂城へも上納は続けられた。

諸藩においても同様に近世初頭から塩の確保や統制を行っているが、その中で最も注目されるのが北陸の金沢藩と東北の仙台藩である。金沢藩では製塩業者の諸役免除を行い、また塩生産確保のための塩手米《しおてまい》や塩釜の貸与などによって製塩保護政策をとり、合わせて塩の移出入を厳しく取り締まった。仙台藩では藩主伊達政宗自ら塩田を巡回してその開発を奨励しており、また赤穂の製塩技術の導入によって塩田の整備や塩生産が急速に向上したといわれる。そして両藩とも寛永ころ（一六二四～一六四三）には藩によって塩の専売が開始されていた。時代が下ると諸藩は藩財政の窮乏を克服するために、新たな財源を確保しようとして領内の国産《こくさん》の奨励を行うことになる。瀬戸内の諸藩では蠟《ろう》・紙などの特産物とともに塩が注目され、塩田開発が積極的に行われた。中でも赤穂・岡山・広島・萩・高松・今治などの藩が著名であるが、これらの藩の中から高松藩をとり上げ、近世後期の藩営塩田の代表的なものとされる坂出村の塩田の開発についてみてみよう。（以上、『日本塩業大系・近世』参照）

## 4　高松藩の塩田開発と久米栄左衛門

高松藩は讃岐国（香川県）の東部一二万石を支配した。寛永十九年に生駒氏改易の後に御三家の水戸家の出である松平頼重が入部して成立した家門（親藩）である。瀬戸内海に面しているため生駒時代に続いて塩田開発が行われ、延宝年間（一六七三～一六八〇）に高屋浜、延享二年（一七四五）に宇足津古浜、寛延三年（一七五〇）ころに牟礼浜、宝暦五年（一七五五）に亥ノ浜、翌六年に子ノ浜、天明七年（一七八七）に御供所浜、寛政二年（一七九〇）に生島浜と相ついで塩田が築かれたが、高松藩最大の、当時わが国有数の規模を誇る坂出塩田の築造が文政九年（一八二六）に始まった。

これより以前高松藩では宝暦四年ころ藩財政難に陥ったが、財政改革を実施してこれを克服し、その後は小康状態を保っていた。しかし文化十四年（一八一七）には連年の災害が続いて年貢収納高が減少しているという状態の中で、幕府から京都への使者を命じられたがこの出費が通常の倍かかったことや、高松藩の江戸上屋敷が焼失したことなどが重なって、財政の困窮が深刻化した。さらに五年後の文政五年に藩主の交替があって支出が嵩《かさ》み、翌六年には大旱魃によって年貢高が四万七〇〇〇石余も減り、さらに同九年には将軍家斉《いえなり》の女文姫と藩主松平頼恕《よりひろ》との婚儀が行われたことによって、藩財政は「此侭にては程無く御取続きも相成り難きに至り申すべし」という状態になっていた（『増補高松藩記』）。

かかる藩財政の困窮に対して、文政七年に久米栄左衛門は藩の収入増加の一つとして坂出塩田の築造を建言した。かれは安永九年（一七八〇）に讃岐の東端にあたる大内郡相生《あいおい》村の馬宿《うまやど》で生まれた。家は兼農の船乗りであった。寛政十年（一七九八）に大坂の天文学者間重富《はざましげとみ》のもとに入門し天文測量技術を学んだが、父の病没により享和二年（一八〇二）に帰郷して家業を継いだ。文化三年の高松藩の沿岸部測量に従ったが、二年後の文化五年の伊能忠敬《いのうただたか》の藩内測量に協力している。一方文化七年頃から兵器製作を始め、生来の器用さを生かして燧石《ひうちいし》式の腰指銃・無敵鎗間銃や大砲たる百敵砲、晩年の天保九年（一八三八）ころは雷管式の極密銃・神雷銃・剣鉄銃など、多数の銃砲をつくっており、発明家でもあった。文政六年に藩から徒士《かち》並《なみ》・三人扶持を与えられた（『久米栄左衛門翁』）。

## 5　坂出塩田の築造

建言を受け入れた高松藩は久米栄左衛門を普請奉行《ふしんぶぎょう》にし、文政九年に工事にとりかかった。以前に身につけた測量技術が大いに役立つことになったが、坂出村の北に広がる遠浅の海を石垣の堤防を築いて海と塩浜を仕切るという大工事であったが、文政十二年に坂出塩田は完成したといわれる。総塩田面積は一三一町余で、製塩に従事する釜家数七〇軒の大規模な塩田であった（『久米栄左衛門翁』）。この坂出塩田は赤穂塩田と三田尻塩田の長所を取り入れた「久米式」といわれる独特の築造法をとっており、塩田を西大浜と東大浜の二区画に分け、その中央に十字型の溝渠《こうきょ》を通し、海水注入口と排水溜《ため》を分離させた。この方法によって坂出塩田は高い生産力を維持することができた（前出『塩業大系』）。

このように坂出西大浜・東大浜は藩営塩田として開発されたが、民間に払い下げずに藩所有の塩田とした。そのため塩会所が置かれて藩の役人がここに詰め、塩浜の監視・統制にあたった（『坂出市史』）。したがって製塩業者は、藩が地主たる塩田を小作するのであるから藩へ小作料として冥加銀《みょうがぎん》を支払うことが必要であったし、また塩年貢として口銀《くちぎん》を納めねばならなかった。冥加銀は一年間に銀六五貫目余、口銀は四九貫余あったが、その負担はそれ程重いものではなかったという（前出『塩業大系』）。

いずれにしろこの坂出塩田の開発によって、一年間の塩生産高は二七、八万俵で冥加銀と口銀約一一四貫、新開の畑地九七町余からの年貢三九〇石余、合わせて銀に換算して一年間一九〇貫余の収入があり、このうち六〇貫余は塩田開発地の諸費用に充て、残りの一三〇貫余が毎年の藩の収益であった（「続筐底秘記」）。この収益によって藩財政難がたちまちにして解決したわけではなく、根本的には天保六年に始まる砂糖流通統制の実施までまたねばならなかったが、藩財政難克服にとって貴重な財源となったことはいうまでもない。

坂出塩田の開発に要した費用は二万両といい（『増補高松藩記』）、あるいは三万三〇〇〇両（前出『塩業大系』）といいはっきりしないが、二万両というのは藩費のみからの支出であろうか。この藩からの費用だけでは不十分だったらしく、久米栄左衛門の史料をみると（鎌田郷土博物館蔵）、領内外の商人や領内の農民などから借金していることを示す史料が残っている。これらは開発の資金に充てられたと思われ、坂出塩田の築造に久米栄左衛門が苦労しているのをうかがうことができよう。

農民の出で軽輩の士分格に取り立てられたにすぎない久米栄左衛門が、藩の財政難を見かねて坂出塩田の開発を建言し、身につけた測量技術を生かして塩田築造に取り組み、私財を投げうってこれを完成させたことは、近世の塩田史上における藩営塩田の一つの例として注目すべき事柄であるが、同時に本来士分ではない久米栄左衛門が藩営塩田の開発に力を発揮したということの中に、幕藩体制社会の変容をみることもできるのではなかろうか。

塩田の話から少し脇道にそれかかってきたようなので、このあたりで終わりにしよう。

# 四　讃岐の近世（原題「香川県の歴史・近世」『香川県風土記』。旺文社、一九八九年）

## 1　生駒藩

天正十三年（一五八五）の豊臣秀吉による長宗我部元親攻撃後、讃岐には千石秀久が領主として入ったが、一年半後には尾藤知宣にかわった。しかし知宣もわずか四か月で所領を没収された。いずれも秀吉が行った九州の島津氏攻撃に際しての作戦の失敗が原因であった。そして天正十五年八月に生駒親正が讃岐の領主となり、以後讃岐における近世的社会体制が整えられていった。親正入部時の支配石高は一五万石であったと思われるが、慶長六年（一六〇一）には一七万一八〇〇石余となっている。讃岐に入った翌年に、親正は香東郡（のち香川郡東）野原庄の海浜で築城に着手した。海水を利用して堀がつくられた水城・高松城が築かれ、その南を中心として城下町の建設が進められた。慶長二年に西讃岐支配のために仲郡（のち那珂郡）津森庄の亀山に丸亀城を築いたが、元和元年（一六一五）の幕府の一国一城令によって廃城となった。

秀吉は年貢の徴収を確実なものとするために検地を実施した（太閤検地という）。讃岐では、生駒藩領ではないが、天正十八年に豊臣蔵入地《くらいりち》の塩飽《しわく》諸島で検地が行われている。生駒藩の検地は検地帳（写）の残存状況から、親正の入部から十年目の慶長二年から七年のころにかけて行われたと思われる。年貢米を確実に徴収するには米の生産高を維持する必要があり、そのために稲作に不可欠の灌漑用水を確保する必要があった。讃岐は古来干魃が多い地であるところから、水飢饉を防ぐには多くの溜池を築かねばならなかった。慶長のはじめごろに、仲郡郡家村の大池、綾南条郡（のち阿野郡南）国分村の関ノ池、香西郡（のち香川郡西）笠居村の衣懸《こかけ》池を築いたという（「生駒記」）。のち寛永年間（一六二四〜一六四四）に入ると、伊勢国の津藩から派遣された西島八兵衛が讃岐各地に溜池を築いたが、なかでも満濃池の修築は著名である。現在ある大規模な池は、このときに築かれたものが多い。

生駒家は豊臣秀吉と縁の深い外様大名であったが、関ケ原合戦で親正の子一正が徳川方について功績があり、徳川幕府の下で近世大名としての道を歩んでいった。元和七年（一六二一）に三代藩主正俊が江戸から帰藩途中の京都で急死し、当時十一歳の高俊が跡を継いだ。しかし幼かったため藩政は外祖父の藤堂高《とうどうたか》虎《とら》が執ったが、これが生駒藩政の混乱をもたらす原因となった。江戸家老の前野助左衛門と石崎若狭は高虎の推挙によって二代藩主一正のときに召し抱えられたが、高虎の執政の下で彼らが藩政の実権を握るようになった。寛永七年（一六三〇）の高虎没後、高俊が藩政を執ったが、彼らの専横を抑えることができず、同十四年に国家老生駒帯刀は江戸へ出向いて前野派の非法を訴えた。ここに生駒藩の江戸と藩地の重臣の対立が起こった。十六年冬に帯刀の訴えはなかったことにしたが、前野派の家臣たちが「徒党《ととう》」して藩地と江戸から「立退《たちの》」くという騒ぎになった（「生駒家文書」）。この事件によって藩主高俊は翌十七年七月に藩政不行届きとして讃岐一七万一八〇〇石余を没収され、出羽国矢島にわずか一万石を与えられるのみとなり、ここに半世紀にわたった讃岐生駒藩は幕を閉じた。

## 2　高松藩と丸亀藩

生駒家改易後、讃岐は隣国の伊予の大洲藩・今治藩・西条藩に分割して預けられたが、翌寛永十八年（一六四一）に西讃岐五万六七石余に肥後国の富岡から山崎家治、寛永十九年には東讃岐一二万石に常陸国の下館から松平頼重が入部した。家治は廃城となっていた丸亀城を再興して城下町の建設に努めた。また同二十年から豊田郡大野原の開拓を平田与一左衛門に許可して新田開発に取り組んだ。明暦三年（一六五七）に三代藩主治頼が幼くして没し、世嗣がいなかったため御家断絶となって領地を没収され、丸亀山崎藩はわずか十七年で終わった。

松平頼重は御三家の一つ水戸藩主徳川頼房の長男として生まれたが、水戸家を出ていた。外様大名であった生駒藩の旧領に成立した家門（親藩）高松松平藩は、中・四国の諸大名の監視役の任を負っていたといわれる。高松城によった頼重は城下町の整備、拡大を進め、正保二年（一六四五）に城下に上水道を敷設したが、これは全国的にも早いほうである。またこの年の干魃を機に四〇六の溜池を築き、生駒時代の九六〇と合わせて一三六六になったという（『増補高松藩記』）。生駒時代に完成した城下東の沖松島・木太・春日の干拓地の北に、さらに新開を造成した。そして寛文五年（一六六五）から十一年にかけて、領内検地を実施した。これを亥内《いのない》検地という。寛文末に高松城はほぼ完成した（「英公外記」）。

　山崎家のあと万治元年（明暦四年・一六五八）に、播磨国竜野から京極高和が丸亀城に入り、山崎家の旧領と播磨国一万石、近江国一四四五石余、計六万一五一二石余を支配した。高和は丸亀城の修築を行い、また山崎時代にはじまっていた大野原開拓を進めた。丸亀藩ではつぎの高豊時代の寛文八年ごろから延宝年間（一六七三〜一六八一）はじめにかけて、領内検地を実施した。高松藩・丸亀藩ともに、寛文末から延宝はじめのころに農民支配を確立した。のち元禄七年（一六九四）に丸亀藩から支藩多度津藩一万石が分離し、讃岐は三藩となった。

　讃岐には塩飽・直島・小豆島の島々が備讃瀬戸の海上交通の要衝にあったが、いずれも幕府領であり、御用水主役《ごようかこやく》を負担した。また生駒家改易後幕府領となった満濃池の維持のため那珂郡の榎井《えない》・五条・苗田《のうだ》の各村が幕府領とされた。このほか幕府朱印地として金毘羅領・法然寺領・白鳥宮領・興正寺領があった。

　このうち金毘羅領は近世中期以降、金毘羅大権現の門前町として発展していった。

## 3 溜池と水論

寛永八年（一六三一）に西島八兵衛が完成した那珂郡の満濃池は水掛高《みずかかりだか》三万五八一四石余で、当時の生駒藩の実高のほぼ六分の一に相当する。寛永の終わりごろに池守がいた大池は満濃池のほか鵜足郡の渡池、三木郡の三谷池、三野郡の岩瀬池、香西郡の小田池、山田郡の神内池、豊田郡の一谷池、三木郡の山大寺池、香東郡の竜満池であった（「生駒家分限帳」）。高松藩成立後は矢延兵六が各地に溜池を築いたという。貞享三年（一六八六）の高松藩領の池数は一九五三であったが（「翁嫗夜話」）、のち十八世紀中ごろの延享三年（一七四六）は五一〇〇であり（「御巡見御答書」）、この間多くの溜池が築かれている。おそらく中小の溜池であったろう。寛政九年（一七九七）の高松藩領の池数は五五五三、出水は六三六か所、井堰《いせき》は二六一か所であり、池の水掛高は山田郡の松尾池一万四六一石余がいちばん多く、次いで山田郡の神内池九五六五石余、香川郡西の小田池七四九〇石余、阿野郡南の萱原池五八五八石余、香川郡西の奈良須池五六五六石余の順であった（「池泉合符録」）。

丸亀藩では初期に豊田郡の井関池・紀井大池・奥谷池・勝田池、三野郡の岡市池、多度郡の吉原大池などが築かれたが、延享三年の池数は七五八であった（「御料御巡見様御請答」）。幕末の安政五年（一八五八）は池数七九七、出水三一一か所で、池の水掛面積は豊田郡の一谷池三三九町余を最高にして、三野郡の岩瀬池二六〇町余、多度郡の大池一一三町余であった。また水掛高では豊田郡の井関池一八六〇石があった（『西讃府志』）。

阿野郡南の内陸部の丘陵地域の萱原村の灌漑用水を確保するため、宝永四年（一七〇七）に綾川の上流の山田上村の正末で大横井によって導水し、この水を掛井手《かけいで》で三里あまりの山間地を通すという大工事が行われた。これによって萱原村の溜池に貯水でき、隣村の滝宮・陶両村にも余水を分水した。しかしその後この萱原用水をめぐって三村間で取水に関しての争い、つまり水論《すいろん》が起こったが、掛井手開削を行った萱原村の優位は揺るがなかった。

水論は各地で起こっている。その若干を紹介しておくと、鵜足郡土器川の西小川村の剣来ヶ端《つるぎがばた》から那珂郡郡家《ぐんげ》村の宝幢寺池への取水をめぐって両村の農民が争い、宝暦十一年（一七六一）・明和三年（一七六六）・安永三年（一七七四）・天明二年（一七八二）と次々に水論が起こっている（「剣来ヶ端入割旧記之内書抜指出帳」）。また文政二年（一八一九）と天保十年（一八三九）に土器川からの取水に関して、鵜足郡の岡田四か村の打越池と東高篠村の羽間《はざま》大池への貯水をめぐって水論が起こり、これは幕末まで続いた（「那珂郡羽間大池水論ニ付一件留」）。また安政二年に打越池からの取水について、岡田東村・栗熊西村と岡田上村・岡田西村の農民が争っている（「岡田上村打越下池客水ニ付願出候一件記」）。香川郡東の香東川にかかる芦脇《あしわき》井堰をめぐって、下流の一ノ井井堰掛りの岡村・由佐村・横井村と芦脇掛りの川東上村・川東下村の農民の間で、寛政二年に水論が起こり、以後天保十四年まで香東川を挟んで争いが続いた（「芦脇井関一件願留」）。

## 4　漁場争い

讃岐は北が瀬戸内海に面し、島が多くあって漁業が盛んであった。特に備讃瀬戸はタイ・サワラの宝庫となっていた。漁場は国境や各藩領・幕府領の領域によって決まっていたが、漁場をめぐっての争いがしきりに起こった。すでに十七世紀中ごろには、備前国との間に漁場争いが起きている。正保二年（一六四五）

に幕府領の塩飽と備前国との入漁を巡る争いが生じ、六口島・松島・釜島が備前領となった。承応三年（一六五四）には、塩飽漁民と備前下津井など四か村の漁民の争いがあった。その後寛文六年（一六六六）には高松藩領の香西漁民と下津井漁民の間に争いが起こり、塩飽漁民も加わって争いが大きくなった。また讃岐内でも承応三年に塩飽漁民と丸亀城下の三浦漁民の間で争いがあり、延宝二年（一六七四）には香西漁民と塩飽漁民との間で小瀬居島のタイ・サワラを巡って争論が起こった。

十八世紀に入っても漁場争いは続いており、享保十六年（一七三一）には香西漁民と備前の日比・利生・渋川の三か村の漁民の間で、大曽瀬《おおそのせ》のサワラ網漁場を巡る争いが起き、幕府の裁決によって大槌島《おおづちじま》の中央から北側の地域が日比漁民らの漁場となった。このとき定められた大槌島の中央の線が、讃岐と備前の国境となった。また元文四年（一七三九）に小瀬居島の東にあってタイ・サワラの豊富な漁場であった金手《かなて》の阻《そあい》を巡って、香西漁民と塩飽漁民の間に争いが起こった。ここは高松藩領と幕府領塩飽の境界に近く、以前から争いが絶えなかった。高松藩は金手漁場が自領内であると幕府へ訴え、寛保元年（一七四一）に訴えが認められた。この金手漁場の争いが讃岐で最も大きな争論であった。

なお香西浦では享保十七年に漁師三六三軒、一五八八人、漁船大小四〇艘であり、タイ網四・サワラ網一一・手繰網五・せい立網五・タナゴ網三・ころかし網三・中高網二・地引き網二・イカナゴ網二・地漕タイ網一・タコ縄一七があった（『香西漁業史』）。

## 5　讃岐の廻船

塩飽《しわく》・直島・小豆島は瀬戸内海の海上交通の要衝にあり、とくに塩飽は中世に塩飽水軍として活躍した。近世に入って塩飽は幕府の御用水主役《ごようかこやく》を勤めた。寛文十二年に河村瑞賢《かわむらずいけん》は出羽国最上郡の幕府領の年貢米（城米《じょうまい》という）を酒田湊に積み出し、日本海を南下して下関を経て瀬戸内海を大坂へ至り、紀伊半島を迂回して江戸に運ぶことに成功した。これを西廻り《にしまわり》航路という。このとき塩飽と直島の船も使われた。新井白石は『奥羽廻運記』のなかで塩飽の船が堅固で性能がよく、水主も操船に秀で性格も純朴であると述べている。近世に米やその他物資を運送する船のことを廻船《かいせん》という。

その後、塩飽廻船は諸物資の運送に従事したが、主に幕府の城米を運ぶ直雇いの城米船として活躍した。最盛期は延宝から享保の十七世紀後半から十八世紀の初期にかけてであり、正徳三年（一七一三）には二〇〇石から一五〇〇石積みの廻船が一一二艘あったという。塩飽のなかでも牛島の廻船の活躍がめざましかった。但馬国今子浦《いまごうら》に享保四年（一七一九）から十一年までの八年間に入ってきた廻船の総数は四八七艘で、地域別にみると塩飽の廻船が最も多く、城米船二〇艘のうち一四艘が塩飽廻船であった（「今子蒲諸国廻船入津記録」）。しかし享保五年に幕府が江戸の廻船問屋筑前屋作右衛門に城米の運送を請け負わせて以後、城米船としての特権を失っていき、塩飽廻船は衰退していった。

城米船を主とした塩飽の廻船は衰えていったが、その他の讃岐廻船は諸物資の運送に従事して発展していった。石見国浜田の外《と》ノ浦の船問屋清水屋のもとに入った船を、延享元年（一七四四）から明治二十年代まで約百五十年間にわたって記した『諸国御客船帳《しょこくおんきゃくせんちょう》』がある。このなかに讃岐の廻船は三七八艘記されているが、十八世紀中ごろから後半にかけての時期に二一五艘が集中している。讃岐廻船の船籍地は庵治浜村浦が六四艘で最も多く、次いで三本松浦五五艘、粟島三八艘、小豆島三七艘となっている。これらの廻船は浜田から出雲、米子、加賀、越後、庄内、秋田、能代と日本海を北上し、さらに津軽、南部や蝦夷地の松前や箱館にまで出かけている。幕末には三本松浦の船が外ノ浦で白砂糖・塩など讃岐の特産物を売り払っている。これらの西廻りを航行した廻船以外に、小豆島の太神丸のように北部九州の各地に行っている例もある。文政三年には小豆島産の塩・素麺を積み込み、肥前の唐津で塩、同じく大村・長崎で素麺を売り払い、肥後の高瀬で小麦・大豆、肥前の島原で小麦を買い入れている（「太神丸宝帳」）。

## 6　讃岐三白

近世の讃岐の特産品であった塩・綿・砂糖を讃岐三白《さぬきさんぱく》という。塩は領主生駒親正が播磨の赤穂からきたということもあってか、近世はじめから赤穂の塩浜師によって入浜《いりはま》式の塩生産が行われていた。寛永二年（一六二五）に松原玄雪が、寒川郡の志度の塩浜の年貢として塩一五〇俵を納めている（「松原家文書」）。寛永末（一六四〇年頃）の生駒藩領の塩小物成は藩全体で一七四五石余であり、そのうち香東郡が四〇八石余で最も多く、村別では笠居村の二六六石余、西浜二六三石余、円（丸）亀村二五五石余の順であった（「讃岐国小物成帳」）。以後、丸亀藩・高松藩で塩浜が築かれていったが、そのうち大規模な塩田は、丸亀藩では十七世紀後半の寛文の終わりから延宝にかけて築かれた詫間の蟻の首浜（幕末ごろ四二町余）があり、高松藩では宝暦五年（一七五五）の屋島亥《い》ノ浜《はま》（釜屋二五軒）、文政十二年（一八二九）の坂出大浜（釜屋七〇軒）があり、特に坂出大浜は総面積九七町あまり、一年間の塩生産高二七、八万俵で、当時わが国の代表的塩田であった（「続篋底秘記」）。

綿は大衆衣料の木綿の原料であり、西讃岐で多く生産された。丸亀藩では元禄八年（一六九五）に城下での夜間の綿打ちを、宝永元年（一七〇四）には綿取引のために旅商人が綿買い入れに農村に出かけることを禁じており、また同七年には城下の繰綿問屋《くりわたとんや》に唐津屋清治郎を指定しているように（「古法便覧」）、元禄・宝永ごろに綿の生産がかなり盛んになっていた。幕末の天保年間（一八三〇～一八四三）には「国々へ積み出す雪綿は大与（大坂屋与十郎のこと）かかどさきに山をなし」といわれ（「丸亀繁昌記」）、丸亀城下で活発に取引されていた。高松藩領では享保十八年（一七三三）に西部の鵜足・那珂郡で生産が盛んとなっていたが（「諸事御用留之帳」）、寛延元年（一七四八）に綿運上に反対の騒動が城下で起こった。前年の延享四年に城下西通町《にしとおりちょう》の綿総問屋柏野屋市兵衛の建言を入れて綿運上銀を課したため、これに反対する藩領西部の綿生産農民数千人が柏野屋宅へ押しかけて打ちこわしを行ったという（『増補高松藩記』）。

砂糖の製造は高松藩五代藩主松平頼恭《よりたか》の奨励により、明和年間（一七六四～一七六九）ごろから藩医池田玄丈が研究を進めたが、寛政元年（一七八九）に向山周慶が製造に成功した。このときのものは黒砂糖ではないかといわれるが、寛政六年には大坂へ砂糖が積み送られたという（『本邦糖業史』）。当時白砂糖は舶来品で貴重であったが、文化年間（一八〇四～一八一八）のはじめごろ、高松藩産の白砂糖は江戸で「雪白の如く、舶来品にいささかおとらず」と評判であった（『塵塚談』）。砂糖の原料の甘蔗（サトウキビ）の植付面積は天保五年（一八三四）は一一二〇町歩であったが、慶応三年（一八六七）には三八〇七町歩と三倍以上に増えている（「讃岐ノ砂糖」）。高松藩では文政二年（一八一九）から砂糖の統制に乗り出していたが、その集大成として天保六年に砂糖為替金趣法《さとうかわせきんしゅほう》を実施した。丸亀藩では寛政末から生産がはじまったといわれ、文政（元年・一八一八）はじめから統制を行っている。安政四年（一八五七）に流通統制を実施した。また多度津藩や幕府領小豆島でも生産されたが、特に高松藩で盛んであり、天保はじめに全国各地から大坂に送られた砂糖の約五割を高松藩産砂糖が占めていた（「大阪商業史資料」）。

## 7　藩政の改革

高松藩では元禄（一六八八～一七〇三）の中ごろに一時藩財政が悪化したが、家臣の知行米削減と徹底した倹約政治による緊縮財政を実施した。また享保十年（一七二五）ごろには家臣の一部の「召《め》し放《はな》ち」を行って、知行米の支出を抑えている。これを「享保の大浪人」といった（「小神野夜話」）。これから約二十五年後の宝暦期に入ると、極度の財政難となった。このため宝暦四年（一七五四）に領民へ「御借銀《おかりぎん》」を行うとともに、家臣の知行米を半減した。翌五年には山田郡の西潟元村に、当時最大規模の亥ノ浜塩田を築いて収入増加を図り、同七年には藩札を発行して財源不足を補おうとした。そして同九年からは、元禄の倹約政治を手本とする財政支出削減を実施した。これらの改革によって財政難を克服することができた。

一九世紀に入った享和元年（一八〇一）に家老玉井三郎右衛門は国産品の生産を奨励する殖産政策をとり、また藩札の積極的な運用を行った。城下の東浜の北を埋めて新湊町《しんみなとまち》を造成し、領内外の物資の取引を盛んにしようとしたのはこのときのことである。文政（一八一八～一八二九）後期になると大量の藩札の流通により領内がインフレ状態となり、また江戸藩邸を中心とする支出も増加し、藩は財政難に陥った。

文政八年から家老筧速水を中心として改革が実施された。藩札対策としては文政十一年からの年貢米永年売り、御林・御用地作徳米の売り払いによって藩札を回収して通用量を減らし、天保四年（一八三三）

に新藩札を発行して経済混乱を乗り切った。そして文政十二年の久米栄左衛門（通賢）による坂出大浜塩田の築造、家臣の知行米の半分以上の減額、天保三年の江戸・大坂等の商人からの負債の三か年間支払い停止、天保六年に行われた特産の砂糖の生産・流通統制たる砂糖為替金趣法《さとうかわせきんしゅほう》の実施などの財政改革や、年貢米納入の円滑化、日常的な村落維持費である村入用《むらにゅうよう》の削減などの農村政策などによって、藩財政の危機を乗り切ることに成功した（『増補高松藩記』ほか）。

丸亀藩では宝永二年（一七〇五）に藩札を発行したが、同四年に幕府の方針により中止した。しかし享保十五年から再び藩札を発行していることからもわかるように、一八世紀に入ったころには藩財政は悪化していた。詳しいことは明らかでないが、のち寛政から天保の一八世紀終わりから一九世紀中ごろにかけて、しきりに倹約政治の方針を出しており、財政難が深刻化していたのであろう。ペリー来航（嘉永六年・一八五三）後の混乱のなかで、丸亀藩は改革に取り組んでいる。安政二年（一八五五）から以後五年間の倹約政治を行うとともに、藩札流通量の増加に伴うインフレ状態解消のため、藩札を回収する封札令《ふうさつれい》を出した。翌三年には領内に御用銀を課すとともに、産物趣法金として、砂糖・綿の生産者に正銀を納めさせ、かわりに藩札を渡すという正貨獲得策をとった。これはこの年限りであったが、同四年からは砂糖大坂積《さとうおおさかつみ》登趣法《のぼりしゅほう》を行った（長谷川家「覚帳」）。

## 8　百姓騒動

享保十七年（一七三二）の夏に瀬戸内海沿岸地方にイナゴの大群が発生した。翌十八年正月に丸亀藩領三野郡下高瀬村の農民約三五〇人が高松城下近くまで逃散してきているが（『増補高松藩記』）、これはイナゴの被害による凶作に伴う行動と思われる。讃岐では延享二年（一七四五）から毎年のように干魃が起こっていたが、寛延三年（一七五〇）正月に多度津藩領の三井組一四か村の困窮農民が天霧山《あまぎりやま》に立てこもり、大庄屋須藤猪兵衛宅を打ちこわした。これから四日後に丸亀藩領の豊田・三野両郡の農民が財田川の本山河原に集まり、三野郡岡本村庄屋太郎兵衛と豊田郡坂本村大庄屋米谷四郎兵衛宅を襲った。この一揆は三野郡笠岡村の大西権兵衛ら七人によって率いられていた。一揆勢は丸亀城下へ向かったが、善通寺で一三か条の嘆願書を藩大目付へ提出した。そのうち年貢未進米の年賦納、日用銀《にちようぎん》の軽減など一〇か条が認められたので一揆勢は解散した。しかしのち首謀者は捕えられ処刑された。豊中町笠岡に権兵衛神社（七義士神社ともいう）がある（佐々栄三郎氏『西讃百姓一揆始末』）。

高松藩では寛延元年に、前年にはじまった綿運上銀に反対して那珂・鵜足郡の綿生産農民三、四千人が、綿運上徴収を建言した城下西通町の綿総問屋柏野屋市兵衛宅に押しかけて打ちこわす事件があったが、翌二年には藩領東部の困窮農民二千人余が城下へ入って南新町の三倉屋久五郎ら七人の町人宅へ押しまわりを行い、藩庁へ救済を要求した。また明和八年（一七七一）に同じく香東郡の農民が、干魃のため拝借を求めて城下の郷会所へ訴えた（「尾崎卯一関係資料」）。

天保五年（一八三四）に阿野郡北の坂出村で一揆が起こった。天保元年から全国的に不作が続くなかで米価が高騰し、まず鵜足郡宇足津村で町家が打ちこわされたが、その二日後に隣接する坂出村で一揆が発生し、米の安売りを要求して町家五、大庄屋宅一、番所役人宅一を打ちこわした（「民賊物語」）。零細な製塩業者が多く加わっていたという。のち那珂郡の金毘羅領や幕府領池御料に飛び火した。また二年後には大内郡の砂糖生産農民六〇〇人余が、砂糖運上などに反対して蜂起し高松城下へ向かったが、寒川郡の富田で村役人に説得されて引き返した（「此度大内郡騒動」）。

幕府領小豆島で正徳元年（一七一一）に年貢減免を求めて代表越訴《おっそ》が起こった。当時小豆島は高松藩の預り地であった。中心人物の池田村の平井兵左衛門は江戸へ出訴したが、認められず処刑された（「平井兵左衛門斬罪始末」）。慶応三年（一八六七）にはそのころ津山藩領となっていた西部六か村で年貢一割増、新運上銀賦課に反対して大一揆が起こった（「乱妨後日之聞書」）。また、塩飽で廻船業が衰えていっていた明和六年（一七六九）に、大工職を中心として打ちこわしが起こり、年寄吉田彦右衛門宅等が襲われた（「塩飽島大工騒動一件」）。これは塩飽の実権を握っていた年寄役《としよりやく》への抵抗であった。

## 9　幕末の海防

安政六年（一八五九）に外国船が沖合を通過したのを契機に、高松藩は領内沿岸の一二か所に固場《かためば》を設置した。場所は大内郡の馬宿浦・引田浦・三本松浦、寒川郡の鶴羽浦・津田浦・志度浦、山田郡の潟元浦、高松城下郷会所、香川郡西の香西浦、阿野郡北の林田浦・坂出浦、鵜足部の宇足津浦とし、郷士たる牢人を詰めさせて沿岸防備を強化した（「異国船御手充一件留」）。文久三年（一八六三）には農兵取り立てを行い、各固場に一〇〇人ずつ（潟元浦は庵治浦警備のため二〇〇人）配置した。阿野郡北では西洋流野戦大砲四挺と小銃ゲベル銃八五挺を備え、郡内一三か所で軍事訓練を行うことにしている（渡辺家「御用日記」）。またこの年、沿岸の城山・大串崎・長崎ノ鼻・神在ノ鼻に砲台を築いた。藤川三渓が組織した五〇〇人の農兵からなる竜虎隊が長崎ノ鼻砲台を守衛した。のち竜虎隊は三渓に率いられ、新政府側について戊辰戦争に従軍したともいう。

一方丸亀藩では、第一次長州攻撃後の慶応元年（一八六五）に、軍用人足二千人を徴発して非常時の出動体制を強化しており、翌二年の第二次長州攻撃に際しては、幕府の不審者取り締まりの命を受けて、交通の要衝八か所に領分固場を設置した。那珂郡佐文村の丑屋口、三野郡大麻村の往還筋、同仁尾村の番所、同詫間村の須田番所、豊田郡井関村の番所、同箕浦の土佐藩主小休場所、同和田浜の往還筋、同観音寺の番所に、郷中帯刀人を交代で詰めさせた。この固場詰は三か月で中止された。のち慶応四年七月に三〇〇人の農兵と五〇人の商兵を取り立てている（長谷川家「覚帳」）。丸亀藩の支藩多度津藩では文久二年に西洋大砲の鋳造をはじめ、元治元年（一八六四）には歩兵銃隊たる新足軽組を組織したが、慶応二年に農民の志願による五〇人編成の赤報隊が結成され、横浜で買い入れた小銃を装備していた（拙著『藩政にみる讃岐の近世』）。

## 10　金毘羅と遍路

那珂郡小松庄にある松尾寺に金毘羅権現が勧請されたのは古いが、讃岐の領主となった生駒家の保護を受け、寛永十六年（一六三九）ころには金毘羅領は讃岐の寺社のなかで最も多い三三〇石であった。松平頼重は生駒家が寄進した三三〇石を引き継いで与え、慶安元年（一六四八）には頼重の斡旋によって第三代将軍徳川家光から朱印状が出され、金毘羅領は幕府朱印地となった。金毘羅門前町は一七世紀後半に入った寛文の中ごろに成立し、元禄のはじめごろに完成した。金毘羅への信仰は海の守護神として塩飽の船乗りによって各地へ広められたといわれ、のちには航海安全のみならず現世利益を願う庶民の幅広い信仰を受け、一九世紀に入った文化・文政ごろには最盛期を迎えた。天保六年（一八三五）に常設の芝居小屋金毘羅大芝居が建てられた。現在創建当時のまま復原され、歌舞伎の公演が行われている。

平安時代末以降に僧侶らによって四国での修行が行われていたことが記録にみえるが、民衆による遍路が行われるようになるのは近世に入ってからである。一七世紀後半の貞享四年（一六八七）に宥弁真念が『四国偏礼道指南《しこくへんろみちしるべ》』を著して、遍路札所八十八か所とその順番を決めてからいっそう盛んとなった。讃岐の札所は六十六番札所雲辺寺（実際は阿波にあるが登山道は讃岐側につくられていた）からはじまり、八十八番札所大窪寺で結願した。病気平癒を祈って巡礼することも多く、細い道を道標を頼りに歩き、難所も多くまた長期にわたるため、途中で倒れたりすることもあった。天保五年に四国遍路に出た能登国の羽咋《はくい》郡小川村のきく・のぶ姉妹が、阿野郡北の西庄村百姓惣兵衛に接待を受けて泊めてもらったが、妹のぶが発病して死去したことが大庄屋の渡辺家「御用日記」に記されている。

## 11　学問の発達

高松藩が家門であったためか、藩主松平頼重は幕府の儒者林鵞峰の高弟岡部拙斎を藩儒にし、次の頼常は同じく幕府の儒者林信篤の門人菊池武雅や岡井政之助らを召し抱えたように、儒学への関心が高かった。全国的にも早く、元禄十五年に藩校講堂を設けた。講堂での講習は一時やんだこともあったが、安永八年（一七七九）にこれまでの倍の規模の講道館を建て、藩士をはじめ町人や農民に儒学を講じた。このち城下町人の教育のため、文政十年（一八二七）に大工町に明善郷校を設置した（鳥屋「御触帳」）。

讃岐出身で江戸で活躍したのは、平賀源内と柴野栗山である。源内は高松藩の志度蔵番であったが、長崎へ遊学してのち江戸へ出、『物類品隲《ぶつるいひんしつ》』を著して本草学者として地位を認められたが、その後燃えない布火浣布《かかんぷ》を織り、寒暖計を模造し、エレキテルの復原に成功するなど、自然科学の方面においても才能を発揮した。また鉱山の採掘、浄瑠璃の脚本、洋風画など多芸多才の人であった。

柴野栗山は高松藩儒後藤芝山《しざん》の弟子で、のち江戸で幕府の学問所昌平黌《しょうへいこう》で学び、昌平黌の教官たる講書員になった。天明八年に幕府の儒者に登用され、時の老中松平定信に朱子学を幕府の正学とすることを建言した。定信はこれを受けて、幕府の役人に朱子学を修めた者しか採用しないことにした。これが寛政異《かんせいい》学《がく》の禁である。尾藤二洲・古賀精里とともに寛政の三博士といわれた。

讃岐で名を成したのは久米栄左衛門である。大坂の天文学者間重富《はざましげとみ》の門に入って天文測量技術を学んだが、のち高松藩から天文測量御用向を命じられて領内の測量を行い、文化五年（一八〇八）の伊能忠敬《いのうただたか》の讃岐測量にも参加した。また新式の大砲や小銃などを製造し、機械工作技術にも秀でていた。文政十二年に測量技術を生かして坂出塩田を完成させた。

# 五　近世瀬戸内の商品流通と航路（講演記録）

（『海の動脈・瀬戸内海』。岡山県早島町中央公民館、一九九一年）

## 1　瀬戸内海と西廻り

只今、御紹介いただきました香川大学の木原でございます。私は御紹介がありましたように、高松の方へ参りまして二〇年過ぎました。その間、香川県内ではこういう場でお話しする機会はあったのですが、岡山の方まで参りましてお話しするのはこれが初めてでございまして、お呼びいただき非常にありがたく思っております。

早速ですが、今日は瀬戸内の商品流通と航路というテーマで、讃岐三白《さぬきさんぱく》を例にしてと考えています。讃岐三白と申しますのは、塩と綿と砂糖なのですが、余り讃岐のことを話しても直接こちらには関係ないと思いますので、できるだけ瀬戸内海全体にまたがるような、そういうお話をしてみたいと思っております。

私がこうしてこちらへ参りましてお話しできるのも、瀬戸大橋ができて岡山と香川が近くなったということが大きく関係しているわけです。以前ですと連絡船に乗って宇野で乗りかえて岡山に出るとほぼ二時間かかったわけですが、今は橋のおかげで一時間で、乗りかえなしで岡山まで行けるということで、高松の方から見ますと非常に岡山に出るのに便利になりました。このように瀬戸内海に橋ができて、南北の流れというものがこれから盛んになっていくと思いますが、瀬戸内海といいますと東西の流れということを中心に考えられていると思います。いうまでもなく、瀬戸内海というのは古代以来重要な地域でありまして、船の航路と申しますか、海上交通という点で畿内から出た船が九州に向かい、そして九州を経由して例えば遣唐使だとか、あるいは日宋貿易、日明貿易とかというように中国大陸につながっていきます。九州を経由して諸外国との交流というようなことで、ややもすれば東西の航路ということが重視されてきたわけです。

しかし瀬戸内海地域そのものから見ますと、東西も大事な航路ですけれども、南北の交流、つまり四国と中国との交流も当然あったわけです。例をあげてみますと、香川県にサヌカイトという石があります。カンカン石と呼んでおり、原始時代にはその石で石器を作ったわけですが、そのサヌカイトの石器が山陰方面からも出てきています。恐らく讃岐のサヌカイトが運ばれ加工され、山陰の方で石器として使われていたのでしょう。瀬戸内海を挟んで南北の交流ということが盛んであったことを証明するひとつの事例だろうと思います。今日は瀬戸内海の南北のつながりをテーマに、それを明らかにしていくというのが大きなねらいであるわけです。

前回徳山先生の方から、おそらく瀬戸内海と日本海、あるいは東北地方をめぐる西廻《にしまわ》り航路についてのお話しがあったと思います。この航路は、春に大坂を出て瀬戸内海を通って下関に寄り、下関からさらに山陰を北上していきまして、東北の日本海側の港、さらに北海道、昔は蝦夷《えぞ》といっておりましたけれども、その北海道の松前、江差あたりまで北上していく航路です。五月ごろ北海道に着きまして、八月ごろに北海道を立ち南下して大坂に十一月ごろ戻ってくるわけです。大坂と北海道を結ぶのに瀬戸内海を経由するというのは、何か遠回りしているように思われますけれども、大量に、しかも安全に船で商品を運ぶことができるわけです。大坂は当時いわゆる「天下の台所」といわれておりますように、全国各地の商品が集まってくるところでして、この大坂と北海道を結ぶのが西廻り航路であったわけです。

したがって、西廻り航路にとって瀬戸内海というのは、非常に重要な地域にあたりますので、当然瀬戸内各地に港町というものが発展していくことになるわけです。西廻り航路が始まりますのは、河村瑞賢《かわむらずいけん》という人物、御存じの方も多いかと存じますが、この人が徳川幕府の命令によりまして東北地域の幕府領の年貢米、これを城米《じょうまい》といいますが、この城米を江戸に運ぶということがきっかけであったわけです。実は西廻り航路の始まる一年ほど前に東廻りというのが同じく河村瑞賢によって開かれています。寛文十一年、一六七一年になりますが、東北地方の城米を太平洋岸を南下し、房総半島を迂回して江戸に直接運び込む航路を開いています。これは、東北地方の各所に散在している城米を江戸に運ぶということを目的にしています。西廻りは、同じように日本海を通って運び込むというものです。これ以前からも、瀬戸内海では尾道や下関とか、中世以来発展している港町がもちろんあったわけですけれども、特に西廻り航路が盛んになってくると、瀬戸内各地にいろんな港町が発展してきます。最初のころは、米の輸送が中心なのですが、後になりますと米以外の各地の多種類の商品を積んだ船、こういった荷物を運ぶ船のことを廻船《かいせん》といっておりますが、そういう廻船が瀬戸内を行き来するようになります。

## 2　廻船業の発展と港町御手洗

当時日本は鎖国の状態ですから、大型の船は造れません。廻船は帆をたくさん持った遠洋航海に耐え得るような船でなくて、大きな一本のマストがありまして、それに帆を掲げる、一本マストの帆船でありました。当時、一本マストの船というのは日本独特の船だったようでして、廻船の船乗りが漂流して外国船に救われた場合、一本マストの絵を描くと、「ああ、おまえは日本人か」ということがわかったくらい、当時よく知られていた日本独特の船の形だったようです。それに荷物を積み込んで運ぶわけです。一般的には菱垣《ひがき》廻船とか樽《たる》廻船とかいわれて知られています。米をはじめいろんな商品を積んだ廻船が、西廻り航路の開発によって瀬戸内海を行き来するようになってきます。

そういう中で、たくさんの港町が発展してきます。大坂を出ました船はほとんどが山陽沿いに航海してまいります。大坂を出て明石に寄って、日比あたりから尾道、それから忠海《ただのうみ》、そして上関あたりに来まして、さらに中関、下関というように、陸地沿いに航海していくわけです。こういう沿岸を走っていく船のことを地乗《じの》りと呼んでおります。まだ、江戸時代の初めごろですと、その航海技術もそれほど発達していないし、船が小型ですから、危険を避けて沿岸沿いに航海していきます。

ところが、船も大型化し、航法に慣れてきますと、沿岸沿いよりもむしろ一気に瀬戸内海を突っ切ろうということになってまいります。尾道の近くに鞆《とも》という港がありますが、そこを出た船は来島海峡の島々の中を突っ切っていきまして、尾道に寄らずに御手洗《みたらい》に行きます。この御手洗というのは、大崎下島という島に発達した港町なんですが、その御手洗に寄りまして、それから一気に上関の方を目指して行きます。瀬戸内海の島陰をたどっていきますけれども、沿岸沿いではありません。これを地乗りに対して沖乗《おきの》りといっております。ですから、沖乗りをしますと風に乗って一気に鞆から御手洗、御手洗から上関というように突っ切っていきますので風を待たねばなりません。いい風が吹くときにその港を出ていくわけで、風がやんだりすると、その風が再び吹くのを待たねばなりません。帆で動きますから、いい風が吹くのを待つということで、沖乗りの場合には風を待つ港が適当なところに必要になってきます。

　こういう沖乗りのための風待ち港として発展してきたのが御手洗というところだったわけなのです。尾道などは中世以来の港町でありまして、尾道周辺の産物などを積んだりおろしたりする、そういう港として発展しましたが、この御手洗の場合には、最初は風待ち港であったのが、そのうちに待ってるついでにその船に積んでいる荷物を取引しようということになって商人が集まってきます。そして、その商人が船を雇って自分が買った商品をその船に積んで積み出していくというようになりまして、単なる風待ちの港でなくて、船が積んでいる商品をそこで取引するという形になっていきまして、いわゆる近世の新しい港町としてこの御手洗が発展していくわけです。ですから、瀬戸内の港といいましても、大きく分けて二つのタイプが考えられます。尾道のような中世以来の伝統的な港町と、江戸時代に入って西廻り航路の開発に伴う沖乗りによって発展してくる港、いわゆる新しい港町、こういう二つのタイプの港として発展していくというように考えられます。

　例えば、先ほどから申しておりますように、尾道の場合には、そこには船宿などが設けられておりますし、また各種の商品が尾道に運ばれてきます。また尾道の周辺でできた塩とか綿とか、そういうようなものがこの尾道から積み出されていきます。尾道周辺で作られた商品がそこから積み出されていくということなのですが、御手洗の場合には、いわゆる中継基地といいますか、中継的な取引ですね。ある船が積んできたものをそこで売買して、またそこから積み出していくという、商品の取引ということを中心としているわけです。瀬戸内の山陽沿いの特産物である綿とか塩とか、そういったものを売買したりする港ではなかったわけです。その点で性格が違うわけですが、いずれにしろそういう形で瀬戸内海の航法というようなものが影響して新しい港町が発展してくるということになります。

## 3　忠海の船問屋

そこで、尾道、御手洗に限らずに、各地にたくさんの港町が栄えてくるわけでありますが、その中で例えば忠海というところが尾道の西の方にあります。ここも港としては江戸時代になって発展してくるところなのですが、忠海に入ってくる船の商品の取引をする船問屋がいまして、その中に江戸屋と胡屋という船問屋がありました。その船問屋には言わば自分のところにどこのどういう船頭の船がやってきたかということを書き留めたものがあります。これを「客船帳《きゃくせんちょう》」と呼んでおりますが、一種の得意先名簿みたいなものですね。その客船帳には、どこの船が入ってきて、そしてどういうものを取引して出ていったかということが書きとめてあるわけです。船問屋にはそういう客船帳というのが残されていることが多いのですが、忠海にもこの江戸屋と胡屋に客船帳が残されております。

実は、先ほどご紹介いただきましたように、私の研究の中心はいわゆる藩政史と申しますか、そういう藩の政治の方にあるわけなのですが、今から一〇年ほど前になるでしょうか、広島大学の先生方と共同研究をすることになりまして、そのときに廻船のことを調べてみようということで讃岐の江戸時代の廻船の動きというようなことを少し調べてみたわけです。その後も関心は持ちながらも具体的な調査ができなかったのですが、香川県で香川県史の編さんを始めることになりまして、香川県史の調査ということで忠海に行かせていただきました。実は、その前から忠海に客船帳があるということを、『竹原市史』に書いてありまして、一度見てみたいと思っていました。香川県史編さんのおかげと申しますか、そういう調査の機会を与えられまして現地に行くことができました。

この忠海という町は小さな町ですが、来島海峡にある島々が点々と見える、そういう非常に景色のいいところであります。その一角に船留りがありまして、一番突き当たりのところに江戸屋と胡屋の屋敷があったわけです。江戸屋と胡屋はそれぞれ荒木さん羽白さんという名前だったのですが、伺いましてその客船帳を見せていただきました。正式の表題は「御客帳」となっています。二〇センチは優に超える厚さの帳簿なんです。それにびっしりと国別に書き込んであるのです。こういう客船帳の中で、有名なのは、島根県の浜田の外ノ浦《と》の清水屋の客船帳が『諸国御客船帳《しょこくおんきゃくせんちょう》』という題で活字になっていますが、それに匹敵するものがこの両家にありました。

国別にその客船帳を整理してみましたのが、表1になります。東北や北海道を初めとして各地から来ているのがわかります。中国地域ではこちらの岡山県の備前、備中などから胡屋に相当入ってきております。それから四国、九州各地からもたくさん忠海にやってきておりますが、特に多いのは伊予ですね。胡屋では伊予が九三〇艘で最も多くなっています。次が中国地域の安芸が九二七艘になりますが、この伊予と安芸が群を抜いているということになります。

江戸屋の方を見ますと、四国の讃岐が九一五艘、次いで周防の六六八艘、伊予の六二九艘というあたりがベスト3になるようです。とくにこれは地理的な関係もあるのでしょうが、伊予との関係が非常に深いということがわかります。これらの客船帳は時期的にいいますと、はっきり年代は確定できないようなんですが、一八世紀の終わりごろから一九世紀の八〇年代にかけてのものといわれています。したがって、幕末から明治二十年頃の状況がそこからうかがうことができます。

表1　胡屋・江戸屋「客船帳」の国別船数

| 地域 | 国名 | 胡屋 | 江戸屋 |
|---|---|---|---|
| 奥羽・北陸 | 出羽 | 1 | 1 |
| | 陸奥 | 1 | − |
| | 蝦夷（松前） | 5 | − |
| | 佐渡 | 15 | 5 |
| | 越後 | 27 | 326 |
| | 越中 | 33 | 56 |
| | 能登 | 29 | 45 |
| | 加賀 | 41 | 182 |
| | 越前 | 25 | 52 |
| | 若狭 | − | 6 |
| | 丹後 | − | 27 |
| | 丹波 | 14 | − |
| | 但馬 | 9 | 116 |
| 近畿・東海 | 播磨 | 269 | 276 |
| | 摂津 | 104 | 129 |
| | 和泉 | 21 | 49 |
| | 紀伊 | 49 | 83 |
| | 淡路 | − | 166 |
| | 尾張 | 12 | 41 |

| 地域 | 国名 | 胡屋 | 江戸屋 |
|---|---|---|---|
| 中国 | 因幡 | 28 | 90 |
| | 出雲 | 57 | 338 |
| | 石見 | 113 | 264 |
| | 長門 | 166 | 408 |
| | 周防 | 414 | 668 |
| | 安芸 | 927 | 211 |
| | 備後 | 186 | 95 |
| | 備中 | 206 | − |
| | 備前 | 198 | − |
| 四国 | 阿波 | 86 | 303 |
| | 讃岐 | 251 | 915 |
| | 伊予 | 930 | 629 |
| | 土佐 | 49 | 79 |
| 九州 | 筑前 | 50 | 176 |
| | 筑後 | 10 | − |
| | 豊前 | 61 | 84 |
| | 豊後 | 530 | 283 |
| | 日向 | 66 | 173 |
| | 薩摩 | 29 | 54 |
| | 肥後 | 22 | 41 |
| | 肥前 | 118 | 193 |
| | 五島 | − | 43 |
| | 対馬 | 10 | 47 |
| | 壱岐 | 28 | 20 |

## 4　北前船と買積み

今述べましたように、忠海の対岸の伊予が多いということは当然なことでありますけれども、奥羽や北陸というあたりからも相当船がやってきています。これは、先ほど申しましたように、北海道、あるいは東北から日本海側を南下して下関に向かい、瀬戸内海を通って大坂に行くという、いわゆる西廻り航路を通ってきているわけです。

先ほども申しましたが、西廻り航路の開発は、幕府の年貢米を江戸に運ぶということだったわけです。最初はそういう目的で出発しましたが、後にはいわゆる瀬戸内で生産される塩とか綿、砂糖などを積んで北陸や東北の日本海側、あるいは北海道まで出かけております。そしてそこで積んできた品々を売り、そのかわり瀬戸内方面、あるいは大坂で必要とするもの、例えば肥料類、後で出てまいりますが、干鰯《ほしか》、油かすなどを買って帰ります。そういうものを船に積んで日本海側から瀬戸内海に入って、瀬戸内の港で売りながら最終的には大坂に着くというわけです。このように日本海側の地域で必要とするものを積んで行き、そして瀬戸内で必要とするものを積んで帰ってくるという、そういう取引を行う廻船を北前船《きたまえぶね》と呼んでおります。

この北前船というのは、大坂と江戸を結んでいる樽廻船や菱垣廻船が、商人の委託を受けて荷物を運ぶ運賃積みであるのに対しまして、船頭が自分で資金を持って、大坂などで商品を買い入れて船に積み込んで、それを東北の日本海側に持っていって売ります。買った値段と打った値段の差がその船頭の利益になるわけです。だから、運賃積みとは全く違うわけです。こういう形態の取引を買積《かいつ》みと呼んでおります。

ですから、当時の廻船というのは、荷物を運搬して運賃をもらう船と、自分の持っている資金で商品を買い入れてそれを売って、その差額を利益にする買積みという二つの形があったということがいえるわけです。とくに、北前船の場合には買積みということでありました。非常にうまくいけば一攫千金《いっかくせんきん》と申しますか、非常に莫大な利益を得ることができました。物価の差ですから、大坂で安く仕入れて物価の高いところに持っていって売れば利益は非常に多きかったわけです。しかしこれは投機的な面を持っておりまして、その積んでいる商品を安く売らねばならないときには大損をするというようなこともあったわけです。いずれにいたしましても、北前船の買積みによって日本海と瀬戸内の商品というものが大規模に取引されたということになります。

## 5 「客船帳」にみえる取引

そこで、話をまた忠海に戻しますが、そういう買積みを行う船がこの忠海にたくさん入ってきており、先ほどの胡屋と江戸屋などとも、この北前船が数多く取引しているわけです。江戸屋は、先ほどの胡屋とは違って讃岐が一番多くて、次いで周防それから伊予というあたりが多かったわけです。どういうものを取引していたかを見てみますと、例えば周防の場合には、四九の港から六六八艘入ってきています。取引した商品については、売った商品とか買った商品とかというのがはっきりわかるといいのですが、そこまではっきりわかりませんが、米、平子《ひらこ》、鰯俵、干鰯などがあります。それから生姜、鰯、みかん、酒、午房とか、つる菰《こも》、菅笠《すげがさ》、ちり紙、唐津物、鯨もあります。小麦、小豆、塩鯖、黒砂糖もありますね。このようにいろんな日常的な商品が取引されているわけです。中でも多いのは干鰯ですね。肥料を始めとして日常消費物資などの大量の商品が、各地から来る船によって忠海の江戸屋で取引されているということがわかるわけです。

次に、山陽筋のところを見ますと、江戸屋の場合には備前、備中が全然ありません。そこで備後で見てみますと、鰯、かつおぶし、平子、干鰯、大麦、ぬるめ釜、これは何でしょうか、みかん、杓子、はまぐり、煙草、胡麻油、切昆布など、いろんな種類の商品が取引されています。ちょっと参考までに四国の讃岐の方を見てみますと、九一五艘と一番多かったわけですが、干鰯、塩、麦わらがあります。またあめ、米、焚込《たきこみ》、酒、白砂糖、茶、篠巻《しのまき》、酒明樽などが出てきます。焚込というのは砂糖の一種なんですが、白砂糖を精製するときにできる砂糖のことを焚込と呼んでいます。ですからこの焚込とか白砂糖というのは、恐らく讃岐の船が讃岐で出来たものを積んでこの忠海で売り払っているということを示していると思われます。全国各地から来た船によってあらゆる日常消費物資を含む商品が、取引されているということが十分理解できるのではないかと思います。

そこで、江戸屋に入ってきている国別の船の数で三番目に伊予がありました。六二九艘だったのですが、この伊予の国の船を港ごとに船数を整理してみました。一番多いのは川之江です。忠海のちょうど対岸あたりですね。それから西条、長浜、風早《かざはや》、雨井《あまい》、宇和島城下、御庄《みしょう》などが三〇艘以上ですね。六二九艘の伊予の船は、大体三つの地域に分けられます。いわゆる東予といいますか、松山から東の方、それから松山から南の方でしかも宇和島の手前までと、宇和島からさらに南の南予というように、三つの地域に大きく分かれています。各港ごとに売った商品、あるいは買って帰った商品というのがわかりますが、例えば川之江ですと売り払った商品は干鰯、芋などですね。そして塩とか油粕、鰯菰《いわしこも》を買い入れて帰っています。

こういった伊予の廻船との取引の状況の特徴を見てみますと、伊予で生産されたものが運び込まれているわけですが、忠海から買い入れて帰った商品というのは、塩、油粕、糀、鰯、綿、酒、それから菰俵《こもたわら》などもあるようです。忠海は安芸国にありますが、安芸地域の特産品を伊予の船が積み帰っているということがわかります。

したがって、この忠海の場合には先ほど申しました御手洗のように、商品を単に取引するという中継的な存在ではなくて、忠海周辺で生産される特産品を取引しているということがうかがえます。また伊予の船が持ってきて売り払った商品は、肥料である干鰯が多いということもわかります。必ずといっていいぐらい、この干鰯が伊予の各地の船の売り品目に出ていますが、肥料類が運ばれてきてそこで売られているということは、先ほど申しました忠海周辺で生産されている商品、綿、煙草などの特産品をつくるためにその肥料が、伊予の船によって持ち込まれているということです。そのほかでは、炭、生姜、あらめ、紙などの伊予地域の特産品が忠海に運ばれてきて売られています。

繰り返しになるかもわかりませんが、忠海からは忠海周辺の特産品が伊予に運ばれていき、逆に伊予の船は特産品をつくるための肥料を忠海に運んできて売っている。単に物を積んできて売ってるというんじゃなくて、お互いその両地域に関係する、しかも両地域で生産されていないものを売買するという関係があったことに、注意しておかなければなりません。つまり、最初申しましたように、いわゆる安芸と伊予という、東西じゃなくて南北の関係の中でいわゆる有機的な関係と申しますか、お互いにないものを補い合うという、そういう取引形態がそこに存在したということであります。

## 6　胡屋・江戸屋と讃岐の廻船

今申しました胡屋あるいは江戸屋との関係で、讃岐のことを少し紹介しておきたいと思います。まずは胡屋の方から見てみましょう。表2をみて下さい。胡屋には東の方から引田、三本松、津田、志度、庵治、屋島、高松、坂出、宇多津ですね。それから丸亀、多度津、仁尾、詫間、和田浜、姫浜、伊吹、山田尻、そして島では塩飽、小豆島と、こういうふうになっておりますが、坂出が二七で一番多くなっています。次いで高松、そして宇多津、丸亀、小豆島、塩飽の順になっています。塩飽のことは前回徳山先生からお話があったと思いますが、西廻り航路で活躍した廻船ですね。

その取引状況を見ますと、引田の船が忠海にやってきて売ったのは砂糖、それから太白、これも砂糖の一種です。三本松も砂糖を売ってますね。それと素麺、これは後で触れますが、小豆島の素麺を買い込んで積んで行ったようです。津田が七島表、米、干鰯、生姜、芋子、糠、みかん、きびというようなものもあります。次の志度のところにも砂糖がありますが、やはり讃岐の特産品である砂糖が運ばれていくケースが多かったということですね。それでは買って帰ったのはどういうものかといいますと、三本松の場合ですと塩、それから油粕、油玉、これらは肥料です。高松は糠《ぬか》ですね、これも肥料になります。こういう肥料類をほとんど買って帰っています。これはなぜかといいますと、砂糖をつくるのに砂糖きびを栽培しますが、この砂糖きびに肥料を大量に投入するわけです。いい肥料をたくさん投入すればするほど、良質の白砂糖ができるわけです。そういうことがありまして、この肥料をたくさん買って帰っているのです。

砂糖と同じようなことがいえるものに、表には余り出てきていないのですが、表下の山田尻のところに

表2　胡屋「客船帳」にみる讃岐船数の港別取引状況

| 湊　名 | 船数 | 売 | 買 | 出　　入 |
|---|---|---|---|---|
| 引　田 | 7 | 砂糖１、太白１ | | |
| 三本松 | 10 | 太白１、素麺１ | 塩１、油粕１ | 能代干賀１、酒１、砂糖１、米１、大豆２ |
| 津　田 | 9 | 七島１、米１、干賀２、生賀１、芋子１、糠１、蜜柑１、きび１ | 七島１ | |
| 志　度 | 8 | 砂糖２ | 油玉１ | 砂糖１、鯡粕１、石灰１ |
| 庵　治 | 3 | 灰１、砂糖２ | | |
| 屋　島 | 7 | 太白１ | | 灰１、浜灰１、塩１ |
| 高　松 | 23 | 酒２、人参３、素麺１、炒子１、豆腐１、米１、砂糖２ | 糠２ | 柏木茶１、石くと１、砂糖１、米１ |
| 坂　出 | 27 | 砂糖２、味付粕１、生賀１、灰１、秋田干賀１ | | |
| 宇多津 | 16 | 醤油１、肥灰１、焚込１、芋１、砂糖２ | 糠４、粉粕１ | 瀬戸物１ |
| 丸　亀 | 16 | 焚込１、渋皮１、団扇１ | 小豆１ | 米１、砂糖１、佐伯干賀、砂糖、空豆交易１、鯡粕１ |
| 多度津 | 10 | 空豆１ | 鯡粕１、干賀 | |
| 仁　尾 | 7 | 酒１、渋皮１ | 糠１ | |
| 詫　間 | 4 | | 糠１ | |
| 和田浜 | 6 | 砂糖３、麦１ | | 油種１ |
| 姫　浜 | 5 | | | |
| 伊　吹 | 3 | 蜜柑２ | | |
| 山田尻 | 5 | 篠巻４、米１ | 油玉２ | |
| 小豆島 | 14 | 素麺８、手島石２、石くと１、炭１ | | |
| 塩　飽 | 12 | 米１ | 松坂１ | |

篠巻《しのまき》というのがありますね。これは、木綿糸になる前に篠巻と呼ばれる段階の綿があります。讃岐には最初申しましたように綿の生産が盛んなのですが、特に讃岐の西の方で、綿の生産が盛んでして、東の方が砂糖というように大きく色分けできるのですが、そういった綿の生産にも、肥料を大量に投入するということがあったわけです。

このような傾向は、江戸屋の場合も同じです。江戸屋の客船帳で一番多いのは讃岐船であるというのは、先程見たとおりですが、讃岐のどこが多かったのかといいますと、観音寺です。讃岐でも西の方になります。表3をみて下さい。観音寺が三三五艘と、圧倒的に多いわけです。室本《むろもと》も観音寺のそばですし、その下にあります伊吹島《いぶきじま》、これも観音寺の沖合に浮かぶ島です。地理的な関係があったんでしょうが、それにしても観音寺の三三五というのが圧倒的に多い。どうして多いのかというその理由が今のところまだよくわからないのですが、昔からの古いつき合いというようなことがそこにあったのかもしれません。

どういうものを取引しているかといいますと、表3に売ったものと買ったものとを書いておりますが、売り品目をみますと引田のところでは参河茶、干鰯、杉丸太が出てきています。干鰯は前にもいいましたように忠海の周辺でも綿とかつくってますから、それに必要な肥料を積んで売りに来る船があるわけです。丸亀あたりになると砂糖とともに団扇《うちわ》がありますね。丸亀の特産品の団扇なども運び込まれているようですが、やはり干鰯が圧倒的に多いのがわかります。

例えば、観音寺の上に室本というのがありますが、そこを見ますと干鰯を売っております。そしてまた干鰯と糠を買って帰っている。こういういわゆる売ったり買ったりした差で利益を上げるということがそこにあるわけです。これは最初申しましたように買積みですから、必ずしもその地域の船がその地域の特

表３　江戸屋「客船帳」にみる讃岐船数の港別取引状況

| 港　名 | 船数 | 売 | 買 | 不明 |
|---|---|---|---|---|
| 引　田 | 80 | 参河茶８、干鰯１、鰯１、杉丸太、米１ | 干鰯１、対馬干鰯１、砂糖樽１、白砂糖１ | 鰯俵２ |
| 安　戸 | 6 | 干鰯２ | | |
| 三本松 | 19 | | 塩１、濡米１、糠２、蜜柑１、関東干鰯２、干鰯１、越後干鰯２ | 白砂糖１ |
| 津　田 | 15 | 七島一 | つしま干鰯１、大豆１、佐伯干鰯１、白砂糖１ | 鰯１ |
| 浜　村 | 2 | | | |
| 高　松 | 30 | 米１、麦１、醤油１、蔵米２、酒１、佐伯干鰯１ | 干鰯１、濡米３、砂糖１ | |
| 香　西 | 4 | | 干鰯１ | |
| 宇多津 | 29 | 米１、大豆１、砂糖１ | 干鰯１ | |
| 丸　亀 | 10 | 団扇１、砂糖１ | 炒子１ | |
| 松　崎 | 5 | | 干鰯１ | |
| 粟　島 | 2 | | | |
| 室　本 | 61 | 干鰯１、木綿１、七島１、中折２、焚込１ | 干鰯１、糠１ | |
| 観音寺 | 335 | 干鰯３、塩１、鰯１、宇和平子１、平子１、あらめ１、長崎干鰯１、干鰯１、宇和干鰯１、長崎平子１、筑前干鰯１、米１、三つ石１、酒１、白砂糖１、焚込砂糖１ | 塩３、鰯２、かなま干鰯１ | 宇和干鰯１ |
| 汐　木 | 9 | | | |
| 伊吹島 | 70 | 茶１ | | |
| 和田浜 | 40 | 砂糖１、焚込１、柏１ | 豆１、酒１ | |
| 姫　浜 | 107 | 茶１、干鰯３、鰯１、酒明樽１、糠１、角田干鰯１、焚込１、米１、油種１ | 佐伯干鰯１、干鰯１ | 佐伯干鰯１、砂糖１、鰯１、鰯俵１ |
| 箕　浦 | 20 | 佐伯干鰯１、鰯１、砂糖１、昆布１ | 大麦１、干鰯１ | 鰯俵１ |
| 下高瀬 | 2 | | | |
| 大　浜 | 2 | | | |

産品を積んで行くとは限りません。例えば讃岐の船が砂糖を最初積み込んで、そして途中の鞆でそれを売って、干鰯を買い込み、それを忠海に持っていって干鰯を売り、それで利益を得る。そういうことをしながら利益を上げていくわけです。ですから、必ずしも特産品を積んでいるとは限りません。恐らく、忠海に行く前に特産品を売って、かわりに忠海が必要とする干鰯を買い入れてそこで売る。こんどは逆にその代金でたくさんの干鰯を買って讃岐に持って帰り、讃岐で売るというようにして利益を上げていくわけです。

しかしそうはいいながらも傾向としてはやはり砂糖とか塩、綿などの讃岐の特産品がたくさん出てきているのも事実です。ですから、先ほど伊予の場合でも申しましたけれども、讃岐の場合についてもそういった讃岐の特産品を忠海で売って、そして特産品をつくるためのその肥料を忠海で買って讃岐に持って帰って売るということが行われているわけです。これも忠海と讃岐の商品生産といいますか、そういうようなことが有機的に結びついてきているということをうかがえるかと思います。こういうことが忠海に残っております客船帳を通してうかがえるわけでして、いわゆる瀬戸内海の南北の取引、廻船の往来ということは地域における生産のありかたや、あるいは日常消費の商品を手に入れるというようなことが非常に影響しています。

## 7　長栄丸の取引

さて、こういった状況の中で瀬戸内海を航海した船が具体的にどういうふうにして取引を行ったのかということを少し御紹介してみたいと思います。残念ながら、今ご紹介した忠海のケースのように史料があればいいのですが、この南北ルートの研究はあまりすすんでおりません。そこでちょっと今までの話とずれるかもわかりませんが、具体的な廻船の動きということで二、三紹介してみたいと思います。

広島県の大崎下島に長栄丸《ちょうえいまる》という船の航海日誌が残っております。この長栄丸と申しますのは、御手洗のあります大崎下島に沖友というところがあるのですが、そこの藤本家の持っている船です。ですから、この長栄丸の母港というのは御手洗になります。沖友と御手洗はすぐそばですから、御手洗にいつも係留しておりまして、御手洗から出発して御手洗へ帰ってくる。しかし、所有者は御手洗の隣の村の沖友というところの藤本家なのです。

その藤本家にある航海日誌を見ますと、まず積んだ商品は石炭と米だけですね。そして、どこでその石炭や米を積んだかといいますと、最初の嘉永六年（一八五三）の場合でいいますと、福島、それから高島であります。福島と申しますのは、これは九州の長崎県になりますが、長崎県の平戸の手前に伊万里《いまり》というところがありますが、伊万里湾に入る入り口がこの福島というところなんです。それから高島と申しますのは、先日炭坑を廃止したというニュースがたしかあったと思いますが、長崎港の外に浮かぶ島です。これらは江戸時代の終わりごろから石炭の産出が盛んになってくる、そういうところなのです。

それから、米の場合を見てみますと嘉永六年の場合は積み地はわかりませんが、どうも江戸に運んだらしいのです。翌安政元年の場合も積み地がわかりませんが、安政二年になりますと若松、安政三年にも若松というのがあります。これは九州の福岡県の若松でありまして、私のふるさとのすぐそばなんです。もともと若松も筑豊炭坑の石炭の積み出し地なんですが、その若松で米を積んで、江戸あるいは大坂に運んでいっているということがわかります。

そして、石炭を運んで行ったところはどこかといいますと、嘉永六年の場合を見てみますと阿波、松永、安政二年のところに波止浜《はしはま》があります。この松永も波止浜も塩田のあるところです。さらに安政五年になりますと尾道、松永、それから赤穂などが石炭を運んで行った先として記されているわけでして、石炭が塩田地帯に運ばれているということがはっきりわかると思います。つまり塩を煮詰めるその燃料として、石炭が江戸時代の天保ごろから使われます。従来薪だったんですけど、薪にかわって石炭を使うということになりまして、その結果瀬戸内の塩田の各地で石炭の需要が高まっていったわけです。

そのため、この長栄丸は九州の西北部のあたりから石炭を積んで各瀬戸内の塩田に運ぶということが中心的な仕事であったわけです。瀬戸内の真ん中にある御手洗を母港とする船が、西北九州と盛んに取引を行っており、しかも大坂にはあまり行っていない。このことは先ほどもちょっと触れましたが、いわば瀬戸内を中心とした一つの流通網と言いますか、瀬戸内と西北九州を結ぶ流通網というものがそこにつくられてきているということの一つの証明ではないかと思うわけです。

## 8　太神丸の取引

そういった傾向をさらに裏づけるものとして、小豆島の内海町苗羽《のうま》（香川県小豆島町）というところがありますが、そこを母港とする廻船太神丸《たいじんまる》があります。この船の航路日誌が江戸時代の寛政一〇年（一七九八）から明治二〇年頃までの間に、一〇冊ほど残っています。寛政一〇年の時は三社丸といっています。この太神丸と申しますのは、船の大きさは、先ほどの長栄丸は千石積み相当の大型廻船でありますが、これはそんなに大きな船ではないようでありまして、米一〇三〇俵を一度に積み込んだという記事がありますので、大体一俵は三斗四升というのが基準ですので、それから考えますと約三五〇石から四〇〇石積みぐらいの、いわゆる中型船だったようです。大体七、八〇〇石から一〇〇〇石ぐらいが大型なのですが、五〇〇石前後は中型、そして二、三〇〇石前後が小型ということになります。

この船の持ち主は塩屋という名からもわかりますように、小豆島の苗羽地方でもともと塩をつくっていた家だったようです。後には塩をやめまして醤油を作っています。現在、小豆島の内海町に丸金醤油というのがありまして、そこの家の名前は木下さんというんですが、実はその木下さんが塩屋なんです。ずうっと続いているんですね。その塩屋の所有船の太神丸が瀬戸内を航海した航海日誌の中から文久二年の分を整理してみました。

実は文政三年にも取引の具体的な様子がわかります。文政三年と申しますと一八二〇年になります。一九世紀に入って江戸時代も後期に入ったころであります。小豆島の塩を買い入れまして、下関と唐津で売っております。そして、唐津で干鰯を買い入れ、同じく唐津の近くにある呼子《よぶこ》というところで取粕と小麦を買っております。取粕というのは、油をとったかすですがこれも肥料になります。それを買い入れて、干鰯は小豆島の草壁《くさかべ》村で売り払い、取粕は尾道と小豆島で売り払っております。それから、呼子で小麦を買ったと申しましたが、その小麦はどうしたかといいますと、これは素麺をつくる製造業者でありまず小豆島の藤若屋という人物に小麦を売り払っています。つまりこれは素麺の原料ですね。小豆島の素麺というのは江戸時代の後期ごろには盛んになってきますが、それの原料として小麦が売り払われているという例があるわけです。

次に文政三年から約四二年後の文久二年の場合を見てみます。文久二年と申しますのは一八六二年になります。文久といいますとペリー来航後、いわゆる政治的な混乱が続いて尊王の志士たちが活躍する、そういう時期です。取引状況を表4から見てみますと、塩と繰綿、綿、米、小麦、大麦、小豆、大豆、干鰯というようになっておりまして、塩は潟元《かたもと》、これは屋島の潟元というところで塩がつくられているのです。高松藩領ですが、小豆島の対岸になる屋島で塩を買い入れています。下村というのは小豆島です。土庄も小豆島です。ですから、屋島と小豆島で塩を買い入れて、それをどこに持って行って売ったかといいますと、筑後と島原、そして宇土《うど》、これは熊本の少し北の方に宇土というところがあります。また、筑前、これは具体的に場所はわかりませんが、いずれにしろ九州の西北部ということになるわけです。

それから、繰綿《くりわた》、これは綿から綿の実をとった、白い綿そのままですが、繰綿が玉島と福岡、岡山の福岡でしょう。それから鞆、早島で買い入れています。そして、諸富と読めるのですが、これは肥前にあります。それと筑後あたりで売り払われているということがわかるわけです。早島も綿をつくっていたということですので、恐らく繰綿も早島でつくられて積み出されたんだろうと思います。それから綿は広島で買って積み込んで島原と宇土で売っているということになるわけです。小麦の場合は先ほども素麺の原料と申しましたが、肥前、それから高瀬、これも熊本市の近くに高瀬というところがありますが、さらに島原で買い入れて、多度津と兵庫で多くが売られておりますが、土庄、下村などの小豆島でも売られています。内上けというのは船主の塩屋に荷揚げしたということですから、これも小豆島で処理したというようになります。また大豆ですが、小豆島では醤油をつくっていますので、それの原料になるわけです。大豆は川尻、島原、それから肥後、唐津などで仕入れて、大坂の近くの堺で売られていますが、土庄、下村あるいは内上けとあって小豆島でも大豆を売り払って、荷揚げしているということがわかります。干鰯の場

表4　文久２年の太神丸取引状況

| | 買 | 売 |
|---|---|---|
| 塩（俵） | 潟元1,420、下村850、土庄229 | 筑後1,420、島原550、宇土300、筑前26（226カ） |
| 繰綿（本） | 玉島157、福岡100、鞆73、速（早）島50 | 肥前（諸富カ）163、筑後140、（不明・九州北部カ）69 |
| 綿（本） | 広島170 | 島原134、宇土36 |
| 米（俵） | 肥前（諸富カ）765 | 尾道580、兵庫150、安田12、池田11、内上け8 |
| 小麦（俵） | 肥前（諸富カ）720、高瀬92、島原50 | 多度津350、兵庫230、土庄80、下村15、内上け120 |
| 大麦（俵） | 大村75 | 下村50、内上け25 |
| 小豆（俵） | 高瀬145、（不明・九州北部カ）138、肥後66、川尻27 | 兵庫189、土庄145、大坂27、安田15 |
| 大豆（俵） | 川尻1,026、島原863、肥後502、（不明・九州北部カ）41、唐津20 | 堺813、土庄792、大坂660、下村15、内上け111 |
| 干鰯 | （不明）250俵・10掛（カ） | 肥前（諸富カ）230俵・12丸、筑後13丸、（不明・小豆島カ）20 |

合は、途中で積み込んで取引したのだろうと思います。

このように太神丸の場合におきましても、小豆島及びその近辺の商品を積み込んで、それを九州西北部に持って行って売っています。売り払った代金で小麦、大豆、干鰯などを買い入れて、小豆島で生産される素麺、醤油の原料としています。こういう流通網の形成というのがうかがえるのではないかということであります。小豆島の太神丸の場合も文久二年に大坂に行っているようでありますが、その取引先の中心地は西北部九州にあったということになるかと思います。

以上、瀬戸内海を舞台としてどういう商品の取引が行われていたのかというようなことを、私の目についた史料をもとに紹介させていただきました。準備が不十分でおわかりにくい点があったかと思いますが、お許しいただきたいと思います。

御清聴ありがとうございました。

### 参考文献

脇坂昭夫氏「近世後期瀬戸内海における廻船業―藤本屋を例にして―」（『芸備地方史研究』第四一・四二合併号。芸備地方史研究会、一九六二年。のち『瀬戸内海地域史研究第５輯―特集・瀬戸内港町と商品流通』に所収。文献出版、一九九四年）。

柚木学氏「幕藩体制の確立と廻米体制―塩飽廻船をめぐる問題―」（『経済学論究』第二六巻第二号。一九七二年。のち「近世廻米体制と塩飽廻船」と改題して『日本海運史の研究』に所収。吉川弘文館、一九九四年）。

『内海町史』（香川県小豆郡内海町。一九七四年）

豊田寛三氏「幕末・明治初年の芸予交易」（『大分大学教育学部研究紀要』第五巻第一号。一九七六年）。

柚木学氏編『諸国御客船帳』（清文堂、一九七七年）。

『香川県史４・近世Ⅱ』（香川県。一九八九年）。

拙稿「近世における讃岐の廻船について」（松岡久人編『内海地域社会の史的研究』。マツノ書店、一九七八年。のち「讃岐の廻船と太神丸・可孝丸」と改題して拙著『近世後期讃岐の地域と社会』に所収。美巧社、二〇一二年）。

# 六　高松城と松平頼重（講演記録）（『高松市教育文化研究所研究紀要』四五号。一九九四年）

## 1　『香川県史』の編纂

只今、ご紹介をいただきました木原でございます。私は、現在香川大学で日本史を教えております。ご紹介にありましたように、福岡県北九州市八幡の出身でありますが、こちらにまいりまして既に、二六年目になります。そういう意味では、私は、今までで一番長く高松に住んでいるわけでございます。したがって、その間、いろいろなことをこちらで勉強させてもらいました。私自身は、別の研究テーマにも関心をもっているのですが、日本史の研究者というのは、地域の歴史にも関心を持ち研究を進めていかなければなりません。そこで、私は、高松をはじめ県下の歴史について、特に、江戸時代の歴史について勉強をしてまいりました。

こちらへ来て間もなくの頃、熱心な学生たちがいまして、「県下の近世に関する古文書の調査をしよう」ということで、確か四、五年かけて香川県の西から東まで、二泊三日くらいの日程で調査に出かけました。私も時間の都合がつくかぎり参加をして、学生と一緒にお寺の本堂などに寝泊りしながら、県下をずうっと回りました。そして、土地勘が大体私の頭に入ったなあと思っていた頃に、香川県史の編纂《へんさん》が始まりました。今から約一四、五年前だったと思います。その時、私にも「県史編纂に参加しなさい」ということで、声をかけていただきました。そこで、学生諸君と調査した研究成果を基にしまして、近世史の県史編纂の準備をし、改めて各地の調査を本格的にいたしました。そして、何とか香川県史の全一五巻のうち、史料編二冊・通史二冊の近世編が出来上がりました。

香川県が置県百年の記念事業として県史編纂を始めたことは、大変意義のあることであります。しかし、私自身にとりましては、この香川県史の編纂ということは、私が高松に来て間もない頃に、学生たちと始めた讃岐の近世史に関する史料調査の延長上にあると言うふうに考えています。そういう意味で、当時の学生たちは本当に先見の明があったと、今更ながら思っているわけであります。

香川県史の編纂過程の中で、私自身の分担は、私が江戸時代のうち特に、藩の政治に関することを調べているものですから、江戸時代を通して讃岐の藩政史、特に高松藩について書くことになりました。なお、丸亀藩や多度津藩については、それぞれの地域の専門の方が担当されました。そんなわけで、私の分担になりました高松藩については、改めて大分調べさせてもらいました。今、読み返してみると、まだまだ不十分な点が沢山あるのですが、限られた期間のなかで書いたものとしては、今の高松藩の政治史研究の大体の基礎固め的なものはできたと思っています。

少し余談になりますが、香川県の県史編纂は、「一〇年間で完成させる」ということで始まりました。だいたい県史とか、自治体史の編纂では予定通りに完結したためしがなく、大抵早くて二、三年から五、六年遅れるというのは普通なのです。なかには、二〇年もかかってようやく一冊出たというところも実はあるようです。

その点からみますと、香川県史の編纂は模範生であります。編集作業は予定通り進行いたしました。それには、もちろん県の方でも編纂委員を沢山参加させたり、調査史料の写真への経費等、人的・財政的な面での多大のご配慮をいただいた結果だと思います。全国の県史編纂事業をみても、香川県史の編纂のように計画的にいった例はないのではないかと思います。しかし、今から振り返ってみますと、これが落ちている、あれも落ちているというところが出てきています。やはり期間を守ることも大切ですが、これは二、三年延ばしてもよかったのではないかという気が今はしています。このことは一応終わったことですからそれはそれとして、一般に県史編纂とか史誌の編纂は、期間をかけないとなかなか立派なものはできないということで、一〇年もかけたからいいじゃないかと思われるかも知れませんが、一〇年もかけてもまだまだというのが、私たち編纂に携わった者の実感であります。

今日のお話は、香川県史編纂に参加させていただいた中で、私自身が高松藩のことを調べたことのうちから、高松藩の領主がその領地支配の象徴的なものとして完成させた高松城が、どのような時代背景の中でつくられたのか、また近世初期の高松藩の政治を考える上で、これがどのような重要な役割をもったのかということであります。

もう一つは、もっと身近な問題で私自身こちらへ来てびっくりしたのですが、琴電築港駅のホームに行きますと、高松城の石垣が手で触れるほど近くにあります。恐らく戦後の混乱期に急いで駅を造ったために、このようになったのだと思うのですが、本来ならば、あの石垣は貴重な史跡・文化財ですから、これに接して別の物を造るということは、現在では認められないことです。ところで、あのホームのあるところは内濠に当たる所ですが、高松城全体はどういう姿をしていたのか、それはいつ頃できたのかということを、明らかにしたいということです。

現在は、中央通りができ、その向こうの西の丸町は、城の西ノ丸からきた地名ですから、もともとは城内のはずであります。昔とすっかり変わり天守閣から東の一部分が、現在高松城として残っているということです。このようなことから、この機会に高松城の歴史的な背景を、一つ整理してみたいと思っているわけです。

## 2　生駒藩と高松城

### 生駒親正

表題を「高松城と松平頼重」としておりますのは、この高松城を最終的に完成させましたのが、松平頼重であるということであります。このことが、実は高松藩の政治のあり方と深く関わっているのだということを申し上げたいということです。ですから、今日の話は江戸時代の初め一七世紀中頃のことが、話の中心になります。そこで、まず最初に大きな柱としてお話しておきたいのは、高松城を最初に築造した生駒親正という人物についてであります。

年表（終わりにあり）によりますと、天正十六年に「生駒親正、香東郡野原庄に高松城を築く。」（三年かかって完成したという）とあります。何月から工事を始めたのか、はっきりした史料がないので分からないのですが、場所は香東郡野原庄とあることから、野原庄の海辺に城を築いたということになります。生駒親正が高松城を築くまでに、この讃岐にはいろんなことがありました。そのことを少し紹介しておいた方がよいと思いまして、年表の形で示しておきました。

天正十年の本能寺の変は織田信長が、明智光秀によって討たれた事件であります。ですから、高松城ができたのは、この本能寺の変から六年後であります。近世の城は、天守閣をもった城で、江戸時代独特のものであります。ご承知のように、中世までは山に城を築き、普段は山の麓に住んでいて、いざ合戦とな

ります と麓で戦って負けると山に逃げ込み、そこで籠城するということであります。ですから、中世の戦国時代には、近世的な天守閣をもった立派な城はなく、山の上につくられたごく簡単な城でした。

近世的な本格的な城は、織田信長が築いた安土城《あづちじょう》が最初だといわれています。天正四年に安土に城を築いて、天下平定の根拠地にしたわけであります。ところが、この安土城の全体の姿については、はっきりした記録が残っていないのです。安土城の復元に関して、新聞にも時々出たこともありますが、これが安土城だというものはないのです。しかし、六階が八角形をした天守閣らしきものを中心にした安土城が、近世的な天守閣をもった城の最初であるといわれているわけであります。

その後、各地で天守閣をもった城がつくられますが、殆ど後に壊されたり建て直されたりして、天正の頃の城の形がそのまま残っているのは、そう多くないわけであります。高松城は、そういう意味でも天守閣のあった石垣のあたりは、若干修理したところはありますが、基本的には当時の形が残っているということで、全国的にも古い天守閣の石垣になるといわれております。（なお、平成二五年三月に天守閣石垣の解体、修理が完了している。）

本能寺の変の後に、ご存じのように四国は、長宗我部元親が平定いたします。その元親が四国全域を治めた時に、豊臣秀吉は四国へ兵を進めて、長宗我部元親への攻撃を開始します。天正十三年七月に豊臣軍と長宗我部軍の間に和議が成立します。その八月に、近世の讃岐の初代領主として千石秀久が讃岐に入ってきます。翌年の天正十四年十二月に、尾藤知宣が讃岐の領主になります。千石秀久から尾藤知宣へと領主が変わったのは、秀吉の九州攻撃の折りの島津氏との戦いで、千石秀久が戦術を誤ったということで、秀吉から領地を没収されたわけです。

また、尾藤知宣も九州での戦いで失敗して、秀吉の勘気に触れ切腹を命ぜられます。そして、天正十五年八月に秀吉子飼いの武将生駒親正《ちかまさ》が、讃岐にとって三代目の領主となります。当時、千石氏と尾藤氏はともに高松には城を建てずに、宇多津の聖通寺《しょうつうじ》城に居たといわれています。生駒氏は、最初は引田《ひけた》に城を築こうとしたともいわれていますが、最終的に高松城を築いて、そこに入ったということです。

## 高松城を築く

この高松城をつくったところは、先述のようにもともと野原庄というところですから、それほど開けたところではなかったと思われます。元の高松は今の高松町でした。高松という地名は、源平合戦で全国に知られていましたので、新しくつくった城を「高松城」と名付け、元の高松を「古高松」と名付けたということになっています。ですから、こちらの高松が新高松で、向こうが本当の高松であります。今では、どちらも高松市になっていますが、このような経緯があったわけであります。

高松城は、三年かかってつくられたといわれていますが、確かな証拠は何もありません。当時、讃岐一七万石余の城ですから、その規模も随分大きかっただろうし、それだけに期間も長くかかったと思われます。

年表にしたがって説明していきますと、高松に城を築いてから約一〇年後、慶長二年に生駒親正が丸亀城をつくります。高松では、讃岐の西の方は若干遠いということで、丸亀城を築いたということであります。終わりにあります年表の慶長二年によると、この頃から慶長七年頃にかけて、「領内の検地を実施する」と書いてあります。

秀吉の頃から、農民から年貢を確実に徴収し、その年貢を基本とする社会体制がつくられてきます。検地というのは、農民から年貢を確実に徴収するために、どの農民がどの土地を耕作し、その土地からどれだけの米がとれるかを調査し、一区画毎に帳面に書き記していきます。それを検地帳と称して、土地の面積が分かれば生産高が分かるような計算の仕組みになっています。そして、この検地帳を基にして、年貢をかけることになっていたのです。

農民からの年貢が、藩財政の中心的なものですから、年貢を少しでも多く取ることを目指して、藩は政治をしていくということです。ですから、検地帳を作成することは、近世の大名にとって特に重要な事柄だったわけであります。領内のどこに、どのような土地があるのか、ということをしっかり把握するための検地ですから、調査対象も領内全部の土地であり、相当大規模な事業になっただろうと思われます。生駒時代に検地を「いつからいつまで実施した」というはっきりした記録はないのですが、慶長二年頃から七年頃にかけての検地帳の写しが、現在大川町と観音寺市に残っています。これは、生駒藩における検地帳として、貴重な史料であります。

実は、天正十八年に秀吉の直轄地であった坂出市の与島で、検地をした「与島畑方名よせの帳」が残っています。これは、慶長二年よりもずっとさかのぼるのですが、生駒藩領としては、最初の検地を慶長二年頃から七年頃にかけて実施したということであります。

## 関ヶ原の合戦と大坂の陣

こうした検地によって、大名は農民支配をますます固めていきますが、やがて関ヶ原の合戦が起こります。これは、徳川家康と石田三成の天下分け目の戦いであります。生駒氏は、秀吉子飼いの大名ですから、当然反徳川方つまり石田三成方につくことになります。

実は、親正の子の一正は、当時家康方の軍勢の中に入っておりまして、関ヶ原の合戦での生駒氏は、息子一正は家康側の東軍へ、親の親正は三成側の西軍へと分かれて戦ったのです。戦いの結果は、ご存じのように東軍の勝ちとなり、親正は藩主の地位を奪われ隠居して出家することになります。そして、翌年の慶長六年から一正が、高松藩の二代目藩主となります。

このようにして、生駒氏は関ヶ原の合戦を何とか乗り切りましたが、やがて慶長十九年に「大坂の陣」が始まります。この時は、生駒一正の子正俊の時代で徳川方につき、豊臣秀頼方と一戦を交えることになります。もともと生駒氏は、秀吉子飼いの大名ですから、本来なら豊臣方と共に死ぬまで戦う、ということが分かりやすい話でありますが、生駒氏はそうはならなくて、近世大名として存続していったということであります。

生駒氏が、豊臣系大名でありながら、「関ヶ原の合戦」・「大坂の陣」を乗り切って、近世大名として存続したということは、それだけ徳川幕府に対して負い目があるということであります。つまり、譜代大名より一層徳川幕府への忠勤を励むことによって、外様の近世大名として認めてもらうことをしなければならなかったわけです。

このように、関ヶ原の合戦・大坂の陣の戦いを通じて、多くの豊臣系大名が潰れていった中で生き残った生駒藩は、幕府のご機嫌を伺わなければならない悲哀を、感じていたのではないでしょうか。そのようなことが、生駒藩のその後のあり方に影響を与えていったのではないかと思います。

年表によりますと、「寛永十七年七月・生駒高俊、讃岐を没収され出羽国（現在の秋田県）矢島に一万石を与えられる」とありますように、生駒藩は初代親正・二代一正・三代正俊を経て、四代高俊のときに全国的に有名な生駒騒動が起こり、讃岐生駒藩が潰れることになります。

## 幕府隠密の讃岐探索

本題である高松城に関する史料は少ないのですが、年表の寛永四年八月に「幕府隠密、讃岐を探索する」とありますことに関係した事柄があります。これは、九州を探索していた隠密《おんみつ》が、四国に渡ってきます。まず、伊予から讃岐を通って阿波へ行き、それから土佐へ行き、四国を一周して探索《たんさく》します。

その時に、隠密から九州の探索書、四国の伊予・讃岐・阿波・土佐の探索の報告書が幕府に出されています。その報告書の中に、高松城および高松城下の略図が描かれているわけです。隠密は、城の周りをこっそり歩いて、城の姿とか城下のようすを略図ですが描いているのです。この隠密の探索書は幕府へ提出されたのですが、その控えを隠密が持っていたのです。九州と四国を回った隠密の探索書が、今の滋賀県水口町（当時の甲賀忍者の里）に残っていることが分かり、早速問い合せてみました。ところが、九州の控えは残っているが四国のものはないということでした。係の方の話では、移転の折りに紛失したのかも知れないということでした。しかし、こんな大事なものだから、どこかに残っているだろうと探していましたところ、運よく東京大学の史料編纂所に、その写しがあることが分かりましたので、早速史料編纂所でその史料を見せてもらいました。（四国の分も現在水口図書館に保存されています。）

実は、戦前に『讃岐史談』という雑誌が出ておりまして、四国探索書のうち讃岐の部分が活字になっていますが、若干分かりにくいところとか、校正ミスだと思うのですが意味の通らないところもありまして、一度原物を見たいと思っていたところ、丁度よい具合に写によって確かめることができました。

寛永四年の隠密の報告書には、高松城の略図があり、次のように描かれています。城の西の部分と東の部分が、海側と平行になっていますが、これは正しくないわけで、もっと海が陸地の方に直接入りこんでいなければいけないのです。いずれにしましても、内濠《ほり》・中濠・外濠がありまして、そして、城下町が南につくられています。侍屋敷は、城の大体南西の方向につくられていると描かれています。

これから、一二年後の寛永十六年に描かれたといわれる城の図があります。これは、「生駒家時代高松城下屋敷割図」というもので、寛永十七年の「生駒騒動」直前、つまり十六年頃のようすを描いたものといわれています。探索書にある高松城のようすは、大体これと同じで、さすが隠密、きちんと見て間違いなく描いていることがわかります。

## 西島八兵衛と高松城

寛永八年二月に「西島八兵衛、満濃池を築造する」と年表にあります。西島八兵衛は、寛永時代に今残っている讃岐の大きな溜池《ためいけ》は、ほとんど築いたり築き直したりしたといわれています。彼は津藩主藤堂高虎の家臣でありまして、讃岐に派遣されてきて、各地に大きな溜め池をつくったということで、西島八兵衛は「讃岐の水の恩人」であります。今まさに水飢饉《ききん》でありますが、いうまでもなく讃岐の溜池の必要性を改めて感じております。

私も二十年前の高松砂漠を経験しましたが、その後香川用水ができて、もうこれで水の心配をしなくていいんだと喜んだものです。ところが、四、五年前からどうも早明浦ダムが涸《か》れそうだということが新聞などにも出たりして、これはやっぱり「他県の水を当てにしてはいけないんだなあ」と感じておりました。しかし、今年のようになるとは予想もできなかったわけです。やはり讃岐は、古代以来ずっと雨の少ないところですから、それなりの準備はやっておかないといけないということを改めて感じております。

ところで、西島八兵衛の屋敷が、前述の「屋敷割図」の中に書かれています。このことから彼は、寛永十六年初め頃まで讃岐にいたらしいことがわかります。その頃から、生駒騒動により藩内の混乱が激しくなってくるので、西島八兵衛は自分の藩に帰っていったと考えられます。

当時の高松城のようすを、図1から説明してみますと、城の中央に天守閣があり、その西側に本丸、本丸の北側に二ノ丸があり、二ノ丸の東側に内濠をはさんで三ノ丸があります。そして、中濠と内濠に囲まれて西ノ丸と三ノ丸があるということです。西ノ丸の下の方の一帯は、現在の「桜の馬場」になります。外濠は西の方には「西浜舟入」、東の方には「東浜舟入」と書いてあります。これから南の方に下がって東西に走っているのが外濠です。この中濠と外濠に囲まれたところが、侍屋敷でありまして、侍屋敷の南の中央辺りに今の「三越」があります。

城への門は、中濠にかかっている橋が城への出入口で、大手門のあったところです。外濠のあったところは、今では片原町から兵庫町そして西の突き当たりが広場になっています。城下町は、外濠から南の方に広がっていまして、この地図にも当時の地名が書き込まれていますが、今の高松の商店街に残っている町名と殆ど同じであります。例えば、片原町・兵庫町・丸亀町・塩屋町・新町・百間町・通町・大工町・鍛冶屋町などであります。当時のメーンストリートは、丸亀町から南新町へと南に進み、後に田町が発展して藤塚へと延びていくことになります。

## 生駒騒動

このように、生駒時代に讃岐一七万石余の城ができ、その南に城下町がつくられていったということであります。そして、生駒氏は生駒藩成立後約五〇年間にわたって、讃岐の領主として支配したわけであります。ところが、生駒騒動《いこまそうどう》が起こり、幕府から讃岐を没収されることになります。時間があれば、その経過を詳しく説明したいと思っていたのですが、時間もありませんので年表について簡単に触れたいと思います。

　年表にありますように、寛永十四年七月に国家老生駒帯刀《たてわき》が、生駒藩江戸家老前野助左衛門らを幕府に訴えたことから、「生駒騒動」が始まったわけであります。そして、寛永十七年五月に、「生駒藩内の家中立ち退き」が幕府で問題になります。つまり、生駒藩の家来が、国家老派と江戸家老派の二つに分かれ、江戸家老派に与した藩士が、讃岐からも江戸藩邸からも集団脱走して、大坂に集結するという大事件が起こりました。なぜ、そのようなことになったのか、ということについてはよくわかっていません。当然、家臣たちが藩邸を脱走すれば、藩が潰れるということは分かっているはずなのに、なぜ家臣たちが立退いた

図1　寛永16年ころの高松城

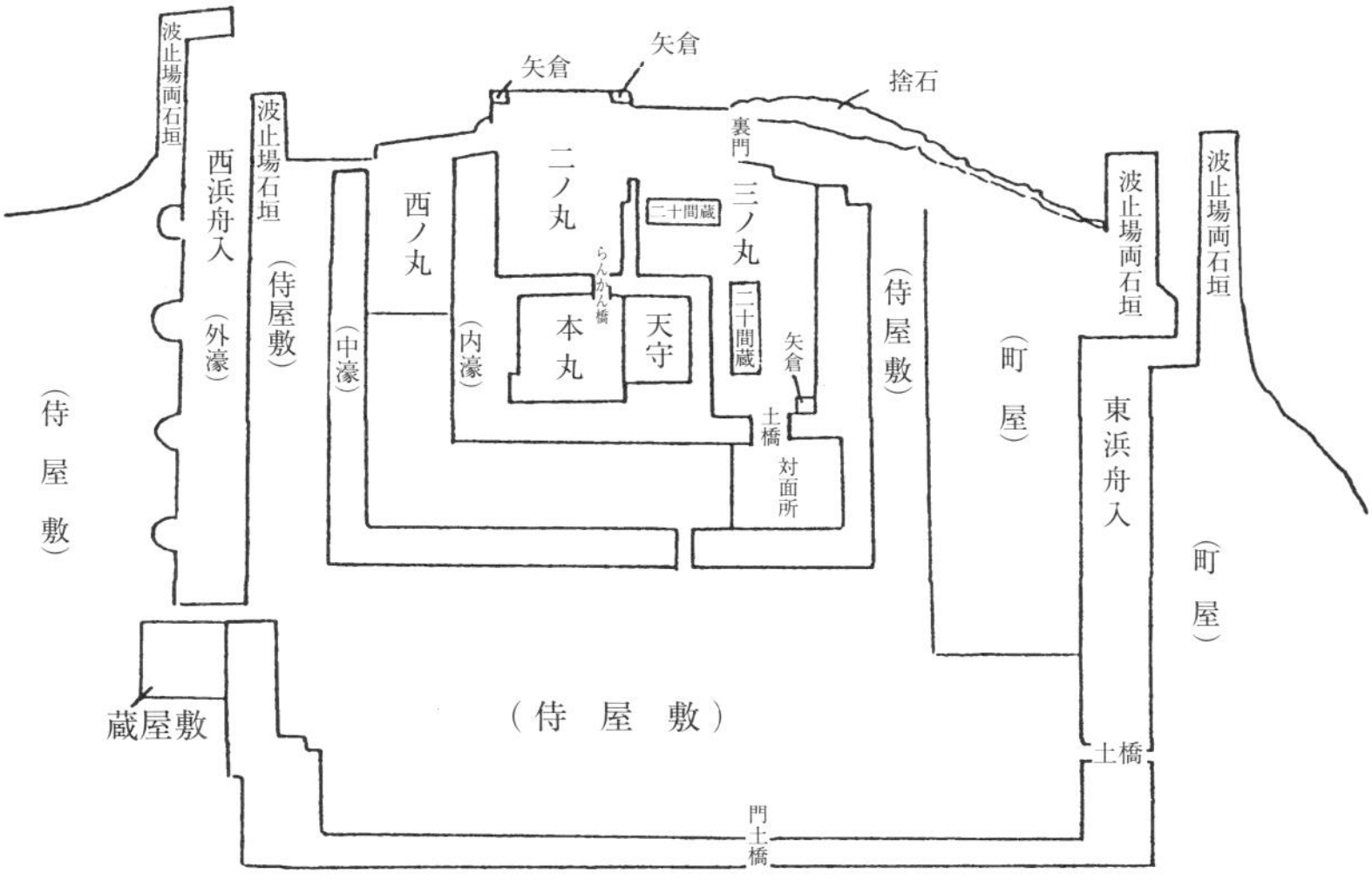

のか。当然脱走した彼らも後に処分されたわけですが、この事件の原因については、これからの研究の課題であります。

この事件が、幕府の老中たちの評定にかけられまして、結局、藩主の責任だということで、讃岐を取り上げられてしまったのです。そこで、生駒高俊は、温暖な讃岐から出羽の国（今の秋田県）の雪深い矢島へ移されてしまうわけです。この矢島には、県史編纂のときに行かせてもらいましたが、冬は二メートルも雪の積もるという鳥海山の麓で、冬はスキーで賑わう小じんまりした町でした。

## 3　松平頼重の政治

### 松平頼重

生駒氏の後、寛永十九年二月に松平頼重《よりしげ》が高松藩主となります。この松平頼重の時代には讃岐は、西の丸亀藩五万石余と高松藩一二万石の二つに分かれています。ですから、これからの話は、高松藩つまりほぼ土器川から東の方の話になります。そして、高松藩の政治体制・領内支配体制を作り上げていくのは、この松平頼重だということであります。

讃岐における近世的社会体制は、高松藩では生駒氏の後に入りました松平頼重、西の丸亀藩では同じく生駒氏の後に入りました山崎氏、続いて京極氏によって出来上がっていくわけであります。ですから、生駒時代というのは、生駒氏以後の讃岐の諸大名が築き上げていく、近世社会体制の基礎固めをした時代であったと位置付けられると思います。つまり、讃岐が近世社会に移っていくことに関して、生駒氏は何もしなかったということではなくて、生駒氏なりにいろいろやってはいたんですが、それが巧くいかずお家騒動になってしまった。その後を受け継いだ松平頼重・京極氏等によって、讃岐の近世社会体制が築き上げられていったと理解しているわけであります。

松平頼重が高松藩に入ってきますが、この頼重はいうまでもなく水戸光圀のお兄さんでありまして、本来なら松平頼重が水戸藩士になるべき生まれでありました。一説には、頼重が生まれたときには、父の水戸藩主徳川頼房《よりふさ》は、お兄さんたちに子供がなかったということで、頼重を世継として幕府に届けるのをためらった。そして、頼重を家臣に育てさせたということであります。その六年後に弟の光圀《みつくに》が生まれました。その時にはお兄さんたちにも子供が生まれていたということで、頼房は光圀を世継として幕府に届けたということであります。そのような不遇な回り合わせの状態にあった頼重は、やがてそのことが幕府に知れ、将軍徳川家光の耳にも入り寛永十五年に下館《しもだて》藩（今の栃木県）五万石の大名となります。そして四年後に高松城に入ることになったのです。このように高松藩は水戸家を介して幕府に非常に近く、家門（親藩）という立場にある藩だったわけであります。

## 城下上水道と溜池

頼重が高松藩に入ってからの業績は、年表にありますように、先ず城下に上水道《じょうすいどう》を敷いたということです。上水道としては、全国的にみてそう古いものではありません。ただ、地下水を飲料水として城下に引いたのは、これが初めてだということで注目されています。井戸としては次の三つが主なものです。

・「大井戸」……現在でも瓦町の近くに大井戸というのが、規模を小さくして復元されて残っています。今ここに行ってみますと、物が投げ込まれたりしていますが高松市の史跡として認められています。

・「亀井戸」……亀井の井戸と言われているものです。これは五番丁の交差点を少し東へ行きますと、小さな路地があります。それを左に入りますと、亀井の井戸の跡があります。現在埋まっていますが、発掘調査をすればきっとその跡が出てくると思います。大きな碑も残っています。（開発により現在は撤去されている。）

・「今井戸」……もう一つ、今井戸というのがあります。ビルの谷間にほんとうに小さな祠が残っているのです。それは、鍛冶屋町付近の中央寄りの所で、普通に歩いていると見過ごしてしまうような路地の奥に、「水神社」の祠があります。このように、高松城下に飲料水として井戸水を引いたということであります。

そして翌年の正保二年は大旱魃で、新らしく溜池を四〇六を築いたといいますが、これは、一度に築いたものではなく、恐らく頼重の時代に築いたものが四〇六で、この時にそれをまとめて記したものと思われます。いずれにしましても、西島八兵衛が溜池を築いたと同じように、頼重の時代に入っても溜池の築造がずうっと続いていたことが窺えるわけであります。

## 高松城石垣の修築と検地

正保三年には、高松城石垣の修築に着手しています。実は、先に紹介しました隠密による「讃岐探索書」を見ますと、隠密が歩きながら、城のようすを見て書いていますが、その中に、石垣が崩れていると か、土塀がいたんでいるとかいうことがはっきり書いてあります。これをみますと、当時城は相当いたんでいたことが分かるのであります。このように寛永四年の頃から、城が相当いたんでいることから、生駒騒動も起こるべくして起こったのかなあという印象を私はもっていたのであります。つまり、城の修理に手が回らない程、別な所でいろいろな問題が起こっていたのではないかという気がするわけです。

正保三年というのは、頼重が讃岐に入って四年後のこと、早速幕府に城の石垣修理を届け出て、許可を得るとすぐ修理を始めています。その後、寛文九年から天守閣の棟上げによって、天守閣の再築が始まります。

年表の寛文五年に、城下周辺から検地を始め、寛文十一年に終わるとありますが、領主にとって検地は大変重要な事業で、頼重も六年間かかって領内の検地を終えたということであります。高松藩では、これ以後検地は行われていません。ですから、この検地によって、高松藩における年貢取り立てのための農民支配体制が、ほぼ出来上がったというように考えることができます。

## 4　高松城の完成

### 天守閣の再築と「高松城下図屏風」

こうした領内検地と平行しながら、一方で高松城天守閣の再築に取り組んでおります。当時、生駒時代の天守閣が傷んできたので、その天守閣を取り壊して、新しい天守閣をつくったということであります。その時に、当時の九州小倉《こくら》城を真似てつくったという記事があります。私の生まれ育ったのは北九州の八幡ですが、小さい頃から小倉に遊びに行っておりまして、小倉城はしょっちゅう見ておりましたが、まさか讃岐にきて小倉城との関係が出てくるとは思いもかけないことでした。

ところで小倉城の天守閣は、当時の天守閣としては大変珍しいものでした。普通の城は、上にいくほど狭くなっているのに、小倉城は最上階が二層に分かれ、上が下より外にはみ出している独特な形の天守閣です。高松城も小倉城と同じような形をしているわけでありまして、三階になっている天守閣の三階目の上層が、外に張り出した独特な構造をもった天守閣が、寛文十年に完成しました。

先日、松平家の歴史資料展が開かれ、沢山の見学者が訪れたということで、大変評判になりました。あの会場正面にあった屏風の名前は、「高松城下図屏風」と呼んでいますが、実はその屏風に天守閣が描かれています。その描かれている天守閣の形は、明らかに小倉城を真似てつくったことがわかります。私も気がつきませんでしたが、このことが分かってから実家に帰った折りに、小倉城へ行ってみました。やはり小倉城の天守閣は、一番上の上層部が外へ出っ張っていました。ただし、今の天守閣は戦後コンクリートでつくったものですから、手が加えられている可能性もあるわけです。そこで、そのことについて調べてみますと、上の出っ張りの形そのものは、昔のままで変えていない、つまり小倉城天守閣の最上階は、当時の形を残して再建されているわけです。現在では、コンクリートで天守閣を再建するということは認められませんが、戦後間もない頃のことで可能だったのだと思います。

この城下の屏風は、高松城のみならず城下町の様子まで描かれており、これによりますと、城の様子や城下町の様子がとてもよくわかります。とくに、克明に人が描かれ、人々がどんなものを運んでいるのか、どんなものを着ているのかなど、大変細かく描かれているのです。そういう意味で、この屏風は当時の人たちの風俗などが、よく分かる大変貴重な資料であります。ところが、これがいつ製作されたのか、その年代がわからないのです。恐らく頼重が高松城に入って間もない頃に、頼重の高松城入城を記念して作られたものだろうと、今まで考えられていました。

ところが、天守閣の最上階の出っ張りが描かれているということは、少なくとも小倉城の天守閣を模して寛文九年の天守閣再築後に、描かれたものであることが裏付けられるわけであります。それともう一つの証拠としては、次に取り上げますが、寛文十一年の「高松城普請」前に描かれたものだということです。

## 高松城普請に着手

年表によりますと、寛文十一年九月に高松城普請が始まり、翌年の五月に終わるということですが、この工事をした結果、できた高松城が図2であります（松平公益会蔵）。

これは、『松平頼重伝』に収載されたものを使用させていただきました。普請前の図1との違いについて、一つは、図1では東側の中濠は侍屋敷に沿っているだけです。ところが図2では、中濠が途中で東に分かれ下横町にぶつかってから北に進んでいます。この濠は図1にはなかったものです。

二つには、海に面した北の方に、図1では「捨石」と書いていますように、石を捨てただけの簡単な波除《なみよけ》の石垣があったのでしょう。ところが、図2を見ますと、しっかりとした石垣もでき、月見櫓《つきみやぐら》とか水《みず》手御門《てごもん》が新しくできています。

三つ目として、図1の城内への入り口である大手門が、図2では橋がとりはらわれていて、右の方の太《たい》鼓櫓《こやぐら》の横の濠の上に橋がかかっています。現在も、ここにある旭橋《あさひばし》から城内に入ります。そして四つ目は北の方の一部に海を取り込んで北ノ丸を造成し、さらに、東の方では侍屋敷と町屋を二つに割りまして、新しく濠を設けて東ノ丸をつくり、もと城外であったところを城内にしたということです。

このように、高松城普請は単なる城の修理ではなく、城の拡大であったということです。これ以後の高松城の姿は明治維新まで変わっていません。

ところで、先に述べました屏風の作られた年代についてでありますが、この屏風には先程指摘しました高松城普請による新しい濠は描かれておりません。描いていないということは、高松城普請の前に描いた

図2　普請後の高松城内配置図

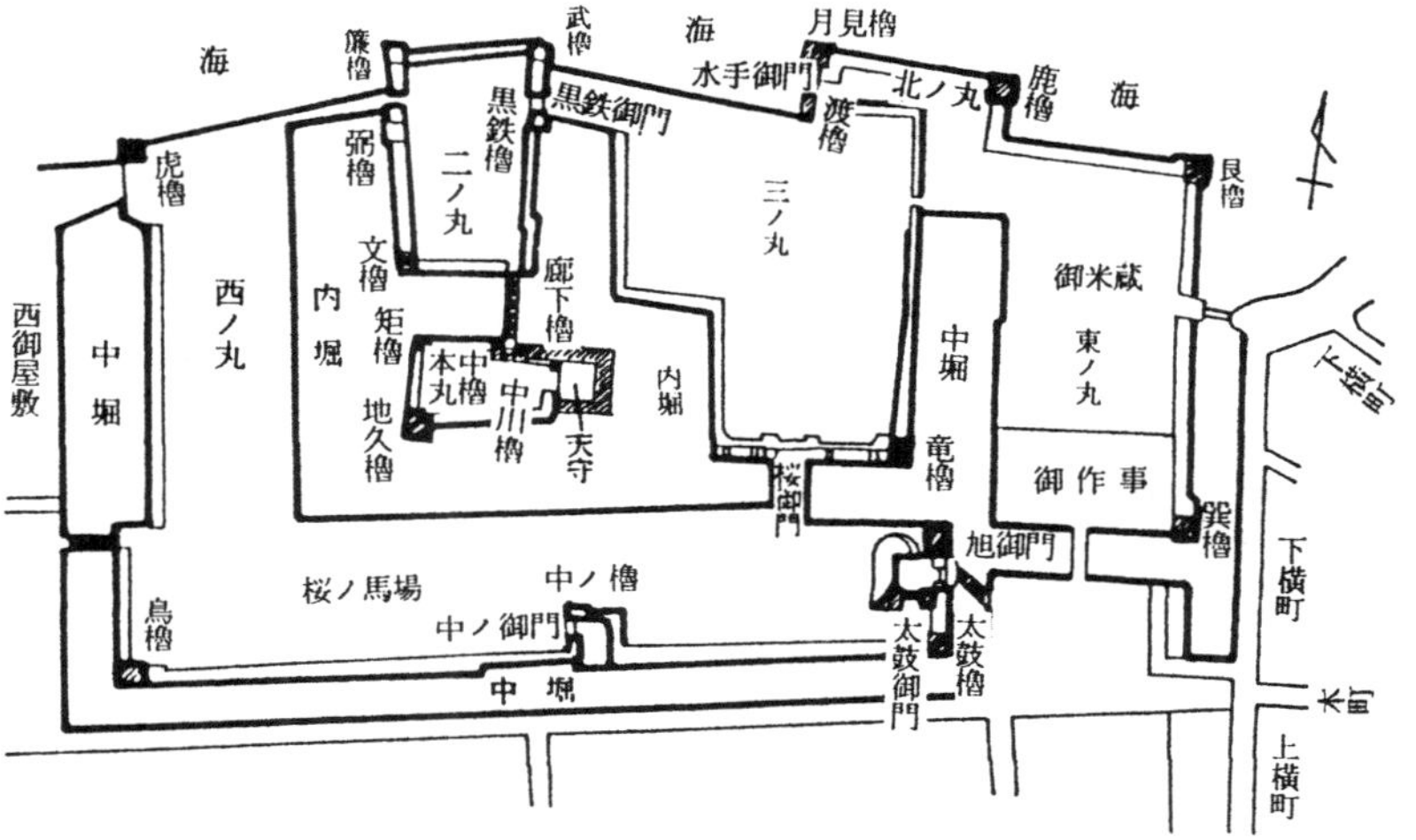


ということです。もし普請後に描いたものでありますと、当然、新しい高松城のようすが描いてあるはずです。

こうなりますと、屏風の作成年代がほぼ確定できてくるわけでありまして、天守閣のできた寛文十年から高松城普請の始まる寛文十一年までの間、つまり、高松城天守閣の完成を記念して作られたのがこの屏風ではないかということであります。

## 家臣知行米の「四つ成」

年表の寛文十一年のところで、「この年家臣知行米を四つ成渡《なりわた》しとする」と書いてあります。家臣に知行米を渡す場合、例えば百石の知行だとすると、そのうちの二〇石とか三〇石というのが知行米として渡されました。寛文十一年以前には、その年の年貢が三割だったら、知行高一〇〇石とするとそれに相当する三〇石を家臣に渡すということで、その年の年貢率によって違っていたわけです。つまり、その年の年貢の収穫高に応じて、家臣に渡す知行米も違っていたということであります。ところがこの年から、年貢が取れようが取れまいが家臣には、知行高のうち四割ですから、一〇〇石でしたら四〇石の知行米を毎年渡すということに決定したのです。

これは、家臣にとっては毎年の収入が見込めるわけで、生活が安定するという面と同時に、また藩の側からみますと、家臣団統制と申しますか、家臣知行制を一応完成させたということを示しているわけです。

先に述べました検地、それから高松城天守閣の再築、高松城普請、今述べました家臣団統制の問題といったことを考えてみますと、高松城天守閣の再築及び高松城普請という事業は、松平頼重による高松藩の支配体制が、でき上ったことを示す記念事業であったのではないかという位置付けにもなってくるかと思うわけであります。

このように、高松藩における松平頼重の歴史的役割が指摘できるのです。しかし一方農民の側からみますと、厳しく年貢を取り立てられ、農地に縛り付けられた生活が待っていたということにもなるわけでありますが、私は、頼重自身の歴史的役割が何であったのか、その象徴的な事柄が高松城の完成に表れている、ということを考えておかなければならないと思うわけであります。

## 5　高松城と現在

最後に、その後の高松城はどうなったか、ということについて簡単に触れたいと思います。図2にある東ノ丸の米蔵丸のところに、今県民ホールが建っています。それから米蔵丸《こめぐらまる》の半分から下の作事丸《さくじまる》にかけて、新しく県の歴史博物館がここに建てられ、四、五年後には開館する予定になっておりますし、さらにその南には現在城内中学校が建っています。このように、城の中にいろいろな建物が建つことは、高松城は国史跡であり、文化財保護の立場から考えると、問題だという意見が出てきます。
そして、先程もお話しましたように、本丸の石垣のすぐ横の内濠の部分が築港駅のホームになっています。また西ノ丸の一部が中央通りにかかり、生駒時代の大手門の跡の近くの西の中濠が埋め立てられて現在電車が走っています。東ノ丸の東側の濠は今フェリー通りになっています。

明治以後、高松は港町として発展してきましたが、当然この城の辺りが港町として発展していかざるを得ない、歴史的・時代的な流れがあったと思います。それはそれで、止むを得ないことだとしても、今の時代ですから余裕ができたと申しますか、若干文化的な面にも目を向けていこうという時代になってきています。昔のままの高松城を復元しようとは申しませんけれども、できることなら少しでも昔の姿に、戻す機会があれば戻していくというのが、今の私たちの務めではないかと思います。昔の高松城は、海に接して石垣のある海城ですから、瀬戸内海からは海辺に石垣の見えるすばらしい城だったと思うのです。

今では、石垣の北を埋め立てて道路になり、フェリーが発着する岸壁ができていますから、それを取り除くことは不可能です。しかし、最近高松市の方で石垣と道路の間の建物を撤去して散歩道をつくり、石垣の北を少し掘って海水を入れて濠のようになっていまして、少しずつ昔の高松城の姿を取り戻すようになってきていることを大変喜んでいるところです。

丁度時間になりましたので、以上で私の話を終わらせていただきます。ご静聴ありがとうございました。

## 「高松城と松平頼重」関係年表

| | |
|---|---|
| 天正10年（1582）６月 | 本能寺の変 |
| 天正12年（1584）６月頃 | 長宗我部元親、讃岐十河城を後略する。 |
| 天正13年（1585）春 | 長宗我部元親、四国を平定する。 |
| ４月 | 豊臣秀吉、長宗我部元親攻撃を決定する。 |
| 天正13年（1585）７月 | 豊臣秀吉、四国攻撃軍と長宗我部軍との和議を命ずる。 |
| ８月 | 千石秀久、豊臣秀吉より讃岐国を与えられる。 |
| 天正14年（1586）12月 | 豊臣秀吉、千石秀久より讃岐国を没収する。 |
| 天正15年（1587）８月 | 生駒親正、豊臣秀吉より讃岐国を与えられる。 |
| 天正16年（1588）春 | 生駒親正、香東郡野原庄の海浜に高松城築城に着手する。 |
| 慶長２年（1597）春 | 生駒親正、丸亀城を築く。<br>生駒藩、この頃から同７年頃にかけて領内検地を実施する。 |
| 慶長５年（1600）９月 | 関ヶ原の戦い。 |
| 慶長６年（1601）５月 | 生駒一正、家督を継ぎ徳川家康から讃岐国17万1800石余を安堵される。 |
| 慶長19年（1614）10月 | 大坂の陣始まる。 |
| 寛永４年（1627）８月 | 幕府隠密、讃岐を探索する。 |
| 寛永８年（1631）２月 | 西島八兵衛、満濃池を築造する。 |
| 寛永14年（1637）７月 | 生駒帯刀、幕府老中土井利勝らへ訴状を提出する（生駒騒動の始まり） |
| 寛永17年（1640）５月 | 生駒藩内の家中立ち退きが幕府で取り上げられる。 |
| ７月 | 生駒高俊、「生駒騒動」により讃岐国を収公され、出羽国矢島１万石に移封される。 |
| 寛永18年（1641）９月 | 山崎家治、西讃岐５万石余を与えられ丸亀城に拠る。 |
| 寛永19年（1642）２月 | 松平頼重、東讃岐12万石を与えられ高松城に拠る。 |
| 正保元年（1644） | 高松城下に上水道を敷設する。 |
| 正保２年（1645） | 讃岐大干ばつ。 |
| 正保３年（1646）６月 | 高松城石垣の修築に着手する。 |
| 明暦３年（1657）３月 | 丸亀藩山崎家断絶する。 |
| 万治元年（1658）２月 | 京極高和、山崎家領を継ぐ。 |
| 万治３年（1660） | この年　丸亀藩、幕府より丸亀城普請を許される。 |
| 寛文５年（1665） | この年　高松藩、城下周辺より検地を始める。（寛文11年に完了する。これを「亥ノ内検地」という） |
| 寛文９年（1669）５月 | 高松城天守閣の上棟式が行われる。翌年８月に天守閣造営が成る。 |
| 寛文10年（1670） | この頃　丸亀藩、延宝にかけて検地を行う。 |
| 寛文11年（1671）９月 | 高松城普請が始まる。<br>この年家臣知行米を「四つ成」渡しとする。 |
| 延宝元年（1673）２月 | 高松藩主松平頼重、病により隠退する。松平頼常、第２代藩主となる。 |
| 延宝２年（1674）９月 | 米蔵丸・作事丸（東ノ丸）が完成する。 |
| 延宝４年（1676）３月 | 月見櫓の棟上げが行われる。（北ノ丸完成か） |
| 延宝５年（1677）５月 | 艮櫓が完成する。 |
| 元禄８年（1695）４月 | 松平頼重、死去する。 |

# 参考文献


『新修香川県史』（香川県教育委員会。一九五三年）。

『高松藩祖・松平頼重伝』（松平公益会。一九六四年）。

草薙金四郎氏「生駒騒動」（北島正元氏編『お家騒動』。人物往来社、一九六五年）。

佐々木潤之介氏『大名と百姓』（中央公論社『日本の歴史・15』。一九六六年）。

藤岡通夫氏「小倉城天守閣」・「高松城の天守」（『近世建築史論集』。中央公論美術社、一九六九年）。

姉崎岩蔵氏『生駒藩史』（矢島町公民館、一九七六年）。

神吉和夫氏「高松水道の研究」（建設工学研究所報告・第二七号。建設工学研究所、一九八五年）。

『香川県史3・近世Ⅰ』（香川県。一九八九年）。

# 七　香川県地方史研究の現状・総論と近世

（原題「地方史研究の現状　香川県　総論・近世」。『日本歴史』第五九一号。一九九七年）

## 1　総論

香川県では一九三九年から四三年にかけて、県史編纂の史料集として『香川叢書《そうしょ》』（全三巻）を刊行したが、その後を継ぐ形で香川県教育委員会では一九七九年に『新編香川叢書』（全五巻）の第一巻として『史料篇㈠』、以下一九八四年までに『史料篇㈡』『文芸篇』『民俗篇』『考古篇』『索引』を出版した。

これと前後して一九八八年の置県一〇〇年の記念事業として、『香川県史』の編纂事業が知事部局で始まり、一九八〇年四月に県史編纂《へんさん》室が置かれた。以後一九九一年三月までに、通史として『原始・古代』『中世』『近世Ⅰ・Ⅱ』『近代Ⅰ・Ⅱ』『現代』、資料篇として『古代・中世史料』『近世史料Ⅰ・Ⅱ』『近現代史料Ⅰ・Ⅱ』『考古』『民俗』『芸文』の全一五巻と『索引・総目次』『年表』、普及版として『ふるさと香川の歴史』を刊行した。この間雑誌『香川の歴史』を出して、県史編纂のための研究論文等を掲載して研究活動を支えた。

県史編纂事業は一九九二年三月をもって終わったが、これによって香川県の地域史研究は大きく発展した。しかしながら研究段階としては香川地域史の基礎固めができたという状況であり、今後は『香川県史』を土台にしてそれぞれの分野で研究を深化させていくことが求められている。なお『香川県史』を総括したものとして「『香川県史』の成果と課題」（『香川史学』一九、一九九〇）がある。

香川県史編纂の過程で収集された史料類は現在香川県立文書館《ぶんしょ》で保管、公開されている。文書館は一九九四年三月に公文書や古文書などの収集、整理、保存のために設置されたものであり、収蔵文書の目録として『別所家文書目録』（一九九五）・『山下家文書目録』（一九九六）を出している。香川県においてもっとも早く置かれた県段階の資料館としては瀬戸内海歴史民俗資料館があり、一九七三年十一月に開館した。瀬戸内地域を対象とする広域資料館で、歴史・考古・民俗の分野にわたっている。収蔵資料目録として第一集の『佐伯家文書目録』をはじめ、現在一九集まで刊行しており、讃岐近世史に関する多くの文書を収蔵している。一九八四年からは『瀬戸内海歴史民俗資料館紀要』を出している。

一九七〇年代半ばからの瀬戸大橋や高速道路等の香川県における大規模開発事業に伴って、事前の遺跡の発掘調査を円滑に行い、その出土品の整理保存、研究、展示等のために、一九八七年に財団法人香川県埋蔵文化財調査センターが設置された。これまで多くの発掘調査に伴う報告書を出し、一九九二年からは毎年『研究紀要』を刊行している。一九九六年度は発掘調査を二三現場で行い、一四遺跡の調査報告書の刊行を計画しており、香川県における埋蔵文化財、考古分野の一大センターとなっている。なお香川県立歴史博物館が一九九九年の開館を目指して、現在準備室を置いて資料の収集、展示内容の検討等に取り掛かっている。市段階の本格的な歴史博物館として高松市立歴史資料館が一九九二年十一月に開館し、収蔵資料目録として『歴史資料一』を刊行している。

香川県全体に関する研究団体をみると、香川県における地域史研究の中心的な活動をしているのが香川歴史学会である。事務局は香川大学教育学部歴史研究室にあるが、研究者のみならず郷土の歴史に関心をもっている一般の人たちをも会員とし、歴史・考古・民俗と研究対象は幅広い。機関誌『香川史学』を現在二三号まで出して研究の蓄積を図り、また三か月に一回の研究例会と年一回の大会を開いている。民俗関係では香川民俗学会があり、一九六六年の発足以来、調査、研究に活発な活動を続けている。

自治体史の編纂のうち町については、『引田町史』の刊行（一九九五年）をもってすべての町で終わったことになる。中には二度目の編纂を終えたところもいくつかある。近世以前の通史については一般的な叙述に終わらないよう、地域に密着した研究成果を盛り込むことが望まれる。市では『坂出市史』が中断しているほかは、高松市、丸亀市、善通寺市、観音寺市ともに、戦後の編纂は終わっている（丸亀市は三回、観音寺市は二回）。一番新しいところでは『新編丸亀市史』（全五巻）が刊行されている（一九九六年三月完結）。これは戦後三度目の市史編纂であるが、『香川県史』の成果を基に、丸亀という地域に根ざした本格的な市史として高く評価される。県都高松市では『新修高松市史』があるがすでに三〇年余経っており、香川県史編纂後の研究水準にかなった市史の編纂が要請されているといえよう。

香川県全体に関する歴史関係のものを刊行順に挙げると、市原輝士・山本大『香川県の歴史』（山川出版社、一九七一）、『讃岐の歴史』（講談社、一九七五）、『香川県農業史』（香川県、一九七七）、四国新聞社編集局・香川清美・長町博・佐戸政直『讃岐のため池』（美巧社、一九七五）、四国新聞掲載を再編集した『讃岐人物風景』全一八巻（大和学芸図書、一九八〇～一九八八）、『香川県大百科事典』（四国新聞社、一九八四）、『角川日本地名大辞典・香川県』（角川書店、一九八五）、『香川県の地名』（平凡社、一九八九）、坂口良昭・木原溥幸・市原輝士『香川県風土記』（旺文社、一九八九）、『香川県漁業史』（香川県、一九九四）、また小豆島の近世の歴史を各分野にわたって明らかにした川野正雄『近世小豆島社会経済史話』（未来社、一九七三）などがある。

## 2　近世

香川県の近世史研究は香川県史の編纂によって大きく前進し、多くの研究成果を得ることができた。そして現在のその研究水準は、『香川県史』の近世編をみるとほぼ理解できるといえよう。しかしながらそこでは近世史研究のアウトラインを示したにとどまっており、今後具体的、個別的な研究の深化によってその水準を一層上げることが必要である。以下一九七〇年頃以後の研究状況について、藩政、農村、騒動、産業、海事、金毘羅、人物の項に分けて紙数の関係上主要な研究成果に限って紹介する。

### 藩政

香川県では藩政史料がまとまってほとんど残っておらず、その研究の進展は困難な状況にある。讃岐の近世は天正十三年に千石秀久《ひでひさ》が領主となったことから始まるが、一年余で尾藤知宣《とものぶ》、すぐに生駒親正《ちかまさ》に代わっており、親正の時から近世的体制への基礎固めが行われた。この生駒時代は以後約半世紀続いたが、寛永十七年に御家騒動《おいえそうどう》によって生駒家は讃岐一七万一七〇〇石余を没収され、堪忍料《かんにんりょう》として出羽国由利郡矢島に一万石を与えられるのみとなった。

この間の生駒藩の政治等に関しては、松浦正一「生駒高俊の政治」（『文化財協会報』特別号一、一九七三）、筑後正治「生駒藩時代、富田にあった武士の知行所について」（『郷土研究資料集』Ⅲ、一九七三）、姉崎岩蔵『生駒藩史』（矢島町公民館、一九七六）、直井武久「生駒時代の丸亀城図について」（『香川史学』一五、一九八六）、木村篤秀「生駒家々臣団」（『文化財協会報』昭和六十一年度特別号、一九八七）があるが、「生駒高俊の政治」は当該期生駒藩の重臣であった西島家文書をはじめて用いて四代藩主生駒高俊時代の政治の素描を試みたものである。また生駒騒動については草薙金四郎「生駒騒動」（北島正元編『御家騒動・上』新人物往来社、一九六五）、木原溥幸「生駒騒動に関する史料について」（『日本歴史』五〇三、一九九〇）と、最近では編纂物等に見られる生駒騒動の内容を整理した、吉永昭「高松藩生駒騒動の研究」（『福山大学一般教育部紀要』一九、一九九五）がある。史料集として一九八九年から九一年にかけて合田学編『生駒藩侍帳』『生駒藩知行所一覧』『生駒家騒動』『讃岐国十三郡郷村別高帳』（いずれも理想日本社）が出されている。

生駒家の去った後は西讃岐に山崎家、次いで京極家が入って丸亀藩、東讃岐には水戸藩から松平家が入り高松藩が成立した。高松藩については生駒藩時代の年貢徴収法を踏まえて高松藩時代の土免《つちめん》法の成立を明らかにした岡俊二「近世初期・前期、讃岐国の本年貢徴収法—讃岐高松藩における土免法の成立—」（有元正雄先生退官記念論文集刊行会編『近世近代の社会と民衆』清文堂出版、一九九三）、讃岐の農地価格の換算を通して文政十一年の藩札回収策としての年貢米の農民への販売の実態を明らかにした植村正治「高松藩の年貢米永年販売について」（『香川史学』一三、一九八四）、藩札に関しては城福勇「宝暦七年発行の讃岐高松藩銀札について」（『日本歴史』二五四、一九六九）、木原溥幸「高松藩における藩札の流通」（『香川大学教育学部研究報告』Ⅰ—八〇、一九九〇）、代表的な国産である砂糖の文政以降の流通統制の変遷を政策史的に明らかにした同「讃岐高松藩における砂糖の流通統制」（同Ⅰ—四四、一九七八）があり、このほか砂糖統制に関しては土岐道憲「高松藩文政年間の糖業」（『香川史学』一、一九七二）、岡朝子「大坂砂糖会所の内部組織と安政期における諸問題」（同一〇、一九八一）、木原溥幸「讃岐高松藩における砂糖為替金」（渡辺則文編『産業の発達と地域社会』溪水社、一九八二）がある。なお高松城下の武家屋敷の変遷を整理した柴田勲夫『高松城下武家屋敷住人録』（私家版、一九八〇）は貴重である。藩校に関しては藤川正数「高松藩学講道館の新建大聖廟記について」（『香川大学教育学部研究報告』Ⅰ―三七、一九七四）、同「高松藩学講道館の聖像―維新以後の所在について―」（同Ⅰ―四一、一九七六）、南哲治「高松藩学と国学」（『帝京大学文学部紀要』教育学七、一九八二）、竹中竜範「高松藩の英学」（『香川大学教育学部研究報告』Ⅰ―七三、一九八八）がある。

丸亀藩では豊田郡井関村を例として年貢徴収法としての定免《じょうめん》のありかたを論究した岡俊二「丸亀藩の春免について」（『香川史学』一六、一九八七）、国産たる砂糖の安政期統制の内容を述べた合田友子「丸亀藩の糖業政策―安政四・五年の趣法立を中心に―」（『香川史学』六、一九七七）、藩札の発行と幕末期の国産統制との関係を明らかにした木原溥幸「丸亀京極藩における藩札と国産統制」（『香川大学教育学部研究報告』Ⅰ―七七、一九八九）、藩札の回収策としての安政二年の封札《ふうさつ》について述べた直井武久「丸亀藩の封札」（『香川の歴史』五、一九八五）がある。元禄七年に丸亀藩から分封して成立した支藩多度津藩については、三好昭一郎『幕末の多度津藩』（教育出版センター、一九七八）がある。これは幕末期の多度津藩の藩財政の実態、兵制改革の展開、軍事力の増強等を明らかにしたもので、藩政史の貴重な成果である。史料として多度津藩の裏判方を勤めた富井泰蔵の安政四年から明治十一年までの日記である『富井泰蔵覚帳』（『富井泰蔵覚帳』出版会、一九七八）が刊行されている。

**農村**

村落構造のありかたに関する研究として近世初期では、慶長二年の寒川郡長尾庄の検地帳の分析から、村落の状況や農民の階層構造の究明を目指した筑後正治「長尾庄における太閤検地」（『香川史学』一〇、一九八二）、耕地保有、農民構成、家族構成、経営の系譜などの諸側面から近世前期の丸亀藩領の村落構造を明らかにしようとした豊田寛三「近世前期の村落構造―丸亀藩領井関・内野々村の場合―」（『広島大学教養部紀要』Ⅱ―三、一九六九）がある。植村正治「近世讃岐農村における農地価格」（『香川大学教育学部研究報告』Ⅰ―五八、一九八三）、同「近世後期高松藩領農村における農地価格と米価・利子率について」（同Ⅰ―六〇、一九八四）、同「高松藩領農村における農民移動の地域的分布」（同Ⅰ―六四、一九八五）、同「近世前期讃岐農村における農民世帯構成とその変化」（『香川の歴史』八、一九八七）は農地価格の実態、農民の移動、農民の世帯構成などを明らかにしようとしたものである。

商品生産の発展と農村との関連に触れたものとして、高松藩領における砂糖生産の実態を通して農村のありかたを論究した海部伸雄「幕末期高松藩引田村の甘蔗生産と農民層の動向」（『香川史学』四、一九七五）、砂糖・塩の生産発展に伴う坂出村の変容について述べた木原溥幸「讃岐高松藩領坂出村と商品生産」（有元正雄編『近世瀬戸内農村の研究』渓水社、一九八八）がある。このほか農村関係として大林英雄「文政・天保期における金毘羅商人の郷村進出について」（『ことひら』四一、一九八六）、木村進八「寛文検地帳による入作の考察」（『文化財協会報』昭和六十一年度特別号）、松本晃「近世讃岐の歴史人口学的考察」（『香川県自然科学館研究報告』九、一九八七）、小笠原隆夫「近世五人組のもつ相互扶助性について―讃岐豊田郡井関村の場合―」（『鳴門史学』一、一九八七）がある。なお水利に関するものとして丸尾ルミ子「香川郡東岡村における水利について」（『香川史学』一八、一九八九）、木原溥幸「高松藩領平井出水の水論について」（『讃岐国弘福寺領の調査』）がある。

## 騒動

讃岐では百姓一揆はそう多くは起こっていないが、全国的に注目されているのが寛延三年の丸亀藩領の大一揆である。これについては伊藤峰雲「讃岐寛延一揆の性格」（『日本歴史』二五八、一九七二）、佐々栄三郎『西讃百姓一揆始末』（讃文社、一九七六）があり、一揆当時の史料である井関村佐伯家の日記「万覚帳」

の記事やこれに関する史料を収めた、大西佳五郎編『寛延三年西讃百姓騒動記』（私家版、一九七三）は寛延一揆研究の基礎的作業として貴重である。

天保五年に高松藩領坂出村で起こり、のち金毘羅領や池御料《いけごりょう》に飛び火した騒動については、沢井静芳『天保五年中讃打ちこわし事件とその歴史的背景』（坂出史談会、一九七二）、岡光夫「天保五年高松藩の町方騒動と大塩格之助」（『大塩研究』二、一九七六）、草薙金四郎「天保五年金毘羅『庚申堂騒動』を再考する」（『ことひら』三六、一九八一）がある。幕領小豆島の騒動については川野正雄「小豆郡西部六郷百姓一揆前夜」（『文化財協会報』特別号一〇、一九七二）、同『近世小豆島の百姓一揆』（小豆島新聞社、一九八二）、同「小豆島農民一揆―正徳元年の代表越訴―」（『香川の歴史』一、一九八一）、が明らかにしている。このほか佐々栄三郎『讃州百姓一揆史』（新人物往来社、一九八二）、山下万由美「高松藩における明治初年の百姓騒擾について―川津村騒動―」（『香川史学』一七、一九八八）、史料紹介として木原溥幸「天保七年十二月『此度大内郡騒動』」（『香川史学』一四、一九八五）がある。

## 産業

塩・綿・砂糖を示す「讃岐三白《さぬきさんぱく》」という言葉があるように、近世の讃岐ではこれらの生産が盛んであった。村上稔『東讃産業史』（東讃産業史料保存会、一九八三）は讃岐東部地域の近世以降の産業の発展を跡づけた労作であるが、その中で近世の糖業と塩業が詳述されている。四国民家博物館が収集した砂糖製造用具類の重要有形民俗文化財の国指定に伴って出された報告書『讃岐及び周辺地域の砂糖製造用具と砂糖しめ小屋・釜屋〈調査報告書〉』（四国民家博物館、一九八七）に「讃岐糖業創業史」の項があり、宝暦から天保六年までの高松藩を中心として砂糖の生産や流通の状況がまとめられている。

糖業の統制については藩の項目のところで紹介したが、それ以外の研究成果としては、これまで知られていなかった甘蔗作りの工程を、丸亀藩領河内村の大多喜家の史料によって明らかにした岡俊二「天保期、西讃における甘蔗栽培の一事例」(『香川史学』二〇、一九九一)、讃岐砂糖生産の技術の具体的内容について克明に明らかにした植村正治「讃岐精糖技術の系譜一・二」(『流通科学大学論集―経済・情報編―』一―一・二、一九九二・九三)、同「讃岐精糖技術史」一・二・三(同二―一・二、三―一、一九九三・九四)、白砂糖精製工程を行う絞屋の実態の究明に意欲的に取り組んだ藤田順也「高松藩における砂糖絞屋について」(『香川史学』二三、一九九五)が注目される。

ほかに竹内乕夫「讃岐製糖史における二、三の問題」(『文化財協会報』特別号九、一九六九)、岡光夫「幕藩制崩壊期の農業―『国産』論の彼方―」(『近世の日本農業』農山漁村文化協会、一九八一)、岡俊二「『食』資料室蔵史料から見た江戸時代の精糖技術」(『食』五八、一九九五)、史料紹介として木原溥幸「讃岐砂糖起源沿革盛衰記」(『香川大学一般教育研究』二〇、一九八一)、岡光夫「甘蔗栽培付ヨリ砂糖製法仕上ケ迄ノ伝習概略記」(『日本農書全集』二〇、農山漁村文化協会、一九八二)がある。

塩田については落合功「小豆島塩業の展開と大坂城御請塩」(『ヒストリア』一四七、一九九三)、谷原博信「製塩と造形伝承―讃岐における入浜式製塩法について―」(『日本民俗研究大系』五、国学院大学、一九八四)、植村正治「高屋浜塩田史料の紹介―三野家文書『願書控』を中心として―」(『香川の歴史』六、一九八六)がある。なお『炭所西生産森林組合史』(同組合、一九九一)に生駒藩・高松藩・丸亀藩の林業政策が詳しく述べられている。

## 海事

讃岐は瀬戸内海に面し、また備讃瀬戸に浮かぶ小豆島・塩飽《しわく》などの島々がある関係上、近世初期以来廻《かい》船業《せん》が盛んであった。讃岐全体に関する廻船については柚木学「讃岐の廻船と船持たち—石見浜田の『御客船帳』からみた—」(『多度津文化財協会報』一六、一九七三)、木原溥幸「近世における讃岐の廻船について」(松岡久人編『内海地域社会の史的研究』マツノ書店、一九七八)、史料紹介として徳山久夫「石見国の客船帳にみる讃岐の船」(『香川史学』一一、一九八二)、森本宗平「客船帳にみる讃岐の廻船」(『瀬戸内海歴史民俗資料館紀要』八、一九九五)がある。

讃岐の廻船の中でもっともよく知られているのが塩飽である。塩飽廻船の実態についてはじめて明らかにしたのは柚木学「幕藩体制の確立と廻米体制—塩飽廻船をめぐる問題—」(『経済学論究』二六—二、一九七二。のち「近世廻米体制と塩飽廻船」として『近世海運史の研究』に収載、吉川弘文館)であり、香川における海運史研究進展の契機となった論文としても高く評価される。このほか木原溥幸「近世前期の塩飽廻船」(『瀬戸大橋架橋に伴う地域社会の変容に関する総合的研究』香川大学、一九八九)、森本宗平「客船帳にみる塩飽の海運」(『瀬戸内海歴史民俗資料館紀要』七、一九九四)がある。塩飽以外では高橋熊吉「小豆島の廻船と船大工について」(『文化財協会報』昭和五十八年度特別号、一九八四)、柚木学「近世讃州直島の廻船業」(『経済学論究』二八—二、一九八四。のち『近世海運史の研究』に収載)がある。なお海難に触れたものとして紀豊「江戸時代の海難と地元の救助」(『文化財協会報』特別号九)、小林茂「近世中期における讃岐船の海難について—長門響灘安岡湊—」(『名古屋学院大学論集・社会科学編』七—四、一九七〇)、徳山久夫「近世讃州直島付近の海難」(『香川史学』七、一九七八)、同「近世瀬戸内の物流と航路について」(『瀬戸内海歴史民俗資料館紀要』四、一九八九)、森本宗平「海難文書にみる近世瀬戸内の海運について」(同九、一九九六)がある。

漁業に関しては幕領塩飽と備前岡山藩、高松藩との間でしばしば漁場《ぎょば》争論《そうろん》が起こったが、これらについては大森映子「元禄期に於ける備讃国境争論―石島一件に関する岡山藩政史料の分析を中心に―」（『史艸』二三、一九八二）、千葉幸伸「近世備讃瀬戸の漁場」（『香川史学』一五、一九八六）、同「備讃瀬戸における漁業の展開と漁場争論」（『歴史手帖』一四―五、一九八六）、片岡学「享保期における瀬戸内漁場争論―大曾の瀬を事例として―」（『岡山地方史研究』六三、一九九〇）が発表されている。

**金毘羅**

全国的に著名である近世讃岐の民間信仰として金毘羅《こんぴら》参詣がある。金毘羅は幕府朱印地三三〇石の地にあり、初期の大名中心の参詣を経て元禄以降民衆の参詣が盛んになり、門前町として発展していった。この金毘羅に関する研究としては一九八七年に守屋毅編『金毘羅信仰』（雄山閣出版）と近藤喜博『金毘羅信仰研究』（塙書房）が相次いで刊行された。前者は既発表論文のうちから代表的なものを収載している。巻末に付された「金毘羅信仰の研究成果と課題」によって研究状況が理解できる。後者は金毘羅参詣に関する具体的な研究として貴重である。

個別論文をみると松原秀明の「金毘羅別家木村家の人々」（『懐徳』四一、一九七〇）、「金毘羅門前町関係の資料について」（『香川史学』六、一九七七）、『金毘羅信仰と修験道』（『山岳宗教史叢書』一二、一九七九）、「天正前後の象頭山―松尾寺から金毘羅金光院へ―」（『歴史手帖』七―四、一九七九）、「金毘羅信仰の歴史的展開」（『悠久』四四、一九八九）がある。そのほか渡辺七美「金刀比羅宮における神仏分離について」（『香川史学』一、一九七二）、位野木寿一「文化財としての金毘羅灯籠とその保護」（『ことひら』三〇、一九七五）、佐藤孝義「金毘羅大芝居の研究一・二」（『日本建築学会論文報告集』二五七・二五八、一九七七）、徳山久夫「金毘羅信仰―海事史からみた奉納品―」（『悠久』四四、一九九一）、多田洋一「金毘羅灯籠の分布と形態一・二」（『香川県自然科学館研究報告』三・四、一九八一・八二）がある。

金毘羅へは五つの街道が通っていた。そのうちとくに丸亀街道は関西から東の参詣者で賑わったが、『金毘羅参詣丸亀街道報告書』（丸亀市教育委員会、一九八八）は現況を詳細に調査した貴重な成果であり、ほかに田中直樹「丸亀街道踏査」（『香川県自然科学館研究報告』一二、一九九〇）、荻田裕之「金毘羅参詣道『丸亀道』の歴史地理学的考察―一里塚の原位置と丁石間法量の復元―」（同一三、一九九一）がある。なお雑誌『ことひら』（琴平山文化会、年一冊）には近世の金毘羅に関する論稿が多く寄せられている。金毘羅にある重要有形民俗文化財としての寄進物等については『金毘羅庶民信仰資料集』（一―三・年表編、一九八二～一九八八）が刊行されている。

## 人物

単行本としては城福勇『平賀源内』（吉川弘文館、一九七一）、同『平賀源内の研究』（創元社、一九七六）、杉村重信『偉人・久保太郎右衛門―萱原掛井手由来―』（萱原用水土地改良区、一九七九）、芳賀徹『平賀源内』（朝日新聞社、一九八一）、草薙金四郎『松崎渋右衛門伝とその史料』（高松ブックセンター、一九八一）、阿河準三『後藤芝山』（後藤芝山先生顕彰会、一九八三）、馬場栄一『中山城山の生涯』（私家版、一九九三）、坂口友太郎『讃岐糖業の始祖向山周慶翁伝』（向山周慶翁顕彰会、一九九五）があり、これらのうち『平賀源内の研究』は源内の実像を追求した労作である。

個別論文に竹内乕夫「高松藩医池田家の人々・一―三・補遺」（『香川県医師会誌』二一―一・二・三、二四―四、一九六八・六九・七二）、同「平賀源内と薬品会」（『香川短期大学紀要』四、一九七四）、藤川正数「柴野栗山三考」（『香川大学教育学部研究報告』Ⅰ―四〇、一九七六）、松下道夫「平賀源内の転向と挫折」（『日本歴史』三六三、

一九七八）、塩田道雄「林良斎と池田草庵の交わり」（『文化財協会報』平成二年度特別号）、吉田公平「林良斎の『論語略解』について」（『内海文化研究紀要』二三、一九九五）がある。なお部落史関係として三好昭一郎「近世讃岐部落史の研究」（同編『四国近世被差別部落史研究』明石書店、一九八二）、浜近仁史「丸亀藩における差別支配政策―佐伯家文書を中心に―」（『高同研』一三、一九九〇）などがある。

# 八　幕末の百姓騒動（『近世の讃岐』。美巧社、二〇〇〇年）

## 1　騒動の特徴

全国的に天保期以後の農民の騒動の動向としては、打ちこわしをともなう百姓一揆も起っているが、村政に関する諸要求などの実現のために、直接藩へ訴え出たり（高松藩では「箱訴《はこそ》」という）、あるいは大挙して城下へ向ったり、他村や隣領へ越境することが多くなっており、村方騒動《むらかたそうどう》的性格を一層強くもってきているといえる。

他方、徳川幕府崩壊直前の慶応二年（一八六六）からは、諸外国との貿易開始にともなう窮迫の中で、長州攻撃に際しての負担強化などに反対して全国的に一揆や打ちこわしが大きな高まりをみせた。讃岐でこのような時期に起った大規模な一揆が慶応三年一月の小豆島西部六郷百姓一揆である。

## 讃岐における幕末期の百姓騒動

| | | | |
|---|---|---|---|
| 弘化元年(1844)4月 | 高松藩領鵜足郡中通村 | 越境・村方入目、村役人不正 | 十河家文書「御用留」 |
| 弘化4年(1847)3月 | 丸亀藩領那珂郡今津村 | 越境・生活困窮 | 十河家文書「御用留」 |
| 弘化4年(1847)11月 | 高松藩領鵜足郡東坂元村 | 箱訴・村方入目 | 喜田家文書、十河家文書「御用留」 |
| 嘉永3年(1850)12月 | 丸亀藩領三野郡粟島 | 越境・願の筋 | 十河家文書「御用留」 |
| 嘉永4年(1851)12月 | 丸亀藩領百姓 | 越境・(不明) | 木村家文書 |
| 嘉永4年(1851) | 丸亀藩領三野郡大麻村 | 越境・村役人交代と諸要求 | 長谷川家文書「諸願書」 |
| 嘉永4年(1851) | 多度郡百姓 | 越境・(不明) | 木村家文書 |
| 嘉永5年(1852)1月 | 丸亀藩領多度郡善通寺村 | 越境・(不明) | 木村家文書 |
| 安政元年(1854)12月 | 多度津藩領百姓 | 越境・(不明) | 阿河家文書「御用留」 |
| 安政3年(1856)6月 | 高松藩領鵜足郡中通村 | 越境・山論 | 古郷家文書 |
| 安政6年(1859)2月 | 丸亀藩領三野郡大野村 | 越境・祇園社に付き誕生院へ嘆願 | 長谷川家文書「諸願書」 |
| 文久元年(1861)2月 | 高松藩領大内郡松原村 | 騒ぎ立て・救米 | 浜垣家文書「無曠録」 |
| 文久元年(1861)2月 | 高松藩領那珂郡垂水村 | 越境・村方入目 | 十河家文書 |
| 文久元年(1861)12月 | 高松藩領那珂郡垂水村 | 箱訴・米価高騰 | 今田家文書 |
| 慶応3年(1867)1月 | 津山藩領小豆島西部6か村 | 一揆・負担軽減 | 「乱妨後日之聞書」 |

　幕末期の讃岐の百姓騒動について目に触れた史料から上表に整理してみた。箱訴を確認できるのは弘化四年（一八四七）の高松藩領東坂元村の村入目に関するものと、文久元年（一八六一）の高松藩領垂水《たるみ》村の米価高騰にともなうものの二件がある。そしてそのほかは文久元年の高松藩領松原村の騒ぎ立て、慶応三年（一八六七）小豆島の一揆を除いてすべて越境である。

　弘化元年に高松藩領

中通《なかとお》村の農民が村入目に関する庄屋儀太夫の不正取扱いを理由にして、多数が同藩領川津村まで越境した。のち越境農民らは願下げをして落着したが、農民八五人が処分された。弘化四年の丸亀藩領今津村の場合は、「土地農業相直り難き義出来、難渋の趣御縋《すが》り御聞き届け下され候処まで、罷り越し候積り」と、一一名が高松藩領東坂元村へ越境した事件である（十河家文書「御用留」）。

弘化四年の東坂元村の箱訴は村方入目《むらかたいりめ》の庄屋の割り当てについて村民が訴えたのであるが、取調べ中の翌嘉永元年に箱訴を取り下げている（十河家文書「御用留」）。嘉永三年（一八五〇）の丸亀藩領粟島の越境は、男女四〇人程が高松藩領鵜足郡の西坂元村を通り掛った時に見つかり、高松城下へ向っていたということであったがその理由は明らかでない。

嘉永四年十二月から安政元年（一八五四）十二月にかけての騒動は、大麻村の場合を除いて詳しくはわからない。安政三年の中通村の山論は造田村との山林をめぐる裁定を不満として、三二名が阿波へ逃亡した事件、同六年の大野村の越境は村内の祇園社の神主の後任をめぐってのものであった。

文久元年に垂水村の小百姓五三名が「近年諸入目大ニ相掛り誠ニ迷惑仕」るとして（十河家文書）、高松城下へ出かけようとして留められた。しかし同年暮に数名のものが相談し、米価高騰により生活が困窮しているとして箱訴を行った。因《ちな》みにこの時高松城下の長屋門の内側にかけてあった箱は高さ三尺、幅一尺五寸で上に入れ口があり、金のくさびで柱へ結びつけられていた。この箱訴の取り扱いは明らかでないが、これから三年後に首謀者らは国払い、郡払いに処せられた。

## 2 丸亀藩領大麻村の騒動

天保五年（一八三四）に丸亀藩領の善通寺村で、地主と小作人の対立による大規模な騒動があった。この時隣村の大麻《おおさ》村から参加したものがいたが、嘉永四年（一八五一）にこの大麻村で村方騒動が起こった。村民の訴えに対し初めは大庄屋が調査していたが、のち丸亀城下で藩の役人立合での取調べとなった（長谷川家文書「諸願書」）。そして結論が長引いているうちに、農民らは高松藩領へ越境するという騒ぎになった。「越境書付」によると、十二月のことで上法軍寺《かみほうくんじ》村まで越境したようである。

大麻村農民の要望の主なものは、①組頭の惣兵衛・新八・三平の罷免、②年貢米上納の取り扱いに関する調査、③丸亀城下出張等の入用を出張各人の負担とすること、④小作米納入に際しての手数料徴収の廃止などであった。

①の組頭罷免要求が最も中心的なものであり、当時大麻村では中層以下の一般農民と村役人層ら上層農民との対立が深まっていたことがうかがわれるが、その原因などは明らかではない。②は弘化四年（一八四七）の年貢米納入分のうち四俵が紛失したとされたが、その理由がはっきりせず何度も調査を村役人へ申し入れた。しかし聞き入れられていないので改めて調査を求めたもので、年貢米の村役人管理が不十分であったようである。

③の丸亀城下出張のほかは、「河内屋御預け相成る俵筋入用」、「役人支度」、「百姓同（支度）」であり、これらは村全体に関わる「入目」で、村民から拠出された村落維持費で賄われてきていたが、農民の負担軽減という点から出張人の負担とすることを求めたものである。

④は小作米納入の時に村の取り決めとして取り立ててきたが、他村には例がないのでその廃止を求めたのである。この点からこの大麻村の騒動には土地を所持している高持百姓だけでなく、小作人たる水呑百姓も参加しているのがわかる。

高松藩領への越境騒ぎにより、大麻村役人は村民の要望を受け入れたが、越境した村民は帰村に際して後難を恐れて、庄屋小弥太は従来通り村民に「憐ミ」をもって接すること、小作人がこれまでのように地主の土地に住み小作するのを保障すること、越境処分はしないことを求め、村役人もこれを了承した（以上、高田家文書）。

以上のような大麻村の村方騒動は、農民間の上・下の階層対立が深刻化していることを示すとともに、地主・小作関係の進展の下で農民として最低条件である屋敷地をもたず、地主の土地に住む最下層の貧農層が出現し、かれらもこの騒動に重要な勢力として参加しているのがわかる。

のち安政元年（一八五四）にこの時の騒動にかかった費用の決算を行おうとしているが、大麻村の村民が負担できないという状態になっており、当時大麻村が困窮化していたのが知られる（長谷川家文書「諸願書」）。

## 3　高松藩領松原村の騒動

文久元年（一八六一）二月に高松藩領の大内郡松原村で騒動が起こった。この騒動の原因などははっきりしたことはわからないが、経過等について「無曠録」（浜垣家文書、瀬戸内海歴史民俗資料館蔵）によって知ることができる。三日から四日にかけて「百姓共祇園山に於いて火ヲ焚き貝ヲ吹き、寄合騒ぎ立て」るという事態となった。初め大庄屋らは郡全体に関することではなく、松原村庄屋次兵衛と竹内九八郎に関係したこととして取り上げなかったが、九日には近隣の坂元村・黒羽村・安戸村・町田村でも、農民が騒ぎ立て「寄合《よりあい》」をするようになり、放置しておくと「郡中一統騒動の基」となる恐れすら出てきて、無視できない状態となっている。

この騒動の中心となったのは松原村の百姓三保屋嘉吉・同三保屋伊之助、間人《もうと》嘉作・同喜与蔵・同本蔵と、松原村の帳はずれで当時湊村の長次郎方に世話になっていた徳右衛門の六名であった。百姓の嘉吉と伊之助は三保屋という屋号をもっているが、農業に従事しながら商業をも営んで生計を維持するという半農半商的な性格であった。間人とは土地を所持せず年貢を負担しない農民のことである。

騒動の前年の万延元年は米価高騰の上に風水害があり、藩では大内郡西部の二三か村に二八〇石余の救助米を出しており、当時農民らの生活は困窮していた。騒動後の十八日には大庄屋らによる「郡中寄合」では、「飢人御救助并びに御蔵御払米願」について協議している。これらのことから松原村騒動の背景には困窮百姓への救助米をめぐって庄屋次兵衛と農民との対立があり、それが庄屋排斥への騒ぎとなったのではないかといわれる。

またこの騒動を主導したのは同村の塩浜庄屋喜太夫だとの風評があった。実は前年に庄屋次兵衛と喜太夫の間に松原浜（塩田）の破損の普請をめぐって争いが起っていた。普請費用は取りあえず浜方から出し、のち村落維持費たる郡村入目によって決済するという方針を大庄屋浜垣宇一郎は示したが、双方が了承しなかったようである。

このように考えると松原村騒動は、御救米をめぐっての庄屋と困窮百姓の対立に、郡村入目の使用方法に関する庄屋と浜方庄屋の争いがからんで起ったと思われ、松原村庄屋次兵衛の村政運営のありかたが問われたといえよう。

三月に入って浜垣宇一郎は騒動処理のため高松城下へ出府し、郡奉行・代官らに処分は穏便にするよう願った。その結果先の六名は所蔵入《ところくら》りを免ぜられて組合預りとなり、庄屋次兵衛は銀一六〇匁・米二石六斗を差し出して隠居したらしい。

万延元年十月に大内郡の馬宿村・坂元村辺りで農民が騒動を起こしたとの噂が高松城下であり、また松原村騒動後の坂元村等でも寄合が行われていたように、当時の農村内部では不穏な状況が生まれており、機会さえあれば騒動に発展するおそれがあったのである。

## 4　小豆島西部六郷百姓一揆

幕領小豆島のうち西部の土庄・渕崎・上庄・肥土山・小海・池田の六か村が、天保八年（一八三七）に美作の津山藩領となり、同十四年には渕崎村に陣屋が建てられた。津山藩領となって二四年後の文久元年に津山藩では藩政改革が行われ、その一環として小豆島六か村にも改革を実施した。各村庄屋を大庄屋へ格上げして役料三人扶持《ふち》を支給し、また枝村の年寄を庄屋にするなどの村役人の待遇改善を行い、村入用を減らして小前《こまえ》百姓の負担を減少させて生活を安定させようとした。

ところが翌二年になると先の方針を破棄し、小前百姓の喜びも束の間、年貢の一割増と冥加《みょうが》銀《ぎん》の増加が通達された。この増税の方針に対して農民の減税要求は強く、中でも肥土山村や渕崎村の枝村小馬越村などは、大庄屋へ減税の嘆願書を出して陣屋との交渉を依頼したが効果はなかった。

その後米価を初め諸物価は高騰し、慶応に入ると小豆島でも米一石が銀八〇〇匁から一貫匁と、米一石当たりの標準値段のほぼ一〇倍となった。また文久三年の池田村の全上納銀は二〇三貫余であったものが、慶応元（一八六五）・二年ともに倍増して五七八貫余となり大きな負担となった。こうして小豆島農民の生活は困窮していた。

慶応二年の十二月末に六か村では各枝村から二名の嘆願惣代を出し、六か条にわたる嘆願書を渕崎陣屋へ提出した。その内容は次の点についての負担中止を求めたものであった。

①文久二年以来の年貢一割増、②諸運上銀の増加、③津山城下への奉公人給銀の高割賦課、④第二次長州攻撃の広島行人足賃銭の高割賦課、⑤漁業新運上銀、⑥大庄屋・庄屋への給米の高割賦課。

年が明けて翌三年正月四日に津山藩の郡代役所に嘆願書が届けられたが、惣代たちは協議を重ね、十日に改めて陣屋へ嘆願書の回答の催促をすることにした。陣屋では派遣されてきた代官下役のもとで事態収拾に乗り出し、取りあえず貧民救済のため米九〇〇俵を支給することにしたが、惣代らはこれを拒否し、十三日に小海《おみ》村滝宮の天王社に集合することを各村へ伝えた。

十三日の昼過ぎから小海村に集まりはじめ、次いで小江《おえ》村・伊喜末《いぎすえ》村へと波及し、夜には一揆の中心となった池田村の群衆が小海村の天王社へ向かった。この一揆で打ちこわされた富農は三六軒に及んだが、かれらは農間余業として問屋・質屋・酒屋・塩屋・油屋・仕立屋などを営んでいた。

嘆願が聞き届けられたということで、一揆は翌十四日夜には鎮静したが、一揆の首謀者八名が永牢に処せられ、津山の獄につながれた。のち四月には津山藩の圧力により各村の村役人らは、六か村大庄屋を通して聞き届けられた嘆願書の取り下げの願書を出さざるを得なかった。こうしてこの百姓一揆は何ら成果を得ることもなく、首謀者の永牢と嘆願書の取り下げという、空しい結果に終わってしまったのである。

# 九　讃岐地域の歴史的個性（『讃岐と金毘羅道』。吉川弘文館、二〇〇一年）

## 1　瀬戸内海と讃岐

瀬戸内海は近畿と九州、さらには朝鮮や中国とを結ぶ海上交通の大動脈として、古くからわが国の歴史に深く関わってきたが、天智天皇は唐《とう》・新羅《しらぎ》の連合軍の襲来に備え、国防のために瀬戸内海沿岸に城を築いた。讃岐では『日本書紀』によると屋島に城が築かれたが、屋島の西にある坂出の城山《きやま》にも城が築かれたという。こうして讃岐は海上交通の要地として軍事的に注目され、近畿地域との政治的結びつきを強めていった。

一二世紀はじめに讃岐を舞台に起こった歴史的に重要な事件に、屋島の源平合戦がある。平氏が屋島に一時拠ったということは、瀬戸内の海上交通をにらんでのことであったのはいうまでもない。鎌倉時代に入った寛元四年（一二四六）に讃岐の御家人《ごけにん》藤左衛門尉《とうさえもんのじょう》が海賊を捕らえているが（『吾妻鏡』）、『南海通記』は藤左衛門尉を香西資茂《こうざいすけしげ》であるとしている。香西氏は讃岐藤原家の分かれであるが、承久の乱（承久三年、一二二一）に際して香西左近将監資村《さこんしょうげんすけむら》は鎌倉幕府方についたといい、院方についた讃岐藤原家嫡流の羽床《はゆか》家に代わって、以後讃岐の有力武士として勢力を張っていった。

南北朝時代から讃岐守護であり、室町幕府の将軍を補佐する三管領家《かんれいけ》の一つである細川家（宗家《そうけ》、京兆家《けいちょうけ》という）に仕えた香西氏は、応永二十一年（一四一四）には丹波国守護代《しゅごだい》として豊前入道香西常建《じょうけん》の名があり（東寺百合文書）、嘉吉元年（一四四一）には三野郡仁尾浦代官として香西豊前がいた（加茂神社文書）。おそらく香西氏は瀬戸内の海上支配の実権をもち、守護の細川氏に代わって讃岐を支配した守護代の安富《やすとみ》氏や香川氏に匹敵するか、もしくはそれ以上の勢力を有していたと思われる。

近世に入ると讃岐の領主となった生駒親正《ちかまさ》は海のそばに高松城と丸亀城を築いたが、瀬戸内海を意識していたといえる。高松藩・丸亀藩の北の瀬戸内海には小豆島・直島《なおしま》・塩飽《しわく》があり、いずれも幕府領となっているのは、これらの島々の瀬戸内海の交通上に占める重要性を示している。とくに塩飽は寛文十二年(一六七二)に幕府が命じた西廻《まわ》り航路の開発に従事してからは、幕府の年貢米たる城米《じょうまい》を運送する御用船として直接幕府に雇われ、廻船《かいせん》業が大いに盛んとなった。のち塩飽の廻船業は一時ほどの繁栄は失ったが、一八世紀中ころから小豆島をはじめ讃岐沿岸地域の湊を本拠とする廻船が、瀬戸内海から日本海への西廻りを航海する北前船《きたまえぶね》としても活躍するようになった。

明治になって蒸気船による瀬戸内海の交通が盛んになっていく中で高松港の築造が始まった。明治三十年(一八九七)に高松港拡張の第一期工事が始まって、外濠西の堀川港が埋め立てられ、さらに四年後に第二期工事が行われて、一九一〇年からは高松・宇野間に連絡船が就航した。大正十一年(一九二二)から第三期目の大規模な拡張工事に着手し、昭和三年(一九二八)に工事は竣工した。ここに高松港には宇高連絡船をはじめとして、各地から船が入港するようになり、高松は四国の玄関口としての役割を果たすようになった。一九八八年に瀬戸大橋が開通したが、四国の玄関口は高松から宇多津・丸亀に移った。このように讃岐の歴史は、瀬戸内海の海上交通と深く関わっていたことが理解できる。

## 2　讃岐の産業

讃岐の沿岸地域では古くから塩の生産が行われていたが、製塩遺跡として著名なのは喜兵衛島《きべえじま》遺跡である。喜兵衛島は直島諸島の一つであるが、六〜七世紀の製塩炉・製塩土器が発掘され、これら製塩に従事した人びとを埋葬した古墳群も存在しており、古墳群と製塩遺跡との関係が総合的に把握できる、数少ない遺跡である。

一〇世紀中ころに編纂された『延喜式』によると、讃岐から政府へ納められた産物としては、塩とともに絹・須恵器《すえき》があった。塩は阿野郡《あやぐん》から送るようにとあり、阿野郡地域で塩の生産が盛んであった。絹については和銅五年（七一二）に他の二〇か国とともに讃岐ではじめて絹を織らせている（『続日本紀』）。須恵器は盆・壺・瓶《かめ》・椀・盤《さら》などであった。瓦の窯跡《かまあと》として、平成三年（一九九一）に奈良橿原の藤原宮の軒丸瓦を出土した三野の宗吉《むねよし》瓦窯跡が発掘調査され、国の史跡に指定されている。

文安二年（一四四五）正月から翌三年正月までの兵庫北関の通関記録である『兵庫北関入船納帳』によれば、讃岐では東は引田から西は観音寺にいたる、約二〇におよぶ湊から船が入ってきている。積み荷としては塩が圧倒的に多く、小豆島船・塩飽船・方本《かたもと》（潟元）船・引田船が多量の塩を運び込んでおり、当時讃岐が有数の塩の生産地であったことがわかる。

近世初期の寛永ころには香東郡《こうとうぐん》・香西郡《こうざいぐん》の地域が塩田の中心地であったが、一七世紀終わりには丸亀藩で三野郡の蟻ノ首浜が築かれた。高松藩では宝暦五年（一七五五）に梶原景山によって山田郡の屋島で亥ノ浜、さらに文政十二年（一八二九）に坂出大浜が久米栄左衛門によって築かれた。坂出大浜は当時わが国の代表的な塩田であり、坂出は塩の町として栄えた。坂出に隣接する宇多津に明治中ころから終わりにかけて広大な塩田が築かれ、香川県は全国有数の塩の生産地となり、塩田王国香川とよばれた。

近世には塩とともに綿と砂糖の生産が盛んになり、讃岐三白《さぬきさんぱく》といわれた。綿は大衆衣料として江戸時代にはいって需要が高まった木綿の原料であり、一八世紀前後の元禄ころから丸亀藩領でさかんとなり、繰《くり》綿《わた》や綛糸《かせいと》・木綿として大坂へ送り出された。また砂糖は一八世紀終わりの寛政元年（一七八九）に高松藩で向山周慶によって製造がはじまり、讃岐の白砂糖として全国的に名を知られ、天保はじめ（一八三〇）ころに大坂にはいってきた砂糖の五割余が高松藩産の砂糖であった。こうして綿と砂糖は天下の台所といわれた大坂に近いこともあって、讃岐の重要な産業として発展したが、明治二十年代にはいって安価な綿・砂糖の輸入により、いずれも急速に衰えていった。このように讃岐は古くから塩をはじめとして、産業の盛んな地域であった。

## 3　讃岐の支配者

ところで、讃岐の歴史的な政治状況はどうであったのだろうか。讃岐は古墳が多く残っているところであるが、とくに高松の石清尾山《いわせおやま》古墳群は古墳には珍しく積石塚《つみいしづか》といって石を積んで造られた古墳で、前方後円墳をはじめ珍しい形態である双方中円の形態のものがある。弥生時代の末から古墳時代前期にかけての墓制のありかたを示している貴重な古墳群であり、とくに猫塚にみられるように地域の独自性をうかがわせる古墳がみられる。

一〇世紀はじめにできた『和名抄』には讃岐の耕地面積は一万八六四七町とあり、南海道の諸国ではもっとも多く、土地開発の進んだ地域として近畿に近いということもあって、律令政府に政治的に注目されていたと思われる。鎌倉時代には讃岐の地頭《じとう》はいずれも東国出身か幕府の関係者であり、讃岐出身の武士がみあたらず、直接鎌倉幕府と結びついた讃岐武士はいなかった。そして讃岐の守護に幕府関係者が任命されているが、鎌倉後期には幕府の実権を握る北条家《ほうじょうけ》一族が讃岐守護となっていた。こうしてみると鎌倉時代の讃岐は瀬戸内の要地にあるということから、幕府の強い支配をうけた地域であったといえよう。

鎌倉幕府が倒れて後、南北朝時代から室町時代にかけて讃岐の守護であったのは、先述のように管領三家の一つの細川家であった。管領家細川家が守護であったということは、讃岐がそれだけ重要な地域として注目されていたことを示しているといえる。したがって細川家と主従関係を結んだ讃岐の在地武士（国人《こくじん》という）は、有力守護大名として主君が常に都にとどまっているために、主君に従って京へ出て活躍することになり、その主なものたちは香西氏をはじめとして十河氏・牟礼氏・寒川《さんがわ》氏・麻近藤《あさこんどう》氏らであった。

讃岐に入ってきた最初の大名は、豊臣秀吉から四国攻撃軍として派遣されていた千石秀久であったが、秀久は一年半、つぎに領主となった尾藤知宣も半年あまりで讃岐を没収され、天正十五年（一五八七）に美濃の出身で、豊臣秀吉に近い立場の生駒親正が讃岐の領主となり、以後生駒家のもとで讃岐は近世的な社会への歩みを始めた。

しかし生駒藩は親正の入部から約半世紀後の寛永十七年（一六四〇）に御家騒動《おいえそうどう》によって徳川幕府より出羽の由利郡矢島に一万石を与えられて転封され、代わって西讃には山崎家治が入り、東讃には松平頼重が入部した。松平頼重は御三家の水戸藩の出であり、徳川幕府に重んぜられる家門大名の高松松平藩一二万石が成立した。このことは瀬戸内の要地として東讃岐の地域を幕府が重視したからであろう。高松松平藩は明治維新まで存続したが、維新では徳川幕府に近い立場であったが故に、朝敵になるという悲運が待ちかまえていたのである。

以上のように、讃岐では時の政権に近い人たちの支配を受けてきたという政治的特徴をもっているのがわかる。

## 4　水争いと百姓騒動

瀬戸内気候の中でもとくに讃岐は雨の少ないところである。空海が満濃池を再築したことに示されるように、古くからため池をたくさん築いていた。とくに近世になると米の生産のための水の確保が重要であり、これまでにも増して多くのため池が築かれた。生駒時代に重臣であった西島八兵衛が讃岐各地にため池を築いたが、それらの池は現在でも多くが使われており、八兵衛は讃岐の水の恩人といえよう。

そして水の配水などをめぐって香水《こうすい》や番水《ばんすい》などの厳しい水利慣行があったが、ときには水不足によって慣行が破られ、激しい水争いが起こることも多かった。香東川の芦脇井関《あしわきいぜき》をめぐる寛政二年（一七九〇）から天保十四年（一八四三）にかけての、ほぼ半世紀にわたる争いもあった。農民にとって死活問題の水であるだけに、一度水争いが起こると、長期にわたる激しい対立状態を続けることになったのである。

讃岐は台風もほとんど来ず雪も余り降ることもなく、瀬戸内の温暖な気候であるところから、人柄も穏やかであるといわれるが、ただこの水争いにはそういった讃岐人のイメージとはちがった面をみることができる。そうした傾向は、民衆の政治に対する抵抗にもあらわれている。

近世はじめには香東郡の安原山の百姓が新領主千石秀久に背いて一揆《いっき》を起こしたので、一〇〇人余を処刑したといい、またのち生駒親正が讃岐にはいってきたときに年貢を納めないものを香東郡西浜の海浜で処刑したという（「讃岐国大日記」）。これは讃岐の在地土豪や農民らが新しい領主に対して抵抗していたことを物語っている。以後の百姓一揆等の主なものを上げると、正徳元年（一七一一）の小豆島池田村庄屋平井兵左衛門らによる年貢減免嘆願の越訴《おっそ》、寛延元年（一七四八）の高松城下綿運上反対騒動、同三年の丸亀藩領大一揆、明和六年（一七六九）の塩飽大工騒動、寛政三年の高松藩領東坂元村の庄屋罷免要求村方騒動《むらかたそうどう》、天保五年（一八三四）の高松藩領宇足津村・坂出村一揆、朱印地金毘羅領・池御料打ちこわし、慶応二年（一八六六）の津山藩領小豆島西部六郷一揆などがある。

明治になっても三年に高松藩綾北山林《あやきたさんりん》騒動・川津村御趣意林《ごしゅいばやし》騒動、四年の藩主帰京引き留め蓑笠《みのがさ》騒動、同六年の西讃血税《せいさんけつぜい》一揆が起こっている。さらに時代が下ると、大正十三年（一九二四）の伏石《ふせいし》事件、翌年には金蔵寺《こんぞうじ》事件、昭和二年（一九二七）の土器《どき》事件の三大小作争議《こさくそうぎ》が起こっている。

## 5　讃岐の分県・独立

讃岐の歴史を通していえることは、古くから讃岐が歴史的、文化的に自立した一つの地域として存在しつづけてきたということである。ただ戦国時代に阿波の三好《みよし》氏、土佐の長宗我部氏によって讃岐は一時支配されたことがあった。近世を通して行政的には生駒藩、そして高松藩・丸亀藩・多度津藩の三藩、小豆島・塩飽などの幕府領、金毘羅などの朱印地《しゅいんち》等に分かれていたが、讃岐として分裂的状況になることはなかった。

明治四年（一八七一）の廃藩置県《はいはんちけん》により讃岐は高松県と丸亀県、多度津藩領の倉敷県に分かれた。十一月にこれらを合わせて香川県（第一次）となったが、明治六年二月に阿波・淡路からなる名東県《みょうどう》に合併された。しかし阿波と讃岐の利害が対立し、讃岐出身者の請願により、八年九月に再び香川県（第二次）の設置となった。翌九年八月に府県広域化政策の一貫として讃岐は愛媛県に編入された。愛媛県時代はその主体的活動がややもすれば取り上げられずに、伊予の主導のもとに県政が運営されることが多かった。

讃岐の自由民権運動《じゆうみんけんうんどう》は明治十年ころから盛んとなり、東讃岐に翼賛社《よくさんしゃ》、高松に純民社《じゅんみんしゃ》や高松立志社《りっししゃ》、丸亀に丸亀立志社などが設立されたが、こうした各地の自由民権運動を背景として、明治十五年ころより愛媛県からの分県運動がはじまった。讃岐全体が一つにまとまっていたのでは必ずしもなかったが、十八年と二十一年の分県《ぶんけん》運動の高まりを受けて、わが国最後の県として三度目の香川県が明治二十一年十二月三日付で成立した。こうして讃岐が香川県として、古代以来のまとまりをもって成立したことは、讃岐の歴史にとって非常に重要なことであり、分県・独立に奔走した先人の努力を忘れてはならない。

## ６　民衆文化と金毘羅大芝居

最後に近世の民衆文化について述べておこう。水不足を解消するために降雨を祈って、古くから讃岐では雨乞踊《あまごいおど》りが奉納されてきた。大規模なものとしてよく知られているのは、滝宮《たきのみや》天満宮に奉納される滝宮念仏《ねんぶつ》踊りである。古くは讃岐全域から踊りがきていたようであるが、それも生駒時代までで終わり、その後は各地の四組の踊りが順番に奉納し現在に至っている。今残っている南鴨念仏踊りと吉原念仏踊りは、本来滝宮念仏踊りであった。佐文《さぶみ》の綾子《あやこ》踊りは念仏踊りとは別の系統である。滝宮念仏踊りと綾子踊りは国の重要無形文化財に指定されている。

近世後期には讃岐各地で農村歌舞伎《のうそんかぶき》が行われていたが、当時の様子をよく残して伝えているのは小豆島である。小豆島で宝永三年（一七〇六）に小屋掛け芝居をしたという記録があるが、全島に広まって各地で村人によって農村歌舞伎が演じられるようになるのは、一九世紀に入った文化・文政（一八〇四〜一八三〇）ころ以後である。幕末には定設・小屋掛けを含めて一四六の芝居舞台があったという。現在春に肥土《ひと》山《やま》、秋に中山《なかやま》で芝居奉納が行われているが、その舞台は池田の桟敷《さじき》とともにいずれも国の重要有形民俗文化財となっている。

農村歌舞伎とは異なるが、金毘羅で市立《いちだて》のときに金山寺《きんざんじ》町で歌舞伎が演じられていた。天保元年（一八三〇）には江戸役者尾上菊五郎が来演している。天保六年に瓦葺《かわらぶ》きの定小屋《じょうごや》が建てられた。これが「金毘《こんぴ》羅大芝居《らおおしばい》」である。以後名優の来演がつづき、いっそう芝居は盛んになった。その後金丸座《かなまるざ》と名を変えて存続していた。昭和二十八年（一九五三）に県の文化財に指定されたが、痛みがひどくなる一方であった。一九七〇年に現存するわが国最古の劇場として、「旧金毘羅大芝居」の名称で国の重要文化財に指定された。そして七二年から移転・復元工事が四年をかけて行われた。

この復元された金毘羅大芝居での歌舞伎公演が、地元の多くのボランティアの人びとに支えられて八五年から始まり、「四国こんぴら歌舞伎大芝居」として毎年公演されて、全国に知れわたっている。この金毘羅大芝居の復活は地域住民の熱意によって初めて可能だったのであり、讃岐における伝統的な文化の保存・維持のありかたを示したものとして大いに注目されよう。

# 十　近世讃岐地域の生業と社会（『讃岐と金毘羅道』。吉川弘文館、二〇〇一年）

## 1　諸藩の成立

### 生駒藩

天正十五年（一五八七）八月に、豊臣秀吉の武将で美濃出身であった生駒親正《ちかまさ》が讃岐国の領主となり、これ以後讃岐は近世への歩みを本格的に進めていった。これより二年ほど前に、四国を支配していた長宗我部元親《もとちか》を攻略した秀吉は、千石秀久に讃岐を支配させたが、一年余後には尾藤知宣《とものぶ》に代わり、また知宣も半年弱で讃岐を没収された。いずれも秀吉の九州の島津氏攻撃での作戦の誤りによってであった。当時讃岐の石高ははっきりしないが、慶長六年（一六〇一）には一七万一八〇〇石余であった（『寛政重修諸家譜』）。

生駒親正は讃岐入部直後から領内支配の安定のために、在地に強い影響力をもっている讃岐の有力武士、香西《こうざい》氏・三野氏・佐藤氏らを家臣に取り立て、入部翌年には讃岐支配の拠点として、香東郡野原庄の海浜に高松城を築くためその工事に着手した。また慶長二年に西讃岐支配のために丸亀城を築いた（『南海通記』）。そして慶長二年から七年にかけて検地が実施されたらしく、農村への支配強化も行われた。のち寛永期（一六二四〜一六四四）には各地に溜池を築造して、米作りのための灌漑《かんがい》用水の確保を図っている。

### 生駒騒動

四代藩主生駒高俊は元和七年（一六二一）に一一歳で藩主となったため、外祖父の藤堂高虎が執政として藩政に当たった。そして寛永に入っての生駒藩政は三野四郎左衛門・西島八兵衛らの奉行を中心として行われた。以前から家臣間の対立が激しい藩のようであったが、徐々に江戸家老前野助左衛門・石崎若狭らと国家老生駒帯刀《たてわき》・生駒左門らとの対立が表面化してきた。寛永七年に高虎が死去してのちは子高次が後見役となったが、同十一年に前野・石崎らが、「何分にも訴訟がましき事、徒党を立て与をいたし申す間敷き事」と藤堂藩の重臣へ誓詞を出しているのは（生駒家文書）、江戸藩邸で不穏な動きがあったからと思われる。

寛永十四年に生駒帯刀は上府し、幕府老中土井利勝や藤堂高次・脇坂安元らへ、前野・石崎らの非法を記した一九か条の訴状を提出した。その後訴状内容を審理しているうちに、前野助左衛門が死去したため、寛永十六年冬にこの訴えはなかったことにして帯刀を国元に帰らせた。これに対し翌十七年に入って前野派の家臣らが江戸・国元から「立ち退く」という騒動になり、御法度の「徒党《ととう》」ということでついに幕府の評定に上った。この結果藩主生駒高俊は出羽国由利郡に賄料一万石を与えられるのみとなり、前野派一〇人は死刑となり、帯刀ら三人は大名預けとなった。草創期の藩政のありかたをめぐる対立が背景にあったのであろう。

生駒騒動後の讃岐は、東から大内《おおち》・寒川《さんがわ》・三木・山田・香東《こうとう》の各郡を伊予西条藩主一柳直重、香西・綾南条・綾北条・宇足《うた》の各郡を同じく今治藩主松平定房、仲・多度・三野・豊田の各郡を同じく大洲藩主加藤泰興がそれぞれ預かったが、一年後に肥後天草の富岡城主山崎家治が西讃岐の豊田郡・三野郡・多度郡、仲郡の一部と鵜足郡の土居村の計五万石余を、寛永十九年二月に残りの東讃岐一二万石を松平頼重が支配することになった。これが丸亀藩と高松藩の成立である。

## 丸亀藩

山崎家治は一国一城令によって廃城となっていた丸亀城を再築した。このときの縄張りが現在に残る丸亀城である。山崎家は明暦三年（一六五七）に藩主治頼が幼くして没し世継ぎがなく断絶となった。短い治世ではあったが、丸亀城の再築とともに、豊田郡の大野原の原野の開墾を京都の豪商平田与一左衛門らに行わせ、正保二年（一六四五）に一八九町の土地が開発されたことは、注目されなければならない。

山崎家断絶の翌万治元年に播磨国の竜野を支配していた京極高和が丸亀城に入り、山崎家の旧領と播磨揖保郡のうち一万石、近江のうち一四四五石の計六万一五一二石余を領した。高和は丸亀城の未着工の工事に取りかかって天守閣を建て、寛文十年（一六七〇）には城の南にあった大手門を北へ移しているが（『新編丸亀市史2・近世編』）、これは北に発展していた城下町との関係を配慮したからであろう。

京極丸亀藩になっても大野原開墾はつづけられ、延宝二年（一六七四）に検地が実施されているが、寛文十年（一六七〇）の史料に「今度検地に付」（松浦家文書）、また同十二年の多度郡山階《やましな》村検地帳、延宝四年の同郡善通寺村検地帳が残っていることから、このころ丸亀藩領内全域で検地が実施されており、農民支配が強化されているのがうかがえよう。

二代藩主京極高豊は庶子高通《たかみち》を分家させることにし、元禄七年（一六九四）に多度郡三井《みい》組と三野郡上ノ村組を所領とする支藩多度津藩一万石が成立した。長らく藩主は丸亀城内を住居としていたが、のち文政十年（一八二七）に陣屋が多度津に完成し、二年後に藩主は多度津に移った。

## 高松藩

高松藩主となった松平頼重《よりしげ》は御三家水戸藩主徳川頼房《よりふさ》の長子であったが、故あってその出生が幕府へ届けられず、弟の光圀《みつくに》が頼房の後継となった。寛永十六年には常陸国の下館五万石の領主となっていた。水戸藩の出で徳川家康の孫にあたるということから、松平頼重は幕府に近い家門大名として重んじられ、江戸城の控えの間が御三家につぐ溜間詰《たまりのまづめ》で、同じく溜間詰であった譜代大名筆頭の彦根の井伊家と並ぶ高い格式の待遇を受け幕府内での地位も高く、また幕府の京都への使者をつとめるなど幕府との関係も深い大名であった。

入部直後から高松城の修築に乗り出すとともに、城下町に上水道《じょうすいどう》を敷き設しており、また番丁《ばんちょう》などの武家屋敷の拡充も行っている。寛文十年には高松城天守閣を建て替え、さらに二年後には東ノ丸・北ノ丸の築造など高松城普請を実施して、最終的に高松城を完成させた。また寛文元年に軍役《ぐんやく》人数割を行い、同十一年には軍役帳と分限帳が作成されるなど、家臣団の編成を仕上げている。そして家臣への知行米はそれまで年貢率を基準にしていたのを、同十一年からは知行高の四割を支給することに統一した。

讃岐はもともと雨の少ないところであるが、入部間もない正保二年（一六四五）に高松藩では大旱魃になったため、新たに四〇六の溜池を築いたという（『増補高松藩記』）。また城下東の松島から屋島の潟元近くまでの海岸を埋め立てる、新田干拓を行って耕地の増加を図ったが、寛文五年（一六六五）から同十一年にかけて領内の検地を実施し、農村支配の確立を図った。検地の完了した寛文十一年が亥の年であることから、これを「亥《い》ノ内検地《ないけんち》」という（「英公外記」香川県立ミュージアム蔵）。

このように天守閣の修築、高松城の普請、家臣知行米の統一、農民支配の確立によって、寛文末ころに高松藩の領内政治体制は完成したといえよう。松平頼重はこれらの事業の直後に病により引退し、松平頼常《よりつね》（水戸藩主徳川光圀の子）が第二代藩主となった。政治体制が完成しても高松藩の財政は逼迫しており、元禄八年（一六九五）に頼重が死去した直後から、「御定法《ごていほう》御《ご》入用積《にゅうようつもり》」といわれる倹約政治を実施して、支出の徹底した削減を行っている。

## 幕府領・朱印地

これらの藩のほかに讃岐には徳川幕府の直轄領の幕府領と、将軍家の朱印状によって寺社領となった朱印地があった。幕府領としては瀬戸内海の海上交通の要地たる備讃瀬戸の島々である小豆島・直島《なおしま》・塩飽《しわく》、生駒家転封後幕府領となった満濃池の維持費に充てる仲郡の五条村・榎井村・苗田村の池御料《いけごりょう》、朱《しゅ》印地《いんち》は金毘羅領・法然寺領・白鳥宮領・興正寺領であった。

小豆島・塩飽はともに豊臣秀吉の直轄地たる蔵入地《くらいりち》であったが、徳川幕府成立ののちも幕府領となった。小豆島には元和六年（一六二〇）から始まった大坂城築城の石垣石が切り出された九か所の石丁場跡が残り、うち筑前福岡藩黒田家受け持ちであった岩谷石丁《いわがたにいしちょう》場《ば》跡《あと》は国史跡に指定されている。塩飽船方衆六五〇人は秀吉から塩飽領一二五〇石の領知を認められたが、徳川幕府もこれを引き継ぎ、大坂船奉行などの管轄をうけながら、船方衆の有力者である年寄役《としよりやく》四人を中心として島政の運営が行われた。塩飽の廻船は元禄から享保にかけて、幕府領の年貢を運ぶ御用城米《じょうまい》船として活躍した。直島諸島は秀吉の時代から幕府成立後も高原氏が統治していたが、寛文十一年に理由は明らかでないが改易され、以後幕府領となった。

仲《なか》郡小松庄松尾寺の金毘羅大権現は生駒藩の終わりころには三三〇石の寄進を受けていたが、松平頼重も積極的に保護するとともに、金毘羅領を朱印地にすることを幕府へ願い出て、慶安元年（一六四八）に許された。以後大名や民衆の信仰によって金毘羅参詣は栄え、金毘羅門前町も発展していった。

## ２　高松・丸亀城下町

### 生駒時代の高松城下町

天正十五年（一五八七）に讃岐の領主となった生駒親正は、翌年に香東郡野原庄《こうとうぐんのはらのしょう》の海浜に城を築くことにし高松城と名付けた。これは源平の屋島合戦によって高松の地名が全国に知られていたからであった。そして山田郡の旧高松の地は古高松と呼ぶことにした。

寛永四年（一六二七）に讃岐を探索《たんさく》した幕府隠密《おんみつ》の報告によると、高松城は北を瀬戸内海に面して内濠・中濠・外濠があり、内濠の中に天守閣と本丸、内濠と中濠の間には北に二ノ丸、その東に三ノ丸、また中濠と外濠に囲まれた北西の地が西ノ丸であった。天守閣は三層となっていた。侍屋敷は東の一部を除いて中濠と外濠の間と外濠の南西の地域に配置された。高松城の西と東には小規模な町があったがすぐ干潟となっており、城下町は南に発展した。当時町屋敷数は八、九百軒であった（「讃岐探索書」『香川県史９・近世史料Ⅰ』）。

寛永末の、隠密の探索から一二年後ころの高松城下の様子を描いたとされている「生駒家時代高松城下屋敷割図」（高松市歴史資料館蔵）をみると、西にあった町が侍屋敷となっており、また南のはずれの西から東に一〇の寺が配置されている。侍屋敷は外濠よりうちに一〇八、外濠の西に一六二の計二七〇あり、重臣屋敷は中濠の外側に沿って置かれていた。

城下町は南北に七筋、東西に五筋の通りがあり、東から町の名はいほのたな町・ときや町・つるや町・本町・たたみ町・東かこ町、南は兵庫かたはら町・丸がめ町・かたはら町・塩や町・新町・百間町・通町・

ときや町・大工町・びくに町・小人町・こうや町・かちや町・えさし町が記されており、町屋数は一三六四軒であった。当時城下に二か所の井戸があり、ときや町と寺通りの西端の恵山寺（法泉寺のこと）の境内に井戸の印があり、「此の井　家中町中用」と書かれている。

## 城下町の整備

寛永十九年に松平頼重が高松城に入ってのち、高松城下は一層整備されて発展しており、侍屋敷はそれまで一番丁から五番丁までだったのが、六番丁・七番丁・八番丁・築地・浜ノ町、生駒藩時代は馬場であった古馬場へと拡大し、古馬場の東南部が福田町、侍屋敷であった西通町が町屋になっている（『香川県史3・近世Ⅰ』）。

正保元年（一六四四）に城下に上水道《じょうすいどう》が敷設されたといわれ（『増補高松藩記』）、全国的にみると上水道としては古い方ではないが、地下水を水源としたものでは最初であるといわれる（神吉和夫氏「高松水道の研究」『建設工学研究報告』第二七号）。時代は下るが、延享二年（一七四五）に成立した「翁嫗夜話《おおうやわ》」に、新井戸・今井戸のことが記されており、文化元年（一八〇四）の「高松城下図」には大井戸の名がみえる。

## 高松城天守閣

寛文九年に天守閣の再築に取りかかり、翌年工事が完成している。外観は三重であるが中は五重で、豊前小倉城の天守閣を模して建てたという。小倉城《こくら》は慶長十三年（一六〇八）に建てられており、天守閣は五重で各重の屋根は装飾的な破風はなにもついていない。そして五重目の最上階は上下二段に分かれ、上方が下方より四方に張り出している。幕末から明治初年の高松城図をみると三重目が上段と下段に分かれ上が下よりはみ出している。このことから高松城天守閣は小倉城天守閣の形式を取り入れているといえる

（藤岡通夫氏「豊前小倉城天守閣」・「高松城の天守」『近世建築史論集』）。

松平頼重が入部してまもないころの高松城と城下町を描いたものとされる「高松城下図屏風《びょうぶ》」がある。これに描かれた天守閣の屋根には装飾的な破風《はふ》はみられず、三重目が小倉城天守閣と同じ形式となっている。このことからこの「城下図屏風」は高松城天守閣の完成を記念して作成されたのではないかと思われる。ただし幕末から明治初年の高松城図では天守閣の一重目と二重目に比翼入母屋造りの屋根と小さな装飾的な破風がみられる。したがって再築後のある時期に天守閣の修築を行ったことになるが、それを物語る史料はいまのところ見当たらない。

天守閣が完成した翌十一年には高松城普請が始まり、この工事によって東の外濠と中濠の間に濠を新たにつくって東ノ丸を設け、二ノ丸の北を埋めて北ノ丸をつくり、桜馬場《さくらのばば》の南にあってこれまで城内への入り口であった中ノ御門を廃し、新しくその東詰に門をつくり太《たい》鼓《こ》櫓《やぐら》を設けて城内への入り口とした（「古老物語」松浦文庫、瀬戸内海歴史民俗資料館蔵）。ここに高松城は最終的に完成したのである。

## 高松町屋

承応二年（一六五三）に大火があり、西浜から出火して百間町から塩屋町・東浜まで被災し、侍屋敷二二軒と町屋四八一軒が焼失した（「英公外記」）。近世でもっとも被害の大きかった高松城下の火災は、享保三年（一七一八）に起こっており、城下西はずれの木蔵町《きぐらまち》から出た火が、東へ延焼していき一部を除いて丸亀町から北の町人屋敷が焼失した（「小神野夜話」『新編香川叢書・史料篇㈠』）。また宝永四年（一七〇七）と安政元年（一八五四）の大地震の時にも高松城下は甚大な被害を受けた。

高松城下町の町数は享保（一七一六～一七三六）のころには四二となっており（「高松城下図」鎌田共済会郷土

博物館蔵）、幕末の天保九年（一八三八）の町数五〇とそう大きくは隔たっておらず（「御領分明細記」同館蔵）、享保ころには城下町としてほぼできあがっていたといえよう。文化二年（一八〇五）に東浜の北を埋め立てて新地を造成し新湊町《しんみなとまち》と名付けた。この町には一六軒の万問屋が置かれ、領外商人との取引地として栄えた。

城下町の中心の通りは、外濠の南の中央にかかった常磐橋《ときわばし》からまっすぐ南へのびた丸亀町・南新町であった。幕末の弘化元年（一八四四）には丸亀町は一丁目から四丁目、南新町は一丁目から三丁目まであった（弘化元年「高松城下図」鎌田共済会郷土博物館蔵）。宝永五年（一七〇八）の南新町一丁目には三五の商家があり、その中でもっとも大きな店は大和屋五百蔵の表間口一七間四尺であった（『わが町の歴史・高松』）。天保（一八三〇〜一八四四）ころには丸亀町に奈良屋・津国屋・荒木屋・木幡屋・上総屋、南新町に伏石屋・秋田屋・能登屋・三倉屋・美濃屋などの商家があった（「新井戸水本并水掛惣絵図」鎌田共済会郷土博物館蔵）。

## 丸亀城下町

丸亀城は小丘を利用してつくられ一ノ丸から五ノ丸まであって、天守閣は丘上の一ノ丸のほぼ中央に築かれており、内濠と外濠の二重の濠であった（「生駒時代丸亀城図」尊経閣文庫蔵）。徳川幕府の一国一城令によって元和元年（一六一五）一時廃城となったが、それから二六年後に山崎家治が西讃岐に領主として入ったときに、その居城として再興された。山崎氏築城の丸亀城は丘上の中心に本丸、その北側石垣の中央に天守閣があり、二ノ丸、三ノ丸が下につづいていた。当時大手門は三ノ丸の南にあった（「正保丸亀城絵図」内閣文庫蔵）。のち山崎氏にかわって丸亀城主となった京極高和は寛文十年に大手門を北へ移し、現在の城跡ができあがった。丸亀城はなだらかな曲線を描いた美しい石垣がよく知られている。内濠と外濠の間に武家屋敷が置かれ、外濠の北に城下町がつくられた。寛文十二年には農人町・上南条町・下南条町・横町・塩飽町・西浜町・東浜町・兵庫町・魚屋町・宗古町・米屋町・松屋町・通町・上葭町・下葭町があり、計五一九軒、人数五一五八人であった。またこれらとは別に鵜足郡聖通寺山北麓の三浦から移住した人びとの住んだ西平山・北平山・御供所があり、二八八軒、二〇二七人であった（『新編丸亀市史2・近世編』）。

元禄十年（一六九七）の「丸亀城下図」（丸亀市立資料館蔵）には城下全域にわたって、各町の家毎に間口と奥行、屋号が書き込まれている。町名は中府町・城西町・南条町・塩飽町・富屋町・本町・浜町・福島町・通《とおり》町・米屋町・松屋町・魚屋町・葭町・風袋《ふるたい》町・瓦町の一五町と西平山・北平山・御供所となっており、寛文十年のときとは若干相違がみられる。風袋町は武士・足軽が住んでいた。通町は間口一〇間以上の大店が一四軒で一番多く、その中でももっとも大きいのは見附屋《みつけや》であり、町会所や制札場がある丸亀城下のメインストリートであった。

### 福島・新堀湛甫

丸亀の湊は城下町の北にあり、東川口の船入りと通町の船泊りに船が出入りしていた。湊は城下町の物資の集散地であっただけでなく、元禄ころから庶民の信仰が盛んとなってきた金毘羅参詣客の上陸地でもあった。時代が下るにしたがって参詣客が増加してきたため、福島町の北に新たに船着場を築くことになり、文化三年（一八〇六）に南北五〇間、東西六一間の船溜まりをつくった。これを福島湛甫《ふくしまたんぼ》という。この湛甫の完成によって参詣客は福島町を通って浜町から金毘羅参詣に向かったため、福島町は一層賑わうようになった。

　のち天保四年（一八三三）には城下の町人の願いにより、福島湛甫の東手にさらに湛甫を築いた。新堀《しんぼり》湛甫といい、南北四〇間、東西八〇間で、湛甫の南を埋め立てて通町と地続きにした。このとき城下の町人たちはこの湛甫に据える灯籠の建立を願い出ており、丸亀藩江戸藩邸で常夜灯千人講を行って寄付金を集めた。現在新堀湛甫の一角に建っているのはこのときの第一基目の灯籠であり、「江戸講中銅灯籠《えどこうちゅうどうとうろう》」（別名「太助灯籠」）と呼ばれている。

## 3　向山周慶と砂糖

### 製糖法

高松藩の中興の名君といわれる第五代藩主松平頼恭は、はじめ石清尾山南麓、のち藩主別邸の栗林荘《りつりんそう》に薬草園を設けていたように、博物学《はくぶつがく》に関心を強くもっていた。延享三年（一七四六）に町医師池田玄丈《げんじょう》に薬草園を預け、砂糖作りの研究を命じたという（村上稔『東讃産業史』）。そして明和三年（一七六六）に玄丈が薬園頭取を退いて藩医となってのちは、製糖法の研究は藩の事業としてではなく、玄丈の弟子で高松藩領東部の大内郡三本松村の医師向山周慶《さきやましゅうけい》に引き継がれた。

これとは別に明和五年に当時幕府に命じられて砂糖製造の「伝授《でんじゅ》」をしていた池上太郎左衛門から、江戸藩邸で近習の吉原半蔵らへ砂糖製法の「伝授」が行われているが（「和製砂糖一件御用相勤来候由緒書」池上家文書）、藩地での砂糖製法の研究とどのように関わっていたのかは明らかでない。

### 向山周慶

向山周慶は延享三年の生まれで、一六、七歳のときに医学修行のために高松城下へ出て、池田玄丈の門人になったという（樋口弘氏『本邦糖業史』）。のち京都に遊学した。このとき同門に薩摩の浪人医師某と親しくなったが、周慶帰藩後の天明八年（一七八八）に京都で大火があった際に、見舞いの品々を送ったところ、医師某は年来の周慶の希望を入れて砂糖製法を伝授したという（「讃岐砂糖起源沿革盛衰記」『香川大学一般教育研究』第二〇号）。

また薩摩の人良助が四国遍路の途中、大内郡の湊川のところで病気にかかって苦しんでいたところを、周慶が治療をして快復させたことに恩を感じて、良助は修得していた砂糖製造法を伝授したという（前掲「盛衰記」）。また良助は郷里の奄美大島から密かに砂糖の原料である甘蔗（砂糖黍のこと）苗を周慶のもとにもたらし、以後周慶のもとで砂糖製造に従事したという（「大川郡砂糖史」）。良助は姓を関といい、奄美大島の東間切清水村の有力者当済の三男当盛喜であるという（村上稔氏『東讃産業史』）。

寛政元年（一七八九）になって向山周慶は砂糖の試作に成功した。これに対し高松藩では翌年に砂糖生産を「国益」として注目し、砂糖製法の他人への「伝授」を禁じたが、甘蔗の植付については、周慶の指図に任せることにしている（「興業意見」『明治財政経済史料集成』第一八巻）。こうして砂糖生産は讃岐東部の三本松村を中心として発展していった。

砂糖製造に成功して二年余経った寛政四年正月に、向山周慶は病気に罹《かか》ったので、これまで周慶に許されていた砂糖製法の伝授を、周慶の住む三本松村に隣接する西村の儀五郎に譲り渡すよう三本松村政所（庄屋のこと）河野忠六から藩庁へ願い出ており、これが認められている（「月番帳」日下家文書）。ここに周慶だけでなく砂糖製造に精通していた西村の百姓儀五郎がいたのがわかる。

## 高松藩の統制

向山周慶の病はすぐに回復したらしく、寛政六年に百姓儀五郎とともに製法元として名がみえる。そしてこの年は、「製法人東郡数多《あまた》これ有り」というように砂糖生産が藩領の東部で盛んになってくる状況の中で、高松藩が砂糖に対して初めて統制を行ったときでもあった。「御国砂糖製法取計一件」を三本松村政所河野忠六に任せ、周慶・礒五郎から砂糖製法伝授を行わせ、砂糖製法人は許可制とし、製法人以外で甘蔗を作っているものはどの製法人の所で砂糖に絞っているか、製法元へ届けさせた。また砂糖製法を願うものが増えてくるというなかで、大内・寒川・三木・山田の「東四郡」で約一〇〇町に限定した。そして領外への砂糖売捌《うりさばき》については城下町人香川屋茂次郎を「座本《ざもと》」（責任者）として目印の焼印を押させることにした。城下以外では東部の湊に砂糖積み出しを限り、河野忠六にも責任の一端を担わせた（以上、「御用留」大山家文書）。このとき初めて砂糖運上銀《うんじょうぎん》が掛けられた（「御用日記」渡辺家文書）。この年に高松藩産の砂糖がはじめて大坂へ積み送られたという（樋口弘氏前掲書）。

寛政元年の製造砂糖は黒砂糖であったが、のち同十一年には讃岐東端の引田村で三八名のものが、「白砂糖種々製法秘事御伝授」により「神文《しんもん》」を差し出しており（岡田唯吉『讃岐製糖史』）、翌年には大内郡白鳥村の医師朔玄《さくげん》が「白砂糖製法伝授」を願い出て許されている（「御用留」大山家文書）。このころには白砂糖製造が相当に盛んになってきたようである。

向山周慶は文政二年（一八一九）九月に死去した。関良助はその後を追うように約二ヵ月後の十一月に亡くなっている。弘化三年（一八四六）に二人の業績を讃えて向良《こうら》神社が砂糖発祥の地大内郡湊村の小丘に、またこれから四年後の嘉永三年（一八五〇）に、同じく湊村に「向山翁沙糖開基碑」が建立された。なお高松の松島町にも明治十九年に向良神社が創建されている。

### 「加島屋掛込」

このように高松藩領東部の大内郡を中心として発達してきた砂糖生産に対して、高松藩は文政二年（一八一九）に砂糖会所《さとうかいしょ》を五か所設置して本格的な統制に乗り出した。城下の二か所と大内郡松原村・寒川郡津田村・同志度村に置かれ、城下では川崎屋吉兵衛と平福屋喜代蔵、城下以外ではそれぞれ寺井屋星之助、室津屋弥八郎、宇治屋伝左衛門を「座本」とした（「御法度被仰出留」『香川県史9・近世史料Ⅰ』）。この砂糖会所設置の狙いは、大坂での砂糖売り払い代金を大坂砂糖問屋から大坂商人加島屋市郎兵衛へ納めさせ、砂糖荷主は代金の預書《あづかりがき》を大坂砂糖問屋から受け取って帰り、砂糖会所へこれを提出して代金に相当する藩札を受け取るというものであった。当時加島屋は高松藩へ藩札の引き換え正銀を調達しており、砂糖代銀がその返済資金とされたのである（「御用日記」渡辺家文書）。

この砂糖代銀の納入を「加島屋掛込《かけこみ》」といったが、砂糖黍生産のための肥料、砂糖製造に使用する薪の購入代金に差し支えるということで、二年後の文政四年からは砂糖代銀の七割を加島屋へ納める「七分銀掛込」に変更し、掛込銀に相当する藩札は加島屋で渡すことにして、大坂以外の地域で売り払った場合は高松城下の加島屋手代が取り扱うことにした（前出「御用日記」）。先述の砂糖会所は廃止された。その後文政七年に加島屋から天王寺屋五兵衛へ代わり、天保に入って若干の方法の修正はあったが、こうした高松藩の文政から天保初めにかけての砂糖統制は、加島屋・天王寺屋といった大坂商人との関係を強める中で、かれらへの返済正銀の確保を砂糖代銀で図ろうとしたといえよう。

### 砂糖為替金趣法

そして天保六年（一八三五）に高松藩天保改革の財政政策の総仕上げとして実施されたのが、砂糖為替《さとうかわせ》金趣法《きんしゅほう》であった。これは文政二年以来の砂糖統制の試行錯誤を経て最終的につくり出されたものであった。藩の札会所《ふだかいしょ》から藩札を砂糖方《さとうかた》へ渡し、砂糖方から領内沿岸部の九か所に置かれた砂糖問屋（天保八年からは砂糖会所引請人《ひきうけにん》という）へ、さらに砂糖問屋から砂糖積みを公認された組船船頭《くみふね》に、組船船頭から砂糖生産者へ藩札は砂糖為替金として貸し付けられた。この砂糖問屋から組船船頭へ貸し付けられた藩札の返済は、大坂の高松藩蔵屋敷へ砂糖を積み送り、その代銀を蔵屋敷内の大坂砂糖会所へ納めることを義務づけることで行わせた（拙著『近世讃岐の藩財政と国産統制』）。

この砂糖為替金を「船中為替」といったが、天保末には一年に大体一四、五万両の貸付があり多くの正銀を獲得することができ、高松藩の財政難は好転したという（『増補高松藩記』）。その後若干の変更はありながらもこの方法は基本的には廃藩置県までつづけられたが、藩地の札会所・砂糖方・砂糖会所を核として運営されており、これまでのように大坂の商人とは提携せずに、いわば在地主導《ざいちしゅどう》によって運営されたという点で大きな特徴をもつといえよう。

**砂糖の生産状況**

砂糖の製造は砂糖黍《きび》を栽培し、それを締小屋《しめごや》で砂糖車を使って粗製糖である白下糖《しろしたとう》を生産し、さらに白下糖を絞って良質の白砂糖《しろさとう》を製造するという加工工程があり、白砂糖をある程度以上製造するものを絞屋《しぼりや》といった。文政後期の砂糖車数の調査によると、高松藩領全体で二六四九であり、そのうち大内郡八四二、寒川郡五七六がそれぞれ一位と二位となっており、計一四一八は全体の約五四パーセントを占めている（『大内町史』）。このことから砂糖生産の中心はその開始以来高松藩領東部、とくに大内郡と次いでそれに隣接する寒川郡で盛んだったのがわかる。天保初年の大坂市場へ送られてきた和製砂糖のうちその約五四パーセントが高松藩産の砂糖となっていた。その後砂糖黍の植付面積も増加し、天保七年に一三七九町であったのが、嘉永元年（一八四八）には二〇四二町、安政三年（一八五六）には三二二〇町、同五年には三七一五町、慶応元年（一八六五）には三八〇七町となっており、安政～慶応期が砂糖生産の最盛期であった（前掲拙著）。

## 4　久米栄左衛門と坂出大浜

### 近世前期の塩田

讃岐は気候が温暖で雨が少なく、瀬戸内海に面しているところから、古代以来塩づくりが盛んに行われていた。近世にはいると入浜式の製塩方法が播磨の赤穂から伝えられたといわれる。寒川郡の志度で当時生駒藩の旗奉行で知行高五〇〇石であった松原玄雪が塩浜を開き、寛永二年（一六二五）に塩一五〇俵を年貢として納めている（「松原家文書」『新編香川叢書　史料篇(二)』）。

讃岐を支配した生駒家が御家騒動により出羽の矢島に去った、寛永十七年時の讃岐の塩の生産状況をみると、香東郡が四五三石余で一番多く、次いで香西郡三五六石余、山田郡三三八石余、三野郡二八九石余、仲郡二八三石余、北条郡《ほうじょうぐん》二八〇石余となっており、香東・香西で八〇九六石余を占めている。村別に多いところは香東郡の西浜が二九二石余、仲郡の円亀村《まるがめ》が二八三石余、香西郡の笠居村《かさい》が二六六石余であった（「讃岐国小物成帳」『香川県史9・近世史料Ⅰ』）。

これ以後の塩田の築造については、丸亀藩では詳しくは明らかでないが、寛文（一六六一～一六七二）終わりから延宝（一六七三～一六八〇）にかけて三野郡詫間村で塩生《しおき》古浜と蟻ノ首古浜、貞享（一六八四～一六八七）ころに同じく松崎村の古浜、近世後期の天保七年（一八三六）に同じく仁尾村の古浜などが築かれているが、それほど大規模な塩田ではなかった。

高松藩では松平頼重が初代藩主となってまもない正保三年（一六四六）に、入部後の新建の百姓家、新築の池数とともに、塩竈《しおかま》について幕府の老中らへ報告しており（前出「英公外記」）、新たに塩田が造られたようである。そして延宝年間に綾北条郡に高屋浜、延享二年（一七四五）に宇足津古浜が築かれたといわれる。延享四年（一七四七）に高松藩は各種国産の奨励を行ったが、その方針のもとに翌年の寛延元年に柏野屋市兵衛に山田郡屋島村の檀ノ浦に、同三年には小谷四郎右衛門に三木郡牟礼村の海浜に塩田を築かせた（「穆公外記」香川県史編纂史料）。

## 屋島亥浜

第五代藩主松平頼恭《よりたか》が襲封した元文四年ころ以降、高松藩では財政難の状況がつづいていたが、その解決の一環として屋島の西潟元《にしかたもと》村に塩田を築くことにし、宝暦三年（一七五三）から工事を始め、二年かかって完成させた。総面積二八町余、釜屋二五軒前で当時高松藩の代表的塩田であった（『増補高松藩記』、「札会所願書之控」『香川県史9・近世史料Ⅰ』）。完成した宝暦五年が亥年であったことから、亥浜《いのはま》と名付けられた。亥浜は藩営塩田であったが、のち宝暦九年に築造に関係した高松城下の梶原景山らに払い下げられた。

また亥浜築造の翌年に同じく西潟元村に大老大久保家が子浜《ねのはま》を築いたが、藩では翌宝暦七年に木沢浜、天明七年（一七八七）に鵜足郡の御供所《ごぶしょ》浜、寛政二年（一七九〇）に香川郡西の生島《いくしま》浜を築いている。

亥浜の築造による収入増、藩札の発行、倹約政治の実施などの財政改革によって、高松藩の藩財政難は解消されたが、それから半世紀たった文政（元年・一八一七）に入ると再び財政難となり、文政五年には藩主の交代によって莫大な経費を必要とし、財政を一層悪化させた。このとき文政七年に藩財政収入の増加のための方法を、当時家老であった木村亘《わたる》へ献策したのが久米栄左衛門《くめえいざえもん》であった。その内容は、砂糖生産の奨励にともなう収入増と阿野郡北の坂出村での塩田築造であった。

### 久米栄左衛門の献策

久米栄左衛門は安永九年（一七八〇）に高松藩領東端の大内郡相生村の馬宿《うまやど》で生まれた。家は兼農の船乗りであった。寛政十年（一七九八）に大坂の天文学者間重富《はざましげとみ》のもとに入門し、天文測量技術を学んでいたが、父の病没により享和二年（一八〇二）に帰郷して家業を継いだ。文化三年（一八〇六）に行われた高松藩の沿岸部測量に従事したが、二年後の同五年の伊能忠敬《いのうただたか》の藩内測量に協力している。一方生来の器用さを生かして文化七年ころから兵器制作をはじめ、燧石《ひうちいし》式の腰指銃・無敵鎗間銃や百敵砲、晩年の天保九年（一八三八）ころには当時新式の雷管による極密銃・神雷銃・剣鉄銃など、多くの鉄砲をつくった発明家でもあった。文政六年に藩に召し抱えられ、徒士並《かちなみ》・三人扶持《ふち》を与えられた。

藩財政収入増加の献策の一つである砂糖に関しては、砂糖車五挺を一組にして三〇〇組とし、一組ごとに藩札七貫五〇〇目ずつを生産資金として貸し付けると、生産を高めるだけでなくこの利金が一年に一三五貫目の収益となり、また砂糖車一挺《ちょう》に対して冥加金として金三〇両、計四万五〇〇〇両を上納させるという方法であった（「久米栄左衛門史料」鎌田共済会郷土博物館蔵）。砂糖車所持者への生産資金としての貸付は砂糖為替金として以後活かされていき、また砂糖車冥加金《みょうがきん》は「砂糖車元調達金《くるまもとちょうたつきん》」として実施されている（前掲拙著）。このように砂糖からの収入増加策にしても注目すべき内容をもち、藩の政策として取り上げられていたことに注意しなければならない。

坂出塩田築造の趣旨は、「元来坂出村は瀕海にて田地少なく人多く、百姓共渡世に難儀致し、男女とも年若き者は、他村に奉公等に出候間、弥以て土地衰弊致し候処、幸い海中遠浅にこれ有り候間、新地開墾致し候はゞ百姓共も立ち行き、村方繁栄に至り申すべし、追々他国より入船もこれ有り候はゞ、上下の利益少なからざるの旨」ということであった。この塩田の築造に対しては、財政難を理由にして勝手方役人は反対したが、ときの藩主松平頼恕《よりひろ》は後年には必ず「国益《こくえき》」になるとして、坂出塩田築造の方針をすすめたという（『増補高松藩記』）。

## 坂出大浜

献策から二年後の文政九年に久米栄左衛門を普請奉行にして工事に取りかかった。以前に身につけた測量技術が大いに役立つことになったが、坂出村の北に広がる遠浅の海を石垣の堤防を築いて、海と海浜を仕切るという大工事であった。文政十二年に坂出塩田は完成したとされているが、このときできたのは西大浜であり、東大浜の築造が成ったのは天保三年のことである（拙著『近世後期讃岐の地域と社会』）。

総塩田面積は一三一町余、釜屋七〇軒前の大規模な塩田であった（『久米栄左衛門翁』）。播磨の赤穂塩田と周防の三田尻塩田の長所を取り入れた、「久米式」といわれる独特の築造法をとっており、西大浜と東大浜の中央に十字型の溝渠を通し、海水注入口と排水溜《はいすいだめ》を分離させた。この方法によって坂出塩田は高い生産力を維持することができ、当時わが国における有数の塩田であった（『日本塩業大系・近世〔稿〕』）。

坂出塩田の築造に要した費用は二万両といわれるが（『増補高松藩記』）、これは藩から支出した額のみをいっていると思われる。これだけでは不十分だったらしく、久米栄左衛門は領内の農民から、また領内外の商人から借金したりしているが（前出「久米栄左衛門史料」）、これらは塩田築造の費用に充てられたと思われ、坂出塩田の築造に栄左衛門が苦労しているのをうかがうことができる。

こうして坂出塩田は藩営塩田として築造され、塩会所《しおかいしょ》が置かれて藩の役人が詰めて塩浜の監視、統制にあたった（『坂出市史』）。したがって製塩業者は藩が地主たる塩田を小作《こさく》するわけであるから、藩へ小作料として冥加銀《みょうがぎん》を支払う必要があったし、またかれらは塩年貢として口銀《くちぎん》を納めねばならなかった。全体で冥加銀は一年間に銀六五貫目余、口銀は四九貫目余であったが、その負担はそれほど重いものではなかったという（前出『日本塩業大系』）。

### 塩田王国香川

この坂出塩田の一年間の塩生産高は二七、八万俵で、冥加銀・口銀で約銀一一四貫目余と、塩田以外の新開の畑地九七町余からの年貢三九〇石余を合わせて、銀に換算して一年間の収入は一九〇貫目余であった。このうち六〇貫目余は塩田維持の諸費用に充てられ、残り一三〇貫目余が毎年の藩の収入であった（「続篋底秘記」香川県立ミュージアム蔵）。坂出塩田からの収益によって藩財政難がたちまちに解決したわけではなく、根本的には先述した天保六年の砂糖為替金趣法の実施までまたねばならなかったが、財政難克服にとって貴重な財源となったことはいうまでもない。なお藩主松平頼恕の命を受けて、文政十二年九月に高松藩儒者岡内棣によって撰された、「坂出墾田之碑」が建てられている。

坂出村の西に隣接する宇足津村では延享元年に古浜が築かれ、製塩がはじまっていた。江戸末期に大規模な塩田築造の計画はあったが、明治に入って塩田の築造がすすめられ、明治二十四年（一八九一）までに陸栱浜・仲栱浜が完成して約八〇町の塩田が築かれた。その後も塩田の築造はつづき、明治四十一年（一九〇八）までに新しく東栱浜一五町余、大東浜一七町などが築かれて、宇多津塩田の総面積は一五六町余となった（『角川日本地名大辞典・香川県』）。ここに坂出と宇多津の海岸線に一大塩田地帯が出現した。「塩田王国香川」といわれたように、製塩業は近代香川の基幹産業として発展していった。

## 5　塩飽海運と漁場争い

### 塩飽

讃岐の幕府領は内陸部の池御料《いけごりょう》を除いて、塩飽・小豆島・直島など島嶼部に置かれた。これは備讃瀬戸という瀬戸内海の海上交通の要地にあることが注目されたからであった。塩飽は天正十四年（一五八六）に豊臣秀吉より、九州の島津氏攻撃に際して五〇人乗りの船一〇艘を出すよう命じられ、また同十八年の秀吉の小田原北条氏攻めのときにも大坂から兵糧米《ひょうろうまい》を積み送っているように、秀吉から水軍として重視されており、同年に秀吉は島高一二五〇石を塩飽船方衆《ふなかたしゅう》六五〇人が領知《りょうち》することを認め、そのかわりに御用《ごよう》水主役《かこやく》を勤めることになった。この塩飽の船方衆による統治の方式は江戸幕府のもとでもつづけられ、大坂町奉行や大坂川口奉行の管轄をうけながら、船方衆による統治という独特の島中政治が行われた。

御用水主役として元和元年（一六一五）の大坂の陣では兵糧米を備中から堺へ、寛永十四年（一六三七）の島原の乱では船二四艘によって陣道具を大坂から島原へ積み送っており、また承応三年（一六五四）からは長崎奉行の豊前小倉《ぶぜんこくら》までの下向に、水主一二〇人を出すことを命じられている（「塩飽島諸事覚」『香川叢書第二』）。塩飽の統治を認められた船方衆六五〇人は御用水主の動員数であって、実際のこの数の御用水主がいたわけではなかったが、元禄十三年（一七〇〇）に六五〇人の御用水主数を島中へ配分した。この水主役を負担するものを人名《にんみょう》（または人名株）といった。このため塩飽のことをよく「人名の島」ということがある。

## 小豆島・直島

小豆島は塩飽と同様に豊臣秀吉の管轄下にあり、天正十三年には秀吉の家臣小西行長が代官となっていた（『池田町史』）。この年の秀吉による紀伊の雑賀《さいがぜ》攻めには水主一三〇〇人が従軍し、翌年の島津氏攻撃には大船六艘と水主二六〇人が讃岐の大名千石秀久に従ったという。また天正十八年の小田原の陣では船五一艘、水主四〇〇人余が従軍した。この後は片桐且元が代官となったが、大坂の陣では豊臣家に味方するものも多かった。

大坂城落城後は堺町奉行の支配に属し、徳川幕府の水主役をつとめることになり、元和五年の広島城主福島正則の改易に際しては船五〇艘と水主一二〇人、寛永九年の熊本城主加藤忠広の改易には船五二艘と水主、島原の乱では船四二艘と水主など、御用水主役として多くの船と水主が徴発された（「御用船水主旧記之写」小豆島志料三）。

直島を支配していた高原左衛門はその子佐助と弟文左衛門らとともに、島津氏攻撃に出陣しており、天正十八年（一説には天正十五年）には直島とともに女木島・男木島も支配することになった。その後も高原氏の支配はつづいたが、寛文十二年（一六七二）に理由は明らかでないが所領を幕府に没収され、翌年から直島は女木島・男木島とともに幕府領となり倉敷代官が支配した（「三宅家文書」）。

## 西廻り

十七世紀後半に入ると江戸の町は大きく発展し、各地にある幕府領からの年貢米（これを城米《じょうまい》という）を、これまで以上に大量に江戸に運ばねばならなくなった。とくに東北地方の城米を江戸へ運送するために、幕府は河村瑞賢《かわむらずいけん》に命じて寛文十一年に東廻《まわ》り、翌十二年に西廻りを開発させた。東廻りは東北の日本海沿岸から津軽海峡をへて太平洋へ出て南下し、房総半島を迂回《うかい》して江戸に至る航路で、西廻りは出羽国最上《もがみ》郡の幕府領の城米を酒田湊から積みだし、日本海を南下して赤間関《あかまがせき》（下関）をへて瀬戸内海を通って大坂に至り、さらに紀伊半島を廻って江戸まで運ぶという航路である（のち大坂までになる）。

この西廻りの開発に際しては、備前日比浦、摂津の伝法・渡辺・脇浜などの廻船《かいせん》とともに、塩飽・直島の廻船も使われた。廻船とは江戸時代に、一本マストで物資を運送した大型の船のことをいう。新井白石は『奥羽廻運記《おううかいうんき》』のなかで、塩飽の廻船が堅固で性能がよく、また水主が操船に秀でていて純朴であると述べている。西廻りの発達によって、北陸・東北の日本海側の地域から大量の米が大坂へ送られるようになり、正徳（一七一一〜一七一五）ころには米のみならず、多種多量の商品が大坂へ積み送られており、大坂は「天下の台所」として各種商品の一大集散地となった。

### 塩飽城米船

西廻り航路の開発後、塩飽廻船は幕府の直雇いの御用船として城米の運送に活躍した。宝永五年（一七〇八）に城米船が一〇一艘あったというが、これは少々誇張があるとしても、塩飽の廻船数は正徳三年（一七一三）には二〇〇石から一五〇〇石積が一一二艘、享保六年（一七二一）には同じく一一〇艘あり（真木信夫氏『瀬戸内海における塩飽海賊史』）、城米積みをはじめとして、諸物資の運送に従事する廻船が多かったのがわかる。塩飽のなかでも廻船が多かったのは、本島の南に浮かぶ小島の牛島で、元禄終りから享保のはじめにかけて四〇艘余の廻船があった（「船入諸事之帳」・「廻船会合控帳」『香川県史9・近世史料Ⅰ』）。

但馬国今子浦《いまごうら》（兵庫県香美町）に享保四年から同十一年にかけて入津した廻船を書き留めた「今子浦諸国

廻船入津記録」（田島勝治氏蔵）がある。これによるとこの間に入津した廻船の総数は四八七艘で、そのうち国別では摂津の一〇六艘が一番多く、次いで越前の七四艘で、三番目が讃岐の六八艘であった。讃岐の廻船の内訳は塩飽が四五艘で圧倒的に多く、ほかには宇足津浦の二〇艘、粟島の三艘のみである。「入津記録」に記されている廻船の地域別数をみると、塩飽が一番多く、次いで摂津の二ツ茶屋浦の四一艘である。宇足津浦も六番目になる。

塩飽のなかでは牛島が断然多く一七艘で、次いで本島泊浦八艘、同じく笠島浦の七艘となっており、牛島の廻船業が盛んであったのが裏付けられる。そして今子浦に入った廻船のうち城米船であったのは二一艘である。そのうち一四艘が塩飽の廻船であり、塩飽廻船が城米船として活躍していたのをうかがうことができよう。しかしながら幕府は享保六年にこれまでの城米船の直雇い方式を改めて廻船問屋の請負《うけおい》方式にしたため、塩飽廻船が城米船として活躍することも少なくなり、塩飽の廻船業は以後衰えていった（柚木学氏『近世海運史の研究』）。

**太神丸**

小豆島では、近世後期に太神丸《たいじん》が小豆島産の塩・素麺を積み込んで、唐津・大村や長崎で売り払い、肥後の高瀬や肥前の島原で素麺の原料の小麦などを買い入れており、北部九州地域と積極的に取引を行っていた（『内海町史』）。これらの塩飽や小豆島以外の、西廻り航路沿いにある湊の讃岐の廻船の状況をみると、石見国の浜田の外ノ浦《と》に船問屋の清水屋があり、延享（元年・一七四四）から明治二〇年代までの約一五〇年間にわたる得意先名簿である『諸国御客船帳《しょこくおんきゃくせんちょう》』が残されている。これには東は引田から西は箕浦《みのうら》までの二三か所の讃岐の廻船三七八艘が記されており、とくに庵治浜村浦・三本松浦・粟島・小豆島の船が多くを占めている。これらのなかには浜田からさらに日本海を北上して津軽南部や蝦夷《えぞ》（北海道）の松前や箱館まで出かけている廻船もある。塩飽で海運業が発展して以後、讃岐地域では廻船業が盛んに行われていたのがわかる。

## 入漁争い

讃岐は瀬戸内海に面し、しかも島が多いため漁業に適しており、とくに備讃瀬戸は鯛《たい》や鰆《さわら》の宝庫であった。漁場は国境や各藩領、幕府領の領海によっていたが、海上のことでもあり、近世に入ると備讃瀬戸の漁場をめぐってしきりに争いが起こっている。近世中ころまでの漁場争いの例をみてみると、正保二年（一六四五）に幕府領の塩飽と備前国側とのあいだで入漁争いがあり、六口島《むくち》・松島・釜島が備前国領となった。

これからまもない承応三年（一六五四）には塩飽漁民と備前下津井など四か村との争いがおこり、またこの年には塩飽漁民と丸亀城下の三浦漁民とのあいだにも争いがあった。承応三年から一〇年余後の寛文六年（一六六六）には、こんどは高松城下に近い香西漁民と下津井漁民との争いに、塩飽漁民も加わっていっそう大きな騒動になった。引きつづき延宝二年（一六七四）には香西漁民と塩飽漁民とが、塩飽諸島の東はずれにある小瀬居島《こせいじま》での鯛・鰆の漁場をめぐって争った。このように一七世紀中ころから漁場争いがつぎつぎと起きていた。

## 大曽ノ瀬と金手の阻

その後一八世紀に入っても争いは続いたが、享保十六年（一七三一）になると、香西漁民と備前の日比《ひび》・利生・渋川の三か村の漁民が、大槌島の東の浅瀬である大曽《おおそ》ノ瀬の鰆漁場をめぐって争い、幕府の評定にまで上り、その結果大槌島《おおづちじま》の中央から北を日比漁民らの漁場とした。このときの漁場をわけた大槌島の中央の線が以後讃岐と備前との国境となり、現在も香川県と岡山県の県境となっている。

これから八年後の元文四年（一七三九）に、小瀬居島の東にあって高松藩領と幕府領である塩飽領との境界に近く、鯛・鰆の豊富な漁場であった金手《かなて》の阻《そあい》で争いが起こった。以前からこの漁場の入漁をめぐって争いは絶えなかったが、高松藩は金手漁場は自領内であるとして幕府へ訴え出た。幕府の評定の結果高松藩の主張がみとめられ、金手漁場は高松藩領となった。この金手の阻をめぐる漁場争いは讃岐で最も大きなものであった。このときの幕府から渡された裁決書が塩飽勤番所《しわくきんばんしょ》に残されている。

## 6　金毘羅と門前町

### 松尾寺

丸亀城下から南へはいった内陸部の大麻山《おおさやま》南西の山麓に金毘羅大権現《こんぴらだいごんげん》が鎮座し、その門前は多くの参詣客で賑わった。現在でも「讃岐のこんぴらさん」といって全国的によく知られている。その信仰がいつころからはじまったのかははっきりしないが、金毘羅についての最古の確かな史料は元亀四年（天正元・一五七三）の金毘羅宝殿の棟札《むなふだ》であり、それには象頭山《ぞうずさん》松尾寺に金毘羅堂が建てられ、本尊を安置したように書かれている（松原秀明氏「天正前後の象頭山―松尾寺から金毘羅金光院へ」『歴史手帖』第七巻四号。のち『町史ことひら3・通史編』に収載）。つまりこの棟札によると、元亀四年にそれまであった松尾寺に金毘羅神が祀られたということになる。

天正三年（一五七五）に土佐を統一し、四国平定に乗り出した長宗我部元親《もとちか》は八年後の天正十一年に、象頭山に関心をもち山中の三十番神社を修復し、翌年には仁王堂《におうどう》（のちの二王門、二天門）を新築している。元親の侵攻に当たって住職宥雅《ゆうが》は一山の記録と宝物をもって堺へ逃れ、次の住職宥厳《ゆうげん》は元親によって任ぜられたともいう（『香川県史3・近世Ⅰ』）。当時象頭山松尾寺があり、その境内に法華宗の三十番神社と仏教守護神を祀る金毘羅堂があったのである。

**金毘羅大権現**

讃岐は天正十三年に千石秀久が支配するところとなるが、この年に秀久は金毘羅へ当年の物成（年貢のこと）のなかから一〇石を寄進している。翌年には社領として三〇石を与えており、これが金毘羅領のはじまりである。のち天正十五年に讃岐の新領主となってまもないころと思われる生駒親正の寄進状には、「中郡小松郷内松尾村に於いて、高弐拾石末代寄進申し候上は、全く御寺納在るべきものなり」とあり（前掲『町史ことひら』）、高二〇石を「御寺納」、つまり松尾寺へ寄進しているように、松尾寺と金毘羅神がまだ未分離の状態であったようである。

その後慶長五年（一六〇〇）に生駒一正は「松尾御神領」として三一石を寄進しており、元和四年（一六一八）には生駒正俊からはじめて「金毘羅大権現神領」として一四七石が寄進されている。そして神領高を増やしていき、元和八年には生駒高俊から三三〇石が与えられた（前掲『香川県史3』）。生駒藩末期に生駒家から与えられた寺領は勝法寺が一番多く一五〇石であり、神社では金毘羅領についで多いのは一宮神社の五〇石であるから、金毘羅領三三〇石は圧倒的に多かったのがわかる（「生駒様御替り之時国中寺社領高」『香川叢書・第二』）。

## 朱印地

生駒家が出羽国の矢島に移ってのち、金毘羅大権現の別当宥眼《ゆうげん》は、徳川将軍家の朱印状《しゅいんじょう》の下付を受けて朱印地になることを願い、生駒家の後に東讃岐を支配した御三家水戸藩の出である高松藩主松平頼重に依頼している。この結果ほぼ三年後の慶安元年（一六四八）に金毘羅領は将軍徳川家光の朱印状を受けて朱印地となり、金毘羅大権現別当金光院《べっとうこんこういん》の住職は、将軍の代替わり、金光院住職の交代、四、五年に一度の年頭祝賀のために参府することになった。そして朱印地になったいきさつから、朱印地金毘羅に対する金光院の支配は、高松藩の強い影響の下に置かれることになった。

このように金毘羅大権現は讃岐の領主の庇護をうけながらその地位を確立してきたことから、高松藩の藩主の参詣や代参、丸亀藩・多度津藩の地元の大名の代参が早くから行われたが、十八世紀にはいると西国の大名の代参が広まっていった。一方民衆による信仰は元禄七・九・十年の年号のある灯籠《とうろう》が寄進されており（位野木寿一氏「金毘羅灯籠の交通地理的意義」『人文地理』第一二巻三号）、元禄ころに民衆の参詣も行われはじめていた。

大名の信仰にはじまって民衆にまで金毘羅信仰が広まっていったのは、金毘羅大権現が海上安全の神として信仰をあつめたからであるといわれているが、それだけではなく病気平癒、家内安全、無病息災などの、日常的な現世利益を願う人びとの信仰もあったことを見落としてはならない。たとえば時代は下がるが寛政六年（一七九四）に、高松藩領香川郡東の百相《もまい》村の桜の馬場の組頭五郎右衛門は、大庄屋別所八郎兵衛に金毘羅灯籠の建立を願い出ているが、その理由は近在に悪病が流行したので金毘羅神へ祈願したところ、被害に遭わなかったそのお礼のためといっている例がある（丸尾寛氏「近世金毘羅門前町の発達について」

『香川史学』第二六号)。

## 金毘羅門前町

こうして金毘羅参詣者が多くなってくると門前町が発達してきた。すでに慶長六年(一六〇一)に生駒一正は金毘羅の新町への他国者の移住を奨励していたが、その後承応二年(一六五三)と寛文六年(一六六六)に門前への法度が出されている(「金刀比羅宮史料」金刀比羅宮社務所蔵)。この寛文六年ころに門前町としての体裁を整えてきていたといえるのではあるまいか。そしてこれから一〇年後の延宝三年(一六七五)の絵図をみると、門前の道筋は高松からきた道、門前から伊予へ行く道が参詣道より大きく描かれていることから、金毘羅門前町は高松から伊予へ向かう交通の要地にあったことがわかる(前掲丸尾寛氏論文)。

享保十六年(一七三一)の金毘羅門前の町名として、谷川町・阿波町・内町・横町・奥谷河町・札之前町・金山寺《きんざんじ》町・新町・片原町があげられており(「多門院日記抜書」『町史ことひら2・史料編』)、高藪《こうやぶ》町を除いてのちの町名が確認できる。つまり享保のころには門前町としてほぼ完成していたといえる。この門前町では三月・六月・十月の市立のときには歌舞伎芝居などが興行されたが、のち近世後期の天保六年(一八三五)に芝居小屋として瓦葺きの定小屋《じょうごや》を建てたいとの町方の要望をいれて、金光院は高松藩寺社奉行の許可の下に、建設に着手し十月に定小屋で初めて芝居が上演された。これが金毘羅大芝居のはじまりであり、現存するわが国最古の芝居小屋として重要文化財に指定され、移転・復元されて現在毎年歌舞伎の公演が行われている。

## 白鳥宮門前町

金毘羅門前町のほかに讃岐には、寛文五年(一六六五)に大内《おおち》郡の白鳥宮の社領二〇〇〇石が、また延宝元年（一六七三）に香東郡《こうとう》（のちの香川郡東）の仏生山法然寺《ぶっしょうざんほうねんじ》の寺領三〇〇石が、金毘羅と同じように高松藩主松平頼重の尽力によって朱印地になっており、それぞれ門前町が形づくられ参詣客が多くやってくる町として栄えた。

白鳥宮は古くからあったが、高松藩主松平頼重が再興して京都から占部兼古を招いて神主とした。頼重は計一二基もの石灯籠を寄進しており、また養女大姫の安産を祈願する願文《がんもん》を納めている。その後も高松藩の保護は続き、藩主の参拝や代参が数多く行われたが、また丸亀藩や徳島藩、伊予大洲藩などからの代参もあったという。他方民衆の信仰も深く、白鳥宮参詣のために引田村の太々神楽講、津田村の白鳥神社講、長尾村の寿永講、志度村の千秋講などが組織された。

白鳥宮の門前町は通称「白鳥新町」といい、はじめは白鳥宮の東にあったが、参詣客の増加により西の林の中に芝居小屋・茶店・宿屋などができ、次第に門前町として発展した。市立のときには大変賑わったようであり、芝居、見せ物が多くあり、四方から人びとが集まってきたという（『白鳥町史』）。

### 仏生山門前町

金毘羅のある仲郡小松庄に、浄土宗を開いた法然上人ゆかりの生福寺《しょうふくじ》があったが、浄土宗であった松平頼重はこれを香東郡の仏生山に移して法然寺と称し、松平家の墓所とした。朱印地となる三年前の寛文十年に伽藍工事が完成し、寺領三〇〇石が与えられていた。法然寺の住職は永代常紫衣《えいたいじょうしえ》の着用を延宝三年（一六七五）に幕府から認められているように、格式の高い寺であった。

朱印地三〇〇石の地域は東は門前町屋敷まで、西は寺井村境の道、南は浅野村境の平池《へいけ》岸、北は百相《もまい》下村の中道までとされた。そして門前町に屋敷をもっているものには、税である地子銭《じしぜに》を免除しているように、門前町への移住を奨励している。門前町には二人の町年寄《まちとしより》を置いて支配の実務を執り行わせた。かれらには高一〇石と二人扶持《ふち》を与えることにした（「仏生山条目」『香川叢書・第二』）。

法然寺の涅槃会《ねはんえ》・虫干会や開帳のときなどには、多くの人々の参詣で賑わっていたが、伽藍ができたはじめのころは人も集まってこなかったため、高松城下にいた素麺屋四、五人を引越しさせ、かれらを頭取にして素麺づくりを盛んにしようとした。藩では素麺会所を置いてその保護を行った。のち文化二年（一八〇五）に会所は廃止されたが、素麺づくりはますます盛んになったという（藤田順也氏「門前町のにぎわい」『江戸時代人づくり風土記・香川』）。

素麺づくりが盛んになってくるなかで、門前町に多くの人たちが住むようになったが、芝居興行なども随時行われていた。文政十年（一八二七）に門前町で商売に従事しているものとして、米屋一一、木綿商四、太物《ふともの》商四、宿屋五、筆・墨商一などがあった。のち天保五年（一八三四）には仏生山門前に接する百相村の桜の馬場と出作村の下町が、「仏生山町続き」として門前町同様の賑《にぎ》わいをみせており、仏生山門前町が拡大、発展しているのがうかがえる（丸尾寛氏「近世仏生山門前町についての一考察」『香川県立文書館紀要』創刊号）。

## 7　満濃池と水争い

### 溜池

讃岐は古来雨が少なく、慢性的な水不足に悩まされ、旱魃の多いところであった。そのため大宝年中（七〇一～七〇三）に国守道守朝臣《こくしゅみちもりあそん》が那珂郡に満濃池を築いたという（「万農池後碑文」）。その後満濃池はたびたび決壊し、平安初期の弘仁十二年（八二一）に唐から帰朝し京都で修行していた僧空海（弘法大師）が、讃岐国司の要請により帰郷して満濃池を修築した（「弘法大師行化記」）。その後も決壊を繰り返したが、元暦元年（一一八四）の決壊後修築されず、池のなかが開発されて中世をとおして池内村となっていた。

中世における讃岐の溜池の状況については明らかでないが、近世社会では米の生産を基礎としており、そのために灌漑用水《かんがいようすい》を確保することが必要であり、讃岐の場合には他の地域にもまして重要な課題であった。したがって讃岐の領主たちは溜池の築造をはじめ灌漑用水の整備を積極的に行わねばならなかった。天正十五年（一五八七）に成立した生駒藩の初代藩主生駒親正は慶長（一五九六〜一六一五）のはじめに綾南条郡国分村に関ノ池、香西郡笠居村に衣掛《こかけ》池、仲郡郡家村に大池を築いたという（「生駒記」『新編丸亀市史4・史料編』）。生駒藩時代には多くの溜池が築かれたが、その代表的なものが西島八兵衛による満濃池の再築であった。

**西島八兵衛**

元和七年（一六二一）に第三代藩主生駒正俊の急死により、その子高俊が一一歳で四代藩主となったため、高俊の外祖父津藩主藤堂高虎が生駒藩の執政となった。このとき高虎は「よろず政務覚束無《おぼつかな》しとて、政事方郷民農耕の儀迄、功の者成」る家臣西島八兵衛を讃岐へ派遣して（「生駒記」）、「讃岐国の仕置《しおき》」に当たらせたが、のち帰藩した。ところが寛永二年（一六二五）の春、「寛永元年の年大日焼けニ付き、讃岐国亡国に成り申し候、何とそ精を出し、国を取り立て候へ」と命じられて、ふたたび讃岐へ赴いた（「西島家文書」）。寛永四年から年寄《としより》（家老）に次ぐ藩の要職である奉行《ぶぎょう》に任ぜられ、知行高は当時四〇〇石であったが、同六年には一五〇〇石、七年には二〇〇〇石となった。同十六年正月までその職にあり、生駒藩の藩政にも重きをなす一方、身につけていた土木技術を生かして、多くの溜池を讃岐の各地に築いていった。
満濃池については寛永三年に、満濃池に土地をもっていた矢原正直のもとに西島八兵衛は出かけ、多度郡の干損について相談し、寛永五年から普請奉行に下津平左衛門・福家七郎右衛門を任じて工事をはじめ、二年半後の寛永八年に完了した。完成した満濃池は堤の長さ四五間、深さ一一間、池の長さ南北九〇〇間・東西四五〇間の、当時としては大規模な池であった（「満濃池古図」矢原家蔵）。水掛り高は仲郡一万九八六九石余、多度郡一万二七八五石余、宇足郡三一六石余の計三万五八一四石余であった（「満濃池水懸り高覚書」）。当時の讃岐の草高（公称高ではない実際の生産高）は約二二万石であるので（「生駒家文書」）、ほぼその六分の一に当たる広大な地域に水を供給していたのである。なお西島八兵衛は満濃池のほかに大池九〇余を築き、年貢上納も円滑に行われたという（「生駒記」）。

**「満濃普請」**

生駒藩が寛永十年に作成した「讃岐国絵図」があるが、これに当時大池として扱われていたと思われる池とその名が記されている。東から大内郡の河田池、三木郡の山大寺池、山田郡の三谷池・神内池、香東郡の竜満池、香西郡の小田池、宇足郡の渡池・亀越池、仲郡の満濃池、三野郡の岩瀬池、豊田郡の一谷池・福田池である。池守給《いけもりきゅう》は満濃池が高二五石と他より圧倒的に多くなっている（「生駒家分限帳」）。
寛永十八年に満濃池の水の放出口である樋管（揺《ゆる》）を取り替えるため、その費用を幕府へ願い出たが、この結果仲郡の五条村・榎井村・苗田村の計二二七九石余をこれに充てることにした。これを池御料《いけごりょう》という。また満濃池のある七箇村《しちかむら》のうち五〇石も満濃池の池守給などに充てられた。しかし宝永三年（一七〇六）の揺換え以後は池御料を充てず、讃岐国中に割り付けて国普請《くにぶしん》となっており、池御料とともに七箇村の五〇石にも年貢が課された（「政要録」〈写〉香川県立図書館蔵）。

寛永二十年以後幕末の嘉永二年（一八四九）までの満濃池の揺換え工事は、底樋《そこひ》・竪樋《たてひ》・櫓《やぐら》の改修など二四回におよび、この工事の負担は農民にとって非常に重いものであった。近世後期には「行こうか、まんしょか（行くまいか）、満濃普請、百姓泣かせの池普請」とうたわれたという。嘉永二年にこれまでの木樋を石樋に換える工事を行ったが、安政元年（一八五四）に堤防が決壊した。堤防は明治三年に再築された（桂重善氏『讃岐の池と水』）。

高松藩が成立してまもない正保二年（一六四五）は春から秋にかけて大旱魃になったため、新たに四〇六の池を築いて、これまでと合わせて一三六六になったという（『増補高松藩記』）。のち寛政九年（一七九七）の高松藩の溜池の総数は五五五三で、ほかに灌漑用水を確保した井関《いぜき》が二六一、出水が六三六あった（「池泉合符録」『香川県史10・近世史料Ⅱ』）。丸亀藩の幕末の安政五年（一八五八）の池数は七九四、出水三一一であった（『西讃府志』）。

**釼ヶ端**

寛永元年は大旱魃であったが、同三年も「一村ニて五人六人つゝ、見る〳〵かつ（飢）へし（死）に申す由」とあるように（「讃岐探索書」『香川県史9・近世史料Ⅰ』）、大旱魃の年であった。その後高松藩領では明和七年（一七七〇）、寛政二年（一七九〇）、文政六年（一八二三）が大旱魃であったといわれるが、とくに文政六年には高一一万七〇〇〇石余が全滅し、年貢米が四万七〇〇〇石余減少するという大被害があった（『増補高松藩記』）。一説には讃岐の近世には約五年に一回の割合で旱魃が起こっていたという（『香川県史3・近世Ⅰ』）。

こうした旱魃のときには水の確保は農民にとって死活問題であるため、これをめぐって農民たちの間に激しい対立を引き起こし、村相互の争いにまで発展していった例が多くあった。これを「水論《すいろん》」という。高松藩領の事例であるが二、三紹介すると、溜池では土器川沿いの釼ヶ端《つるぎがばた》で水論が起こっている。那珂郡の郡家《ぐんげ》村にある宝幢寺《ほうどうじ》池では、鵜足郡の西小川村にある釼ヶ端の井関から取り水を導水していた。宝暦十一年（一七六一）に郡家村の百姓らが釼ヶ端に新たに横井を設けたために、川下へ水が流れなくなり、西小川村をはじめ鵜足郡の一〇か村の百姓がこの横井を破壊したことから争いが起こっている。二年後に一応の両者の了解ができたが、その後も明和三年（一七六六）、安永三年（一七七四）、天明二年（一七八二）と水論が続き、寛政五年（一七九三）にはふたたび了解が成立した。その後しばらく争いはなかったが、幕末の安政三年（一八五六）にはまた争いが起こっている（「鵜足郡西小川村釼ヶ端入割旧記書抜控写」『新編丸亀市史4・史料編』）。

**芦脇井関**

讃岐東部の例として知られているのが、著名な香東川の芦脇井関《あしわきいぜき》に関する水論である。香東川中流に西岸の岡村と東岸の川東上村の両村にはさまれたところがあった。ここには関井関《せき》より下流へ多くの井関が設けられていたが、そのなかで関井関、鮎滝《あゆたき》井関に次いで上流から三番目にあったのが芦脇井関である。芦脇井関は川東上村にあって同村の新池に導水しており、香東川では最大級の井関であった。

寛政二年（一七九〇）に香東川西岸に位置し、芦脇井関の下流にある一の井井関掛かりの岡村・由佐村・横井村の農民が、上流の芦脇井関での取り水が多いため、一の井井関まで水が流れてこないことを訴え出たことから始まった。これ以後天保十四年（一八四三）まで五四年間にわたって、西岸に位置する「川西」の村々と東岸の「川東」の村々との対立がつづいた（「芦脇井関願一件留」丸岡家文書、瀬戸内海歴史民俗資料館蔵）。

## 平井出水

また芦脇井関の東にあたり、香川郡東のはずれにある上多肥《かみたひ》村の平井出水《ひらいでずい》についても水論が起こっている。この平井出水の水はほとんどが、東隣りの山田郡の下林村の水掛かりになっているという特殊な事情があった。平井出水の堀浚えに関しては古くから両者の間で争いがあったようであり、宝暦九年（一七五九）には平井出水の堀浚えの作業をしていた下林村の農民に対して、予定以上の堀浚えをしたとして、上多肥村の農民が暴力行為におよぶという事件が起きている。

これから七〇年余りのちの天保四年（一八三三）に、平井出水の堀浚えに際して終了の合図があったのに、下林村の浚え人が作業を止めず、石砂を掻《か》きだしたことを上多肥村が訴えるという事態になった。両村の意見は食い違ったままであり、翌年になっても解決することはできなかった。このため天保六年に下林村の農民らが、平井出水の掘浚えの実施を求めて藩の普請役所へ願い出たが、「大勢徒党致し候様」、「徒党がましき仕方」ということで、中心になったものたちが処罰されている。

これ以後もこれまでのように関係者による「内済《ないさい》」で解決できなかったため、五年後の天保十一年に高松藩はこれからの平井出水の堀浚えは普請奉行が管轄して行い、従来慣例であった下林村と上多肥村の関係者の堀浚え現場への立ち入りを禁止することにした。つまり藩主導のもとに平井出水水論は解決されざるをえなかったのである（拙著『近世後期讃岐の地域と社会』）。

## 8　西讃大一揆と百姓騒動

### 小豆島越訴

讃岐で起こった一番大きな百姓一揆は、近世中期の寛延三年（一七五〇）の西讃岐の丸亀藩領の一揆である。これより以前には幕府領の小豆島で正徳元年（一七一一）に年貢減免を要求して代表越訴《だいひょうおっそ》が起きている。

小豆島では元禄二年（一六八九）に年貢増徴があったが、それから二〇年後の宝永七年（一七一〇）に幕府の巡見使の来島を機に、小豆島中の農民は年貢減免《げんめん》の訴状を提出した。しかしこれが認められなかったため、翌正徳元年に池田村庄屋平井兵左衛門らは江戸へ出て、勘定奉行へ訴状を出した。当時小豆島は高松藩預かり地であったため、高松藩を越しての直訴《じきそ》であるとして兵左衛門らは捕らえられ、年貢減免の要望は認められることなく処刑された。

また延享四年（一七四七）に高松藩は高松城下の綿総問屋柏野屋《かしのや》市兵衛の建言をいれて、綿運上銀を賦課したが、翌寛延元年にこれに反対する藩領西部の綿生産農民三、四千人が城下柏野屋宅へ押し掛けて打ちこわすという事件があり、藩は綿運上を廃止した（『増補高松藩記』）。翌二年の十二月には藩領東部の大内・寒川・三木・山田各郡の農民約二千人が高松城下へ押し掛け、有力町人たちへ食物を強要するという騒ぎになった。こうした農民の行動を「袖乞《そでごい》」という。高松藩は困窮百姓へ米三五〇〇石の貸与を行うとともに、各種運上銀などを免除して農民の負担軽減をはかった（「穆公外記」香川県史編纂史料）。このころ讃岐では延享二年から毎年のように旱魃が続き、とくに寛延元年から二年にかけては洪水も加わって、飢饉《ききん》状態に陥っていた。

### 西讃大一揆

十八世紀の中ころには全国的に藩領全体にわたる、大がかりな全藩的な強訴《ごうそ》と呼ばれる百姓一揆が盛んに各地で起こるようになる。寛延二年に陸奥国の信夫・伊達両郡の幕府領で起こった一揆《いっき》は、隣接する二本松藩・三春藩・会津藩にまで広がる大一揆となった。寛延三年の丸亀藩領西讃大一揆は、このような十八世紀中期の全藩的強訴と呼ばれる百姓一揆の高まりのなかで起こった、典型的なものであるといえる。

高松藩での袖乞が落ち着いた直後の翌寛延三年正月に、丸亀藩の支藩多度津藩領の多度郡三井《みい》組の一四か村の農民が、大庄屋須藤猪兵衛宅を打ちこわして天霧山《あまぎりやま》に立てこもったが、翌日には沈静した。時を同じくして本藩丸亀藩領でも藩領西部の三野郡・豊田郡に、蜂起するとの廻文が村々へ伝わり、二十日に財田川の本山河原《もとやまかわら》に四万人が集まって蜂起したという。一揆勢は三野郡岡本村庄屋太郎兵衛宅、豊田郡坂本村の大庄屋米谷四郎兵衛宅を打ちこわした。

この一揆は七人のリーダーによって組織されており、その中心人物は丸亀藩の三野郡笠岡村の大西権兵衛であり、残り六人は同じく笠岡村の弥市郎・嘉兵衛、同郡大野村の兵次郎、那珂郡帆ノ山村の小山金右衛門、多度津藩の多度郡碑殿村の甚右衛門、同郡三井村の金右衛門である。かれらを七義士というが、笠岡村の宇賀神社の山門楼上で密議をして事前に計画を練っていたという。

### 嘆願書

これに対し丸亀藩では役人を派遣して嘆願書を提出させて平静化させようとしたが、一揆勢はこれを拒否し、二十二日に丸亀城下へ向かい、鳥坂峠《とっさかとうげ》で多度津藩農民も含む多度郡勢と那珂郡勢も合流した。一説には総勢六万人余になったという。翌日善通寺誕生院で藩主代使の大目付加納又右衛門に会い、一三か条からなる嘆願書を提出した。そのうち加納又右衛門が受け入れたのは次の一〇か条である。

一、御未進方並びに借銀・借米　利留三十年賦

一、御年貢上納方　歩定無し、銀米出来次第、銀納は時々の御蔵相場

一、御米御蔵払　御蔵役人手入れこれ無く候ては、御請け取り成されず、米廻し計り桝計り切りニ、仰せ付けられ候様ニ

一、日用銀　大庄屋町宿並びに村々諸日用等、近年不相応ニて、至極迷惑仕り候、此の後村々日用帳面、御上より御吟味の上、割負い候様ニ

一、御払い藁並びに縄　御藁蔵え迄御上納仕り、外々えは御用捨

一、村々庄屋組頭　御役儀召し上げられ下され候様ニ、尤も村々より則《そく》其の人ニても、重ねて御願い申し上げ候所御座候

一、在中御普請所　所々の下役人御無用、村々囉《もらい》人足急度停止ニ仰せ付けられ候様ニ

一、村々庄屋　歳暮銀・年玉銀無用

一、郷中御普請刻　人足扶持、枕扶持ニ仰せ付けられ候様ニ

一、毎歳御勘定の節　町宿に於いて諸役衆、台所茶番賄い御無用

年貢未進米・借銀・借米の藩への未納銀米の三〇年賦、村落の共同維持費たる日用銀《にちようぎん》の調査、庄屋への歳暮銀・年玉銀の廃止などに見られるように、農民の諸負担の軽減がその内容であったといえよう。とくに庄屋・組頭の村役人の罷免《ひめん》があることは注目される。

残りの次の三か条は「申し談じ追て宜しく取り計らい遣わすべ」しとされており、これから検討すると

いうことで、まったく受け付けられなかったわけではない。

一、御勘定　村々庄屋直勘定、只今迄米歩高歩ニ当り候
一、新諸運上　御停止
一、御用銀　卯暮・巳の夏割銀、少しも御返済これ無く、迷惑仕り候

「新諸運上」の停止にみられるように、農民の困窮防止に関する要望であったといえよう。

## 一揆の結末

この一三か条の要望は、全体的に負担軽減によって農民の困窮を防ぐことを目的としていたと考えられる。日用銀の運用や村役人の罷免要求にみられるように、村政のありかたを問題にしているという点は、農民の要望の新しい傾向として注目される。そしてこの一揆の特徴は、凶作にともなう困窮農民の救済を求める蜂起という、これまでの一揆のありかたとは異なって、凶作によって困窮農民を生み出す藩の政治のありかた、これと直結して村を支配する村役人の存在を問うていたといえるのではあるまいか。

こうして一揆勢はほぼ要望を藩へ認めさせて解散し、善通寺からそれぞれ帰村していったが、ちょうどこのとき幕府は全国的に頻発する百姓一揆に対処するために、西讃大一揆の起こったこの正月二十日に、強訴徒党禁止令を出して厳しい取り締まりを命じた。これを受けて丸亀藩は一揆勢との確約を破棄して、一揆の首謀者大西権兵衛らを処刑した。のち権兵衛の出身地笠岡村に権兵衛《ごんべえ》神社《じんじゃ》（七義士神社ともいう）が建てられている（以上、佐々栄三郎氏『西讃百姓一揆始末』、大西佳五郎氏編『西讃百姓騒動記』）。

十八世紀後半にはいった明和六年（一七六九）に、幕府領塩飽で大工の打ちこわしが起こった。享保中ころ以降、塩飽《しわく》では廻船《かいせん》業が衰退していき、代わって大工職につくものが多くなって大工職組合ができて

いたが、この組合と塩飽の有力者である年寄《としより》の一人笠島浦の吉田彦右衛門が対立し、大工たちは彦右衛門宅、ついで櫃石島の庄屋、与島の庄屋らを襲撃した。塩飽はじまって以来の大騒動であったが、塩飽の実権を握っている年寄・庄屋と一般島民の対立が表面化した事件であり、のちの寛政元年（一七八九）の四人の年寄の罷免を要求する幕府への訴願へとつながっていくのである（『香川県史4・近世Ⅱ』）。

**村方騒動**

西讃大一揆や塩飽騒動にみられるような、村落における有力者と一般民衆との対立を物語る出来事が以後多く起こっている。寛政三年に高松藩領鵜足郡坂元村で庄屋伝次郎が、村落維持費である郡村入目《ぐんそんいりめ》の不正疑惑など、村政運営に専横が目立つとして村民に高松藩へ訴えられている。文化十四年（一八一七）には凶作に際して丸亀藩では年貢減免を行ったが、豊田郡河内村でこれに応じて小作人が小作料の軽減を要求して、徒党を組んで庄屋宅前で騒ぎを起している。これは村の有力者たる地主と下層農民たる小作人との対立であった。地主との対立は文政七年（一八二四）の高松藩領鵜足郡西川津村の農民が、高松城下に向った騒動にもうかがわれる。

幕末の天保五年（一八三四）に丸亀藩領の豊田郡新田村で、農民たちが庄屋弥三八の日用銀の不正疑惑などを大庄屋へ訴えている。また文久元年（一八六一）には高松藩領那珂郡垂水村の農民が、村入目《むらいりめ》の村役人らによる不正な取り扱いを訴えるために、高松城下へ向かっている。このような村役人ら有力者と村内一般農民との争いを「村方騒動《むらかたそうどう》」という。多数の農民が徒党を組んで打ちこわしを行う強訴ではないが、訴願という形をとって、一般農民が村落の運営に発言してきているのは注目されよう（『新編丸亀市史2・近世編』）。

強訴による百姓騒動は天保五年に、米価引き下げを求めて高松藩領鵜足郡宇足津村と、隣接する坂出村で一揆が起きており、その直後に幕府領池御料やこれに接する金毘羅領でも打ちこわしが発生している。また明治維新の前年の慶応三年（一八六七）正月に、当時津山藩領となっていた小豆島の西部六か村で、新賦課の廃止を求めて一揆が起きる騒ぎとなっている。

## 9　大野原開発と木綿作り

### 松島・潟元干拓

生駒藩時代の寛永十四年（一六三七）に西島八兵衛によって、高松城下の東にある松島から、山田郡の屋島の西で海に注ぐ新川にかけての海浜が干拓《かんたく》されていたが（「陰雲夜乗抜粋」鎌田共済会郷土博物館蔵）、これから三〇年たった寛文七年（一六六七）に、「松島すべりの沖より、潟元村の沖まで、東西の堤を築き、沖松島・春日の潟、新開成る」とあるように（前出「英公外記」）、さらにその沖の地を潟元村まで干拓した。

この干拓地の防波堤はのち何度か破堤しており、元禄二年（一六八九）に木太村と春日村の海岸に、新たに防波堤が築かれている（「高松松平氏歴世年譜」香川県立ミュージアム蔵）。のち享保七年（一七二二）にも修築されたという（前出「政要録」〈写〉）。松平頼重の時代に矢延《やのべ》平六が新田開発を行って六万石増やし、頼重の隠居料としたというが（「小神野夜話」『新編香川叢書・史料篇㈠』）、事実関係に検討の余地はあるにしても、頼重の時代に積極的に新田開発が行われたことをうかがわせる。

### 平田与一左衛門

讃岐における代表的な新田開発は丸亀藩領の豊田郡大野原における開墾である。地名の示すごとく、この地は原野であったが、西島八兵衛が大野原開拓のために、灌漑用水を確保する必要から、井関池の築造を計画して工事に着手していたという。生駒家の転封のため工事は中断された。のち山崎家治が西讃岐に入った二年後の寛永二十年（一六四三）に、近江大津の豪商平田与一左衛門は丸亀山崎藩の許可を受けて、大野原の開墾に着手した。

平田与一左衛門は寛永十六年に生駒藩に銀一三〇貫目を貸し付けているように、これ以前から讃岐との関係をもっていた。山崎家治の丸亀城再築に際して、その工事の入札に参加したが落札できなかった。このとき大野原の開墾に注目し、手代木屋庄三郎に大坂の備中屋藤左衛門・三島屋又左衛門、山崎藩出入りの大坂の蔵元松屋半兵衛とともに、普請費用は四人が負担するということで願い出させ、これが許可されたのである（松浦正一氏「西讃大野原開墾と平田家」『高松経専論叢』第一九巻第一・二・三号）。つまり大野原開発は町人請負新田《ちょうにんうけおいしんでん》として行われた。

### 井関池

大野原開墾に必要な井関池の築造は翌年に完成し、正保二年（一六四五）には一八九町余（うち田方六二町余）の土地が開墾された。そして近くの花稲村・粟井村・中姫村などをはじめ、丸亀城下や領内各地、さらに隣藩や大坂・河内・伊賀・近江などから、五七人が入植してきたという。

井関池は築造してのち決壊を何度か起こしており、安定的に用水を供給できない状態となり、正保二年と三年に開墾請負人備中屋藤左衛門・三島屋又左衛門・木屋庄三郎は五年間の課役免除の延期か、または率の低い畠年貢による賦課を願い出ているが、山崎藩ではこれを認めなかった。そして慶安二年（一六四九）にはじめの約束のとおり、開墾後六年目から年貢を徴収するとの方針で検地が実施され、大野原の石高は六五三石（面積一二六町余、うち田方六一町余）となり、年貢としては四一石余が納められた。この年にも正月と十一月に年貢減免の嘆願書を提出していた。

慶安四年には井関池堤防工事を藩によって行うよう、備中屋藤左衛門と木屋庄左衛門は願い出たが認められず、さらに承応二年（一六五三）にも同じように願い出ている。同年九月には藩による大野原の開発を願い出た。この結果翌三年に藩による堤防決壊の防止工事が実施され、以後井関池からの大野原への用水の供給は安定することになった。さらに延宝二年（一六七四）には高八五八石余、面積一九一町余（うち田方七〇町余）、年貢二三二石余にまで開発が進んだ（以上、前掲松浦正一氏「西讃大野原開墾と平田家」）。

## 大野原と平田家

この大野原開発の費用は平田与一左衛門が半額を、残りの半額は備中屋藤左衛門ら三人が負担するということになっていた。ところが明暦三年（一六五七）に藤左衛門ら三人は、与一左衛門からの借銀七二一貫目の返済をあきらめて、大野原開墾の土地をすべて与一左衛門へ譲り渡すことにした。その結果大野原開発は以後与一左衛門の子与左衛門が引き受けることになった（『西讃府志』）。寛文四年（一六六四）に与左衛門は大津から大野原へ移り住み、以後平田家は代々源助と称して大野原を支配した。

幕末の嘉永四年（一八五一）の「米盛帳《こめもりちょう》」によると、大野原の総面積は四九九町余、高三九九四石余であったが、実際の生産高はもっと大きく、下作米四九六八石余のなかから年貢一三二四余を納めた残り三六四四石余が、平田家の「徳米」（収入米）であったという（前掲松浦正一氏「西讃大野原開墾と平田家」）。

なお大野原は丸亀藩の郷村帳には記載されておらず、年貢を負担する村としては把握されていないが、大庄屋の支配地域を示す組と並んで「大野原」と書かれている。これは正保元年（一六四四）に米屋九郎兵衛（先述の松屋半兵衛のことか）が開墾し、正徳四年（一七一四）に平田源治へ譲り、のち安永八年（一七七九）に平田家から藤村喜八郎へ譲られたという福田原についても同様である（『西讃府志』）。

## 西讃の綿

近世にはいると麻にかわって木綿が大衆の衣料として用いられるようになり、東北・北陸を除いた各地で綿の栽培が盛んに行われることとなったが、その主な産地は東海・畿内・瀬戸内であった。綿花（実綿）を乾燥させ種子（綿実）を取り除いた繰綿《くりわた》を打って繊維にし、これを糸に加工して木綿を織るのである。讃岐では全域で綿の栽培が行われたが、その中心は丸亀藩領の西讃地域であった。

丸亀藩で綿のことが出てくるのは、元禄八年（一六九五）に丸亀城下での夜間の綿打《わたうち》を禁じたというのが初見であるが、その後宝永元年（一七〇四）には綿の取引にきた領外商人が農村にまで出かけて買い入れることを禁じ、また同七年には丸亀城下での繰綿問屋に唐津屋清治郎を指定している（「古法便覧」『新編香川叢書・史料篇㈠』）。そして同年に丸亀藩では、綿の植付面積の調査を毎年行っているのが確認できるように（「御定目」佐伯家文書。瀬戸内海歴史民俗資料館蔵）、元禄・宝永ころには綿の栽培や繰綿の生産が相当盛んになっていた。

丸亀藩の綿生産はその後も発展し、十八世紀の終わりの寛政三年（一七九一）ころには、綿の植付面積は二七六八町余、領外積み出しの綿の量は五万三四五三本であったという（「諸覚書」〈仮〉本庄家文書）。そして寛政十一年に「当地毛綿、大坂表へ前々より積み登せ、追々過分出し候ニ付」とあるように（文化二年「覚帳」長谷川家文書）、大坂へ大量の木綿が送られていた。そして文化四年（一八〇七）ころ丸亀藩においては、「木綿売り代より外、他国より銀入り候義は御座無」くと、他領に売り出して正銀を獲得できるのは木綿のみというように、丸亀藩の代表的な領外移出品であった。

**丸亀藩の統制**

こうした綿生産の発展に対して丸亀藩は明和七年（一七七〇）に、領内の大庄屋の支配単位である各組《くみ》に木《き》（生）綿《わた》銀三〇〇貫目を課したのが確認できるが（「万覚帳」佐伯家文書）、文化元年（一八〇四）にも生綿銀三〇〇貫目とあり、生綿銀は大体毎年固定されていた。各組への割り振り高はほぼその組の石高に応じており、綿の生産高に対して課されたものではないようである。この生綿銀は「江戸御繰り出し銀手当テ」とあるように、江戸藩邸の支出の財源として、いわば恒常的に年貢化されていたのではないかと思われる。

文化にはいったころから丸亀藩の財政は悪化しはじめており、文化九年からは徹底した倹約政治を行うことにしているが、文政三年（一八二〇）に綿の流通統制に乗り出している。他領商人へは城下・観音寺・仁尾村・和田浜に置かれた綿問屋から売り渡すこと、領外への持ち出しは観音寺運上場・和田村藤村甚太郎宅・仁尾村松屋伝右衛門宅を取立所《とりたてしょ》にして運上銀を徴収すること、領内の取引商人は藩の発行する「商内札」、城下の小売商人は「商人札」を所持しているものに限ることなどがその内容である（以上、「覚帳」長谷川家文書）。

**綛糸趣法**

幕末の安政三年（一八五六）ころの綿栽培面積は一一四九町余と、先の寛政三年（一七九一）にくらべると半分以下となっているが、それでもなお重要な国産であったことには変わりなく、嘉永五年（一八五二）には城下宗古町の太田岩蔵と米屋町の高貴喜八は城下に綛糸《かせいと》（綛に巻いた木綿の糸）寄会所《よせかいしょ》、領内各地に綛糸小寄所《こよせしょ》を設置して、大坂へ送って売り捌きたいとの要望を藩へ出した。藩はこれを許可し藩札六〇貫を希望どおり貸与している。のち安政三年には上方商人忠岡屋清兵衛と綛屋庄兵衛は、丸亀藩産の綛糸の大坂での取引に乗り出している（『丸亀市史2・近世編』）。

そして忠岡屋清兵衛は城下の綛糸商人らと「御趣法御取締御改革《ごしゅほうおんとりしまりごかいかく》」を建言したが、藩では尾崎理左衛門を「趣法筋惣引受《しゅほうすじそうひきうけ》」として翌四年から実施することにした。その内容は城下の綛糸寄会所や各地の小寄所で綛糸を藩札で買い上げるというものであったが（「綛糸御趣法筋申渡諭解口演」『香川県史9・近世史料Ⅰ』）、実際に行われたかどうか明らかでない。また安政三年に藩は綿類の売払代金の半高を金納させてそれに相当する藩札を渡すという方法をとろうとしたが、その後これにかわって綿の植付面積一反について金三歩を金納させることにしている。しかしこのころには丸亀藩の国産政策の中心は砂糖に対する統制に移っていった。

# 十一　高松藩製糖業に尽くした人たち

（『さぬき市の文化財』創刊号。さぬき市文化財保護協会、二〇〇四年）

高松藩では、讃岐三白《さぬきさんぱく》といわれるように、塩・綿・砂糖の生産が盛んであり、とくにそのうち砂糖の製造が十九世紀に入って領内各地に普及し、天保初年（元年・一八二九）には全国からの大坂市場への集荷砂糖の五割余を占めていた。そして天保六年に始まった砂糖の流通統制の砂糖為替金趣法《さとうかわせきんしゅほう》によって、高松藩は財政難を乗り切ることができたのであり、領内の特産物たる国産の統制が成功した数少ない藩の例として注目されている。

このような高松藩における砂糖の生産、およびそれに対する統制の実施などに関しては、長い期間にわたる多くの人々の尽力があった。砂糖製造研究の始まり以後の高松藩の砂糖の歴史を、砂糖生産のはじまり、砂糖製造の発展、砂糖為替金趣法の実施の、三つの時期に分けてそれぞれの時期に、砂糖製造にかかわった人たちの事績を代表的な史料によって紹介してみたい。

## 1　砂糖生産のはじまり

**松平頼恭**

高松藩第五代藩主松平頼恭《よりたか》は、一八世紀中頃の宝暦期に高松藩の財政改革を行った藩主で、中興の名君といわれる。博物学《はくぶつがく》に関心をもち、領内の殖産の奨励も行ったが、その一環として砂糖製造の研究を行わせた。次の史料は宝暦十一年頃のことを述べたものである（「砂糖製作一件」樋口弘氏『本邦糖業史』。原漢文、以下同）。

其の頃、私儀十六、七歳の砌ニて、医学執行仕るべく御城下へ罷り出で、右玄丈門人ニ相成り居り申し候処、玄丈ヨリ私へ申し聞かせ候は、此の度砂糖製作一条仰せを蒙り奉り候得共、尊慮を遂げ奉らず残念の至りニ候

「仰せ」、「尊慮」とあるように、砂糖製造の研究を命じたのは時の藩主松平頼恭で、それを承けたのは池《いけ》田玄丈《だげんじょう》であった。

### 池田玄丈

「私儀」は向山周慶《さきやましゅうけい》で、高松へ出た周慶が医学の勉強のためについた師池田玄丈から、「砂糖製作一条」のことを聞いたのが、先の引用史料であり、玄丈はそれを果たすことができなかった。続けて史料には次のようにある。

我老年の儀、最早製作成就の程覚束無し、其の方儀至って強情の者ニ相見え候、未だ若年の義、定めて後来四方ニ遊学致すべく候間、右製作一条終年相心掛け居り、右術存じ居り候者これ在り候ハバ、如何様共致シ伝授請け候テ、製作成就致シ尊君ヨリノ御本懐ヲ相達すべき様申し聞かさる

玄丈は若い周慶へ「砂糖製作一条」を託し、何とかして砂糖製造の伝授《でんじゅ》を受けて、藩主松平頼恭の意向を実現するよう命じたのである。

### 吉原半蔵

松平頼恭の近習の吉原半蔵が、明和五年（一七六八）に頼恭の命を受け江戸で、当時幕府より砂糖製造

の研究に携わっていた池上太郎左衛門から、砂糖製作の伝授を受けている（「和製砂糖一件御用相勤来候由緒書」池上家文書、川崎市民ミュージアム蔵）。

明和五年四月中、和製砂糖伝法の儀、松平讃岐守様達して御所望ニて、永く御出入りニも仰せ付けられ候間、右ニ付き御近習吉原半蔵殿え委細伝法仕り候、右製法の砂糖追々手広ニ出来、民用ニも相成り、他領え御差し出し成られ候節は、御掛け合いの上差図を請け、御売り捌き成らるべき旨、御同役倉知弥次郎殿御用人矢野源右衛門殿御加印の一札、御殿に於いて堀多仲殿御立会ニて御渡し成られ、其の後御挨拶として白銀三枚下し置かれ候事

この史料は池上太郎左衛門が砂糖製法の普及を幕府へ報告したもので、その中に高松藩吉原半蔵への砂糖製法伝授を述べてあり、倉知弥次郎・矢野源右衛門・堀多仲などの高松藩江戸詰家臣の名前も出ており、半蔵個人としてではなく高松藩として伝授を受けたことは明らかである。しかし、この江戸での砂糖伝授が藩地へ伝えられたという確かな根拠は今のところ見当たらない。

**向山周慶**

池田玄丈より砂糖製造を厳命された向山周慶は、大いに苦労をしながら研究を続けたようであるが、ついに砂糖の製造に成功することになった（岡田唯吉氏『讃岐製糖史』）。

私亡父玄丈門人、大内郡三本松村ニ罷り有り候医師周慶と申す者、砂糖製法の義玄丈より伝授仕りこれ有り候得共、篤と仕らず候ニ付き、上方表え罷り越し段々伝授仕り罷り帰り、去る冬少々試しニ製法仕り候所、相応ニ出来候ニ付き、砂糖苗等も余程作り付け仕り罷り有り候、これに依り当冬より製法も手広く仕り度存念ニ御座候、是迄御領分に於いて、手広く製法仕り候者も相聞き申さず候ニ付

き、周慶存念の趣、先ず私より御内に御沙汰申し上げ度存じ奉り、此の段宜敷く申し上げ候

戊十月　　池田文泰

「戊《つちのえ》十月」とあるが、これは桂真幸氏がいわれるように（四国民家博物館『讃岐及び周辺地域の砂糖製造用具と砂糖しめ小屋・釜屋〈調査報告書〉』）、おそらく「戊申《つちのえさる》十月」つまり天明八年（一七八八）十月のことであろう。そうすると「去る冬」というのは天明七年の冬のことであり、この時に周慶は初めて砂糖製造に成功したことになる。そして周慶の砂糖の製造を広く行いたいとの意向を受けて、池田文泰が高松藩へそれを願い出たのである。

天明八年から二年後の寛政二年二月に高松藩は向山周慶へ次の達しを出した（前田正名「興業意見書・讃岐ノ砂糖」『明治前期財政経済史料集成・第十八巻』）。

其の方儀、砂糖本製ノ伝授ヲ請ケ、これに依り右手間トシテ巧者ノモノ二人他所ヨリ召し抱え、当年初めテ製し方致シ候由、年来厚ク心掛け罷り在り候段相聞こヱ、以来年々出来候へハ、御国益ニモ相成るべく候、然ル処砂糖本製ノ義ハ、伝授相望ミ候モノ多クこれ有るべく候、殊ニ其の方未だ伝授残リモこれ有る由ニテ、他所ノモノハ勿論、仮令御領内ノ者タリトモ、他人へ伝授仕り候義ハ堅ク無用ニ候、（後略）

「当年初めテ製し方致シ」とあるが、砂糖製造は前年の十月頃から始めるので、おそらく寛政元年の冬に砂糖製造に成功したのであろう。つまり天明七年冬の砂糖製造はまだ試験的なもので、本格的には寛政元年冬であり、翌年二月にこれが正式に高松藩で砂糖製造の成功として認められたのである。史料にあるように、高松藩では周慶が他人へ砂糖製法の伝授を行うことを禁止していた。

## 関　良助

向山周慶が砂糖製造に成功するに際しては、薩摩の人関良助《せきりょうすけ》の援助を受けたことはよくいわれており、伝承的に言い伝えられているが、桂真幸氏が指摘しているように（前掲『報告書』）、関良助は技術者として召し抱えられたといえる。井上甚太郎氏著『讃岐糖業之沿革』にそれをうかがわせる記述がある。

（前略）（向山周慶が）医術修行のため江戸に遊学し某塾に在りしが、同窓に薩摩の人あり、（中略）而して其の後薩摩の人火災に罹り、非常の困難に遭遇したるを聞きたれば、周慶は夙に同窓の好あり、且志望の存するあれば、之《これ》に多少の金銭を贈与し、以て恵愛の意を表したるに、彼人頼りて以て其の困難を脱することを得、其の交誼の厚きに感し法禁を犯して、砂糖栽培製法の秘術を伝授し、以て聊《いささ》かその恩に報ゆべしとの報道を得たれば、周慶再び江戸に赴き遂に之が伝授を受け、且その術に熟練せる良助なる者を雇ひ、己れが顧問となし共に誘いて帰郷せり

「讃岐ノ砂糖」に「巧者ノモノ二人他所ヨリ召し抱え」とあったが、良助は砂糖製法に「熟練」していたのである。そして「己が顧問となし共に誘いて帰郷せり」とあるように、良助とともに江戸で知り合った「薩摩の人」も一緒に帰郷し、二人を「召し抱え」たのである。なお先述した池田文泰の願書では「上方表へ罷り越し」とあり、『讃岐糖業之沿革』の江戸とは異なっている。

関良助が実在の人物であったことは「無眃録」（浜垣家文書。瀬戸内海歴史民俗資料館蔵）に、「良助ハ薩洲の産、湊村ニ死ス、周慶出世の故ニ因りて、壱人扶持を給う、良助死後家無し、娘みなと申す者、塩屋村平次郎の妻ト成る」とあることからも明らかである。

## 2 砂糖製造の発展

### 百姓儀五郎

砂糖製造の本格的成功からほぼ二年後の寛政四年（一七九二）正月に、「三本松村周慶砂糖製法の儀、右周慶病気ニ付き、一巻西村百姓儀五郎伝授いたし候一件、儀五郎へ譲り渡し申し度段、願い出の通り相済み其の段申し渡し候」と（「月番帳」日下家文書。瀬戸内海歴史民俗資料館蔵）、高松藩から大内郡の大庄屋へ通達されている。周慶が病気のため、西村の儀五郎《いそごろう》が砂糖製法を伝授することを認めたものである。この儀五郎がどういう人物かということはよくわからないが、周慶に代わって伝授するということであるから、砂糖製法についてある程度の技術をもっていたといえる。

先述のように寛政二年には高松藩は、向山周慶が砂糖製法を他人へ伝授することを禁じていた。しかし寛政六年六月にはその伝授を認めて砂糖生産を積極的に行わせる方針をとっているのが、次の史料からわかる（「御用留」大山家文書。瀬戸内海歴史民俗資料館蔵）。

御国砂糖製法取計一件の儀ハ、大内郡三本松政所河野忠六壱人ニ限り申し聞かせ候、并びに製法人東郡数多これ有る内、湊村医師周慶西村百姓儀五郎、此の両人ハ製法元ニて、其の外の者は右両人より伝授致し候義候間、左様相心得申すべく候

「製法人東郡数多《あまた》これ有る」とあり、高松藩領の東部地域ではこの時砂糖製法人が相当数いたのであり、この寛政六年以前、四年から五年にかけての時期に砂糖製法の伝授が許可されていた。引用史料にもあるように、砂糖製法人には周慶と儀五郎から伝授がなされたのであり、周慶と儀五郎は製法人とは区別され

て製法元《せいほうもと》とされた。それにしても寛政四年から六年の六月までに、砂糖製造が高松藩東部に相当な早さで広まっていったのがわかる。そして「御国砂糖取計一件」の責任者には三本松村政所《まんどころ》（庄屋）の河野忠六がなった。

**河野忠六**

河野忠六は、先述した寛政四年の周慶から礒五郎への伝授を許した際に、その願書を藩へ差し出したのは河野忠六であり、伝授に際して礒五郎は「神文」（起請文のこと）を提出させられたが、河野忠六はこれを確認するよう藩に命じられていた（前掲「月番帳」）。

またこの時砂糖の高松藩領からの積み出しに対して、高松城下の香川屋茂次郎を座本《ざもと》という責任者にしたが、「御城下より東浦々川口の儀ハ、三本松政所河野忠六、又は香川屋茂治郎切手ヲ以て出入り致させ、右の切手ハ追て町奉行所へ相廻させ申すべく候」とあって、河野忠六が東部地域からの積み出し砂糖の管理の仕事を行った（前掲「御用留」）。

この河野忠六についてもよくわからないが、史料で紹介したように、砂糖生産の開始当初に重要な役割を果たした人物であったことがわかる。

**朔　玄**

寛政元年冬に製造された砂糖はまだ黒砂糖だったのではないかといわれ、同十年に大坂へ讃岐の白砂糖が送られたという（前掲『報告書』）。白砂糖の製造を確認できる最初のものは、寛政十一年の史料で、白砂糖の製法を伝授された田中八郎右衛門ら三八名が、他に伝授しないことを誓った起請文である（前掲『讃岐製糖史』）。三八名もの人が白砂糖の伝授を受けていることは、当時白砂糖生産者が他にも多くいたことを推測させる。

白砂糖の製造技術を開発した人物がいたはずであるが、ただ寛政十二年三月に白鳥村の医師朔玄《さくげん》が白砂糖の伝授を許されている史料がある（前掲「御用留」）。


（前略）、然れハ、此の度白鳥村医師朔玄、白砂糖製法伝授致し度段願い出で候所、願いの通り伝授御免仰せ付けられ候旨、村々ニて白砂糖ヲ受け申し度者もこれ有り候ハヽ、右朔玄へ伝授ヲ受け候様、御申し聞かせ成らるべく候

大内郡の大庄屋から各村へ出されたものであるが、朔玄の白砂糖製法伝授の願いが藩に認められ、希望するものは朔玄から伝授を受けるよう伝えたもので、伝授に際しては何ら制約らしきものはなく、藩としても白砂糖の生産を奨励していたと思われる。

この朔玄は白鳥村医師としかわからないが、藩から白砂糖製法の伝授を許可されているくらいだから、おそらく白砂糖生産に相当に熟練したものであったろう。

## 玉井三郎右衛門

享和元年（一八〇一）になると高松藩は、年寄（家老のこと）玉井三郎右衛門の建議によって、「富国の御主意にて、御国産の品々増殖方厚く御手当下され候」とあるように、積極的な国産《こくさん》の奨励を行う方針をとった。そして国産の生産を奨励するために、藩札を生産資金として貸し付けることにした（『増補高松藩記』）。これは国産の生産を盛んにすることによって、領内の自給体制を高めて正銀の領外流出を防ぎ、高松藩の経済的な発展を図ろうとしたものであった。

こうした国産奨励の中から砂糖が高松藩の有力な国産として注目されるようになった。享和元年から三

年後の文化元年（一八〇四）には、高松藩は砂糖生産を盛んにするよう通達を出している（前出「興業意見書・讃岐ノ砂糖」）。砂糖生産が大内郡湊村では盛んであるが、それ以外のところではそれほどでもないとして、次のように述べている。

御城下外磨屋町ニ罷り在り候向山周慶義ハ、則ち湊村出生ノ者ニテ、御国砂糖開基ノ者ニこれ有り候、能ク鍛錬致シ罷り在り候ニ付き、初発ヨリ製し方伝授役仰せ付けられこれ有り候間、望みの者ハ同人へ手寄せ伝授ヲ請け、尚又与ニ入り仕方製シ方、火加減等、見慣れ度候ハヽ、其の段申し談じ候様致すべく候、（中略）、尤も村方ニ寄り、製し方人多人数これ有り、其の村に於いて伝授請け度義モ候ハヽ、其の段申し遣わすべく候、周慶義相廻ラセ申すべし、此の旨相心得熟練致し、永ク繁昌致し候ヤウ、銘々相励むべし、（後略）

向山周慶から砂糖製法の伝授を受けることを奨励し、砂糖の生産は「郷中一統利潤ヲ得」ることであるといっている。周慶は享和三年に薬坊主《くすりぼうず》並《なみ》で三人扶持《ふち》を与えられていた（前掲『讃岐製糖史』）。国産の奨励の中から砂糖生産が盛んになってきたのであり、玉井三郎右衛門の功績も見落とすことができない。

### 新兵衛

国産の中で砂糖が注目されてくるという状況のもとで、白砂糖の生産技術に工夫・改良が行われている。文化五年（一八〇八）に寒川郡南野村の新兵衛がいわゆる「三盆糖《さんぼんとう》」の生産を始めた（「讃岐砂糖起源沿革盛衰記」『香川大学一般教育研究』第二〇号）。

畚製砂糖ノ完全ナラザルヲ憂ヒ、乃チ小箱ヲ製シ之カ周囲及底ニ穴ヲ穿チ、而シテ布嚢ニ砂糖ヲ詰メ之ヲ其小箱ノ中ニ入レ、而シテ之カ区域ヲ設ケ又一嚢ヲ其上ニ積ミ蓋ヲナシ、然ル后徐々ニ重リヲ加工圧搾シ、蜜ヲ去リタルヲ円盆ノ上ニ出シ、杓子ノ如キ板切ニテ漸々練リ、再ひ嚢ニ詰メ小箱ニ入レテ、元ノ如ク重リヲ加ヘ、又円盆ノ上ニ出シ練リ、凡ソ斯ノ如クスルコト三四度ニシテ製シ揚ケタリ、是ニ於テ新兵衛ハ糖業家中ニ独リ美名ヲ擅ニシ、此法ニヨリテ製出シタル砂糖ニ三盆ノ名ヲ始テ下セリ、三盆ノ名ヲ下スハ、則チ盆ノ上ニテ三度練リ製シ揚ケタル原因ナリ、此砂糖は頗ル美ニシテ、其節此砂糖ヲ大坂ニ積ミ上リ、一斤ヲ二分ニ朱ツ、ニ売払ヘリ、当時ノ時勢ニテハ高価ナルヲ聞クヤ、人々争フテ製糖ノ製法ニ従事シ、彼高価ハ実ニ糖業昌盛ノ運ヲ進メタリ

砂糖黍《きび》を絞った白下地《しろしたじ》から白《しろ》砂糖を精製する方法として、「布嚢《ふのう》」に入れた砂糖を小箱に入れて蜜を絞り出し、円盆の上で板切によって練るという、その後一般的となる押船《おしぶね》を使っての白砂糖の精製に成功したのである。

## 久米栄左衛門

その後文政二年（一八一九）に大内郡馬宿《うまやど》村の久米栄左衛門は、砂糖黍を絞るこれまでの木製の砂糖車に替えて、石製の砂糖車を用いる方法を考え出した（前出「讃岐砂糖起源沿革盛衰記」）。

当時ニ用ユル製糖器械ノ甚タ麁悪ナルヲ憂ヒ、頗ル器械ノ改良ニ焦思シ、数回ノ失敗ヲ経テ竟ニ良法ヲ案出ス、乃チ木車ニ換ルニ、山田郡庵治村ニ産スル花崗岩を用フ、其質至テ堅牢ナリ

栄左衛門は銃砲の発明家として著名であるが、砂糖車の改良にも彼の技術が生かされた。

また久米栄左衛門は文政七年に高松藩へ、砂糖からの藩財政増収のために、砂糖仕込銀《しこみぎん》の貸付と砂糖車冥加金《みょうがぎん》の徴収を建言している。その内容は領内の砂糖車を一五〇〇挺《ちょう》と計算し、五挺を一組にして銀札（藩札のこと）七貫五〇〇目を砂糖生産資金として貸し付けると、その利子が一か年一三五貫目となり、ま

た砂糖車一挺について金三〇両を引替所《ひきかえしょ》で藩札と交換させると、金四万五〇〇〇両が収入となるというのである（『久米栄左衛門翁』）。

このうち金三〇両の引替は砂糖方調達金《さとうかたちょうたつきん》として、文政八年から翌年まで実施された。高松藩では文政二年から砂糖の本格的な流通統制に乗り出しており、大坂商人への返済財源として大坂での砂糖売り払い代金を充て、荷主には代金に相当する藩札を渡すという方法をとっていた。天保元年（一八三〇）からは砂糖代前貸といって、生産される砂糖を抵当にして藩札を貸し、その返済は大坂での砂糖代金で行わせるということにした。

## 3　砂糖為替金趣法の実施

### 日下儀左衛門・松原新平・北村佐七郎

天保六年（一八三六）になると、高松藩は砂糖為替金趣法を実施したが、その中心的役割を果したのが日下儀左衛門であった。「天保六年乙未十二月九日新たに御済し方と申す役所御取立、札会所元占役日下儀左衛門へ右役所引受兼勤仰せ付けられ、吟味役松原新平・北村佐七郎へ指し加わり仰せ付けられ候」とあるように、当時江戸・大坂などの商人への借金返済に苦慮していた高松藩は、札会所《ふだかいしょ》元占《(締)》役であった日下儀左衛門を江戸・上方などの借金返済を管轄する済方の責任者とした。松原新平・北村佐七郎もこれに参加した。

日下らが返済財源として注目したのが、特産品として注目されてきた砂糖の大坂での売り払い代金であった。

（前略）、甘蔗刈り取り候より砂糖に製し、大阪積み登し売り捌き候迄費用大数相懸かり、右振替に百姓共一同難儀致し候間、砂糖製造の上樽数に応じ、船中の為替金として、荷主の百姓又は積み受け候船頭共へ、銀札を御貸付下され、其の砂糖を大坂へ積み登し売り捌かせ、右売り代の正金を以て、為替御貸付の元利を大坂御屋敷へ取り納め、それを以て御借り金銀御返済方相計らひ、余金これ有り候はば御国へ積み下し申すべし、（後略）

製造した砂糖樽数に応じて荷主や船頭に藩札を貸し付け、大坂で売り払った代金で貸付元利を大坂藩邸へ返済させるというものであった。この藩札貸付を「船中為替《せんちゅうかわせ》」といった。この方法は文政二年以来の高松藩の砂糖の流通統制を集大成したものであった。そしてこれによる収益は以後の借銀返済や藩財政の重要な財源となった（以上、『増補高松藩記』）。

この砂糖為替金趣法を立案した日下儀左衛門は天保初めごろのものと思われる「高松藩役付」によると（松浦文庫。瀬戸内海歴史民俗資料館蔵）、吟味人で金八両・四人扶持となっているが、松原新平も吟味人仮役で儀左衛門と同じ禄高であった。この禄高は高松藩家臣としては最も低い部類であり、かれらによって砂糖為替金趣法が立案され、それが成果を上げたところに、近世社会の大きな変化が感じられる。

### 筧　速水

この砂糖為替金趣法は「兎や角評議中」とあるように、すぐには採用されず反対意見もあったが、次のような結論になった（『増補高松藩記』）。

右、儀左衛門事、経済に長じ非常の器量これ有る者に付き、御借り金銀御返済の一巻を、勘定奉行の手を離し、儀左衛門へ御委任相成り候はば、必ず其の任に堪え申すべき旨、筧速水申し上げ候に付

き、御聞き届けに相成り、右の通り仰せ付けられ候、（後略）

つまり日下儀左衛門らの意見を年寄（家老）の筧速水《かけいはやみ》が支持し、それを藩主へ伝えて許可を得て実施することになった。速水が取り上げなければ、砂糖趣法は日の目を見なかったのであり、儀左衛門らを信頼し賛同したところに、速水の確かな見る目があったといえよう。筧速水は江戸藩邸の奉行であったが、文政八年に年寄見習兼奉行となって帰藩し、以後年寄として藩の改革の中心となって活躍した。文政八年から砂糖為替金趣法が実施された天保六年までの高松藩の政治を天保改革といっているが、改革から二年後の天保八年に筧速水は世を去った。

**砂糖会所引請人**

砂糖為替金趣法で重要な役割を果したのは、領内九か所に置かれた砂糖会所《さとうかいしょ》の引請人《ひきうけにん》であった。かれらは砂糖為替金の貸付、領外積み出し砂糖の調査、砂糖為替金の返済状況の確認など、砂糖為替金趣法の中核となる存在であった。そして城下・坂出浦を除いて、会所設置地域の村役人級の有力者であるとともに、砂糖取引に関与していた人たちであった。引請人は固定していなかったが、当初の天保六年の砂糖会所引請人（最初は砂糖問屋といっていた）を示すと次のとおりである（「御触事留帳」丸岡家文書。瀬戸内海歴史民俗資料館蔵）。

引田浦・大内郡小海村牢人島田弥一右衛門
三本松浦・大内郡三本松村庄屋高畑作兵衛
津田村・寒川郡津田村牢人上野弥八郎
志度浦・寒川郡志度村庄屋岡田猪三右衛門

檀浦・山田郡屋島村庄屋茂三郎
城下川口・塩屋町二丁目三木屋孫四郎
香西浦・百間町坂本屋新太郎
林田浦・阿野郡北青海村牢人渡辺五百之助
坂出浦・阿野郡北坂出浦新浜川崎屋吉太郎

高松藩の砂糖といえば向山周慶の名が出てくるが、周慶以後も多くの人たちの尽力によって、高松藩の重要な産業としての砂糖生産が続けられ、経済の発展をもたらしたことはいうまでもない。そしてここでは触れられなかったが、砂糖生産に従事した農民たち、砂糖を船に積んで大坂などへ運んだ船頭たちの存在も忘れることはできない。

# 十二　山崎家時代の丸亀藩（原題「丸亀山崎藩」『新修大野原町誌』。二〇〇五年）

## 1　丸亀城の再築

生駒騒動《いこまそうどう》による幕府の生駒家の処分が決まってから、約一年後の寛永十八年（一六四一）九月に、天草の富岡城主であった山崎家治《いえはる》が西讃岐の五万六七石五斗を支配することになった。領地は豊田郡一万一七九三石余、三野郡一万九〇四三石余、多度郡一万四六七六石余と、那珂郡のうち一九か村四四〇九石余、鵜足郡のうち一か村一四三石余であった。

居城は領地の東に片寄っているが、元和元年（一六一五）の一国一城令によって廃城となっていた、那珂郡亀山の丸亀城を再興することにした。寛永二十年二月の幕府老中の書状に「丸亀城取り立て候ニ付きて、銀三百貫目これを下され候、則ち大坂御金奉行衆え、添状相調え越し候間、請け取らるべく候、（中略）、茲に因り当年参勤の儀、御赦し置き成され候間、其の意を得べく候」と、幕府から築城のための費用として銀三〇〇貫目を与えられ、またこの年の参勤交代《さんきんこうたい》を免除されている。

山崎家治は西讃岐を支配して五年後の慶安元年（一六四八）に死去し、跡は子俊家《としいえ》が継いだ。このころまだ丸亀城は十分に整っておらず、慶安二年に「親父甲斐守代、上意を伺い候普請の所々の内、石垣・多聞・山下の屋敷構えの石垣等、同じく東南の方堀浚えの事、絵図の通り其の意を得候」と、幕府より父家治の時からの普請の許可が伝えられている（以上、「山崎家文書」『新編丸亀市史・史料編』）。

## 2　「讃岐国内五万石領之小物成」

村には年貢とともに雑税にあたる小物成が課されていた。山崎家治が丸亀領を与えられた直後の寛永十八年十月に、幕府上使《じょうし》の青山大蔵少輔・伊丹播磨守から渡されたのが、「讃岐国内五万石領之小物成」の帳簿である（岩田家文書。瀬戸内海歴史民俗資料館蔵）。これは近世初期の小物成の様子をうかがうことができる貴重な史料である。

丸亀領全体の内容を示したのが表1である。綿は絹の真綿《まわた》か木綿の綿かどちらであるかははっきりしな

表1　丸亀山崎藩領の小物成

| |
|---|
| 綿・11貫388匁８分 |
| 銀・833匁７分 |
| 米・32石１斗２合 |
| 麦・２石 |
| 炭・415石７斗４升 |
| 枌・621荷420枚（１荷ニ付き銀２匁宛ニて納める） |
| 塩・1945俵２斗３升６合（３斗俵） |
| 干鯛・1000枚 |
| 鰆ノ子・150腸 |

いが、ここでは真綿と考えておこう。その生産高に応じて銀で納めさせたのではあるまいか。銀は「茶代」・「漆代」などとある。米・麦については「山手秋成」・「山手夏成」とあり、山間部の米や麦に懸けられたのであろう。炭は木炭、枌《そぎ》は材木である。塩・干鯛・鰆ノ子が当時の特産であったのが分かる。

## 3　大野原と福田原の開発

生駒藩時代の終わりころに、讃岐に多くのため池を築くのに功績があった西島八兵衛が、井関池《いぜきいけ》を築造して大野原の開拓を計画して工事にかかっていたという。山崎家時代となった寛永二十年（一六四三）に、藩の許可を得て近江大津の豪商平田与一左衛門が、手代木屋庄三郎を讃岐へ派遣し、大坂の備中屋藤左衛門・三島屋又左衛門、大坂丸亀藩蔵元の松屋半兵衛らと、大野原の開発に取り組むことになった。

これより以前に平田与一左衛門は、寛永十六年に生駒藩に銀一三〇貫目を貸し付けているように、讃岐との関係を持っていた。そして丸亀城の再建に際して工事の入札に参加したが実現しなかったため、大野原の開発に取り組むことになった。大野原は藩によってではなく、商人の資力によって開発されたのである。こうした新田開発を町人請負新田《ちょうにんうけおいしんでん》という。

大野原開発に必要な井関池の築造は、開発許可がおりた翌正保元年にでき、明くる年には一八九町（うち田は六二町余）の土地が開墾された。しかし井関池は決壊を繰り返したため、木屋庄三郎らは年貢賦課の延期か年貢率の引き下げを願ったが聞き入れられなかった。藩は開墾後六年目から年貢を懸けるとの方針によって、慶安二年（一六四九）に検地を実施し、大野原は面積一二六町余（うち田は六一町余）・石高六五三石余で、初年度のため少なかったが、四一石余の年貢が懸けられた。のち延宝二年（一六七四）には面積一九一町余（うち田は七〇町余）・石高八五八石余で、年貢は二三一石余であった。

山崎家が断絶した明暦三年（一六五七）に、参加していた備中屋藤左衛門ら三人は大野原開発から手を引くことになった。山崎家断絶後の状況に不安を感じたのかとも思われるが、以後大野原の開発は平田与一左衛門の子与左衛門が引き受け、寛文四年（一六六四）に与左衛門は大津から大野原へ移り住んできた（以上、松浦正一氏「西讃大野原の開墾と平田家」『高松経専論叢』第十九巻第一・二・三号）。

福田原は正保元年に米屋九郎兵衛が開墾して年貢を納めていた。正徳四年（一七一四）に平田源治の所有となったが、のち安永八年（一七七九）に平田藤左衛門から藤村喜八郎へ譲られたという（『西讃府志』）。

## 4　井関村の農民構成

佐伯家文書（香川県立ミュージアム蔵）の中に寛永十八年（一六四一）の「豊田郡井関村人別帳」と、明暦三年（一六五七）の「讃州豊田郡和田郷之内井関村名寄帳」がある。前者は山崎家治が丸亀藩主となった直後の十一月のもの、後者は山崎家断絶直後の五月に、丸亀藩を管理した多羅尾久右衛門と今井彦右衛門へ提出されたものである。山崎家時代の十七世紀中ごろの井関村の農民構成を知ることができる貴重な史料である。

表2によると、寛永十八年に持高を公的に認められているのは、太郎左衛門家の四四石余、理兵衛家の六石余、二郎三郎家の八石余の三軒であり、かれらは独立した農民とされる本百姓《ほんびゃくしょう》であった。三軒の石高は六〇石二升となり、寛永十六年の村高に一致する。中でも佐伯家の太郎左衛門家が圧倒的に多く所持していた。「桝屋」については明らかでない。太郎左衛門と二郎三郎の中に「高内」として石高を所持しているのが五人いる。かれらは高を持っているが、まだ自立した百姓として認められていないものたちであった。

そして三人には名子《なご》・下人《げにん》がいるが、かれらは自立できずにそれぞれの家にまだ従属している状態の百姓であった。家族構成は太郎右衛門家を除いて二人から七人の間であり、それほど多くはなかった。六軒を除いて、家には上・中・下の区別があるが、これは後筆と思われる。記されていない十兵衛下人と二郎三郎下人の市左衛門は正式の家の数に入っていない。したがって、全部で二六軒となるが正式の家数は二四軒である。庄屋は太郎右衛門家、肝煎は十兵衛家である。庄屋・肝煎を除いて、「家一軒」とされている四郎兵衛・理兵衛・二郎三郎の三軒は、「酉役百姓」とされているが、内容は不明である（前出「井関村人別帳」）。

寛永十八年から一六年経った明暦三年の名寄《なよせ》である表3を見ると、井関村の村高六〇石余のうち、「先代池成」として八石五斗が上がっている。「先代」とは生駒藩時代のことをいっており、井関池の築造が生駒時代に始まっていることを示している。「年々池成」はそれ以後のことを指している。高持百姓は五人であり、先述した寛永十八年の五軒の百姓たちのうち二軒が独立した農民として認められてい

### 表２　寛永18年の井関村人別

| | | | |
|---|---|---|---|
| 高　44石８斗 | 家１軒　太郎左衛門 | 12人（男７・女５） | 下男３・下女２ |
| 太郎左衛門弟高内５石７斗６升６合 | 上　家　孫兵衛 | ６人（男３・女３） | 下男２ |
| 太郎左衛門高内４石　名子 | (上)　家　又右衛門 | ７人（男４・女３） | |
| 太郎左衛門下人 | (下)　家　三蔵 | ２人（男１・女１） | |
| 太郎左衛門下人 | (中)　家　孫作 | ４人（男２・女２） | |
| 太郎左衛門下人 | (上)　家　三郎大夫 | ４人（男３・女１） | |
| 太郎左衛門下人 | (下)　家　五郎兵衛 | ５人（男２・女３） | |
| 太郎左衛門下人 | (下)　家　市兵衛 | ３人（男２・女１） | |
| 太郎左衛門高内６石 | 家１軒　四郎兵衛 | ７人（男４・女３） | |
| 太郎左衛門高内５石９斗１升 | 家１軒　十兵衛 | ４人（男３・女１） | 下男１ |
| 十兵衛下人 | (中)　家　新兵衛 | ６人（男３・女３） | |
| 十兵衛下人 | 家　□□□ | ２人 | 不役ニ定 |
| 十兵衛下人 | (中)　家　太郎右衛門 | ４人（男３・女１） | |
| 十兵衛下人 | (下)　家　二郎兵衛 | ２人（男１・女１） | |
| 高　６石９斗３升 | 家１軒　理兵衛 | ４人（男２・女２） | |
| 理兵衛親 | (中)　家　又左衛門 | ３人（男２・女１） | |
| 理兵衛下人 | (上)　家　助兵衛 | ５人（男３・女２） | |
| 桝　屋 | 家１軒　与兵衛 | ６人（男３・女３） | 下男１ |
| 高　８石２斗９升 | 家１軒　二郎三郎 | ６人（男２・女４） | 下男１ |
| 二郎三郎高内１石７斗　名子 | (中)　家　二郎大夫 | ４人（男２・女２） | |
| 二郎三郎名子 | (下)　家　後家 | ５人（男１・女４） | |
| 二郎大夫親　□□□□ | (下)　家　彦左衛門 | ４人（男２・女２） | |
| 二郎三郎下人 | (中)　家　二郎四郎 | ４人（男２・女２） | |
| 二郎三郎下人 | (上)　家　彦兵衛 | ４人（男２・女２） | |
| 二郎三郎下人 | (下)　家　孫三郎 | ２人（男１・女１） | |
| | 家　市左衛門 | １人 | |

寛永18年11月「豊田郡井関村人別帳」（仮）（佐伯家文書）より。

### 表３　明暦３年の井関村名寄

| 豊田郡和田郷の内井関村<br>高　60石６升６合 | 先代池成 | 午ノ池成 | 年々池成 | 有高 |
|---|---|---|---|---|
| | ８石５斗 | | ７石７斗７升２合 | 44石２斗４升４合 |
| 此の分 | | | | |
| ７石４斗１升９合　十兵衛 | | | １斗 | ７石３斗１升９台 |
| ２石８斗４升８合　孫吉郎 | | | １斗 | ２石７斗４升８合 |
| 30石１斗７升４合　吉兵衛 | ５石５斗７升１合 | ４石８斗２升２合 | | 19石７斗８升２合 |
| 13石０斗４升　平三郎 | ２石４斗７升９合 | １石４斗１升９合 | | ９石１斗４升１合 |
| ６石５斗８升５合　仁右衛門 | | １石３斗３升１合 | | ５石２斗５升４合 |

明暦３年５月「讃州豊田郡和田郷之内井関村名寄帳」（佐伯家文書）より。

る。吉兵衛は太郎右衛門の子である。

吉兵衛以下に「午ノ池成」として計七石五斗七升二合が上げられているが、「午」とは承応三年（一六五四）のことである（前掲松浦正一氏「西讃大野原開墾と平田家」）。この年、木屋庄三郎らの要望により藩は自ら井関池の修築に乗りだした。その時の池成の土地であり、「年々池成」のほとんどを占めている。

寛永十八年の人別帳にみられた、従属的状態にあった名子と下人は、この明暦三年の段階でもまだ自立した農民になっていない。かれらが自立した本百姓として検地帳《けんちちょう》に登録されてくるのは、これから約二〇年後に実施される、丸亀京極藩になってからの検地によってである。

のちの寛文五年（一六六五）の井関村の「吉利支丹御改帳」（佐伯家文書）によると、家は一一軒となり明暦三年より倍になっているが、まだ下人が一三人記されている。

# 十三　丸亀藩・多度津藩と藩政の展開

（原題「藩政の展開」『近世の三豊』。三豊市教育委員会、二〇一三年）

## 1　藩政の推移と流通の統制

### 丸亀藩の財政と藩札・御用銀

近世の初めから諸藩は財政的に苦しんでおり、財政難解決の方法として十七世紀後半から十八世紀初めにかけて、藩札《はんさつ》を発行する藩が多くなってきていた。藩札を領内での支出に充てるとともに、藩札との引替によって正銀を得て、藩の借銀の返済や領外での支出の財源にしようとするものであった。いうまでもなく藩札は藩領内でしか通用しないので、領外との取引には正銀が必要であった。そして藩札は紙幣であるので、常時正銀と引替ができるという保証があってはじめて、信用が維持できて円滑に通用することができた。

丸亀藩では宝永二年（一七〇五）に藩札を発行したが、その中心になったのは丸亀城下の町人能登屋与《のとやよ》八郎《はちろう》であったという。発行から二年後の宝永四年に幕府が諸藩の藩札通用を禁止したため、丸亀藩も藩札通用を中止したが、のち享保十五年（一七三〇）に幕府の発行禁止の中止を受けて、丸亀藩も再び藩札を発行した。正銀との引替は丸亀城下は能登屋与八郎、観音寺では升屋甚右衛門《ますやじんえもん》のもとで行われ、かれらは「銀札場元〆《ぎんさつばもとじめ》」・「銀札場請元《うけもと》」とよばれた。

丸亀藩では藩札発行以前の元禄十二年（一六九九）に、財政補填《ほてん》として郷中から銀一七〇貫目、城下町から銀八〇貫目の御用銀《ごようぎん》を徴収していた。藩札発行とともに藩財政を維持していくためには、領内へ御用銀を賦課することが不可欠であった。享保以降御用銀の賦課は頻繁となり、享保四年（一七一九）に幕府より朝鮮通信使の馳走役《ちそうやく》を命じられた際に、郷中へ五〇〇貫目、城下へ三一〇貫目、享保十三年（一七二八）には江戸藩邸の財政難のために、郷中へ二〇〇貫目の御用銀を課している。

そのころの御用銀賦課の基準は、「分限《ぶんげん》に相応」つまり生活状態に応じてということであり、その後宝暦九年（一七五九）に朝廷の勅使《ちょくし》馳走役《ちそうやく》を命じられた時に、御用銀を郷中へ一二〇貫目、城下へ四〇貫目、飛地《とびち》の網干《あぼし》に一〇〇貫目を課したが、郷中へは「高割《たかわ》り」、つまり農民の持高に応じてとなった。おそらくこの宝暦九年頃から高割りが行われはじめたと思われる。そして安永二年（一七七三）の御用銀の賦課は「人別高掛り」とあり、「人別」つまり「分限に相応」と「高掛り」（高割り）の両方によって行われている。

豊田郡河内村（三豊市山本町河内）の大喜多家の「従来調達金書抜」によると、享保から明治までの間に藩への御用銀を二一回行っており、他に「上金」・「冥加」・「才覚銀」・「献納」・「借上金」などを加えると、合計で銀六五二貫七九〇匁一分を調達している。宝暦五年（一七五五）には藩へ金七〇〇両の「出金」を行って、七人扶持を与えられて苗字帯刀《みょうじたいとう》となり、「直支配《じきしはい》」という格式を与えられ、特別の待遇を得ている。他に六人が同様に「出金」をしており、大喜多家と同じような待遇になったと思われる。

### 寛延百姓騒動

全国的に藩全体にまたがる大規模な一揆《いっき》が起こってくる十八世紀中頃に、丸亀藩で引き続く不作を背景として、寛延三年（一七五〇）正月に讃岐最大の百姓一揆が起こった。支藩の多度津藩領で農民が一時天《あま》霧山《ぎりやま》に立てこもったが、その後丸亀藩領の三野郡・豊田郡を中心とする大一揆となった。三野郡笠岡村（三豊市豊中町笠岡）の大西権兵衛ら七人が、宇賀神社の山門楼上で密議をしたという。

一揆勢は善通寺誕生院で藩の大目付加納又右衛門に一三か条の要求書を提出した。このうち年貢未進や借銀・借米の三〇年賦、日用銀《にちようぎん》・諸雑用銀などの加重負担の廃止、庄屋・組頭の罷免など、一〇か条が認められたため一揆勢は解散した。しかし一揆が起こったその時に幕府は徒党禁止《ととうきんし》を命じており、このため丸亀藩・多度津藩は一揆勢との約束を破棄し、一揆の首謀者たちを厳しく処刑した。

この一揆では年貢減免ではなく、加重負担の軽減が主として取り上げられており、農民生活を維持・向上させることが目的であったのではないかといわれている。

## 綿の流通統制と木綿の大坂取引

領主は農民に米作りに専念することを求めたが、農民たちは生活を少しでも豊かにするために、米以外の商品をつくり収入の増加を図った。丸亀藩では元禄・宝永（一六八八～一七一〇）ころには綿の栽培、綿糸に加工する繰綿の生産が盛んになってきていた。そして宝暦十二年（一七六二）にはじめて綿の統制に乗り出し、実綿・繰綿《くりわた》の役所が丸亀城下・観音寺、詫間村汐木《しおき》（三豊市詫間町汐木）の三か所に置かれ、ここ以外から綿を領外に積み出すことが禁止された。こうして綿の積出を藩の統制下におき、財政収入を得ようとした。

寛政のはじめ（元年・一七八九）ころには丸亀藩には綿のほかにはとくに産物もないという状況であった。大坂には寛政五年に多くの木綿が送られていたが、大坂の綿問屋から丸亀藩産の木綿は尺幅《たけはば》が短いため、売れ行きが悪いと苦情が寄せられている。その後も苦情はあったが、文化四年（一八〇七）には木綿の代金よりほかに他領からの銀収入はないといい、当時丸亀藩の代表的領外移出品となり、藩財政の重要な収入となっていた。のち文政三年（一八二〇）には他領商人へは丸亀城下・観音寺・仁尾村（三豊市仁尾町）・和田浜（観音寺市豊浜町）の問屋から売り渡すこと、領内の綿商人は「商内札」を所持しているものに限るなど、領内の綿の取引を統制している。

綿の生産に対しては「生綿銀《きわたぎん》」が課せられていた。明和七年（一七七〇）に「木綿銀・高三百貫目」とあるのが初見である。この生綿銀は、行政単位として郡に一ないし三置かれ、大庄屋が任じられていた組《くみ》に割り振られた。のち文化元年（一八〇四）にその内容がわかるが、これは綿の生産高ではなく、その組の石高を基準に課されているようである。

## 砂糖車運上と砂糖代金の引替

時代が下ると、藩は綿以外に砂糖の生産に注目している。文化九年（一八一二）に砂糖の生産調査を行った。このころすでに丸亀藩の砂糖が大坂へ積み出されており、西横堀藤右衛門町の砂糖問屋布屋伊右衛門へ送るように奨励している。そして文政（元年・一八一八）のはじめには砂糖の生産高も増えて各地へ売り捌《さば》かれるようになっている。領外移出の砂糖には、いつからかは明らかでないが、船の場合には川口運《かわぐちうん》上《じょう》、陸路では歩行荷《かちに》運上が掛けられていた。

しかし文政三年からはこれらの運上銀の徴収に代わって、砂糖車一輛《りょう》につき銀一〇匁を徴収することにし、詫間村（三豊市詫間町）の常蔵をその責任者にしている。この砂糖車運上によって砂糖の生産のありかたを把握するようになったといえる。先に触れた綿に対する文政三年の統制と合わせ考えると、この文政三年は丸亀藩の領内の産物統制の重要な時期であった。以後運上銀については変更があった。

のち文政八年に、砂糖を領外で売り払った場合、その代金つまり正銀は藩地の札場で藩札と引き替えさせることにしている。これは藩が正銀を吸収して藩財政の財源にしようとしているのであり、こうした藩の方針はこの文政八年の砂糖の例がはじめてである。

## 多度津藩の藩札と大坂から江戸藩邸への送金

多度津藩の政治や財政の推移については現在のところ詳しくは明らかでないが、藩日記である勘定方日記・裏判方日記・郡方日記などが残されており、これらの史料から今後研究が進むことを期待したい。まずここでは十八世紀の藩財政の概略を述べておく。

藩が成立してから約三〇年後の享保十七年（一七三二）に、多度津南町の御用商人内田屋が札元となって、銀壱匁・銀三分・銀二分の三種類の藩札を発行しているが、財政が悪化していたのであろう。この藩札の版木が現在多度津に残されており、大変貴重なものである。

多度津藩の延享三年（一七四六）の一か年に、大坂から江戸藩邸に送られた納金と、江戸藩邸の生活費の収支決算書である「寅御勘定惣目録《とらおんかんじょうそうもくろく》」が残されている。これによるとほぼ毎月「大坂三人衆」から送られてきているが、その名は不明である。三人衆からの江戸の送金先は山田屋八左衛門・播磨屋新右衛門・宮武半兵衛・大坂屋茂兵衛らである。このうち播磨屋新右衛門は江戸の両替商《りょうがえしょう》で、享保十六年（一七三一）に本藩丸亀藩の掛屋《かけや》になっている。掛屋は藩に資金を調達する商人のことをいい、丸亀藩との関係から多度津藩の掛屋にもなっていたと思われる。

大坂からの送金合計は金三六二両二歩と銀一六七貫二六一匁六分余で、これから年賦金などの支払残りに銀一八六貫二九〇匁四分余を充て、残りの銀一八五貫六四匁二分余から江戸藩邸の諸経費を支払うと、銀一貫二二六匁二分余が残り、これは翌年へ廻している。実は諸経費のほかに「町方払い残り」、つまり江戸町人への未支払分があり、その額は金八四両一歩・銀九七七匁七分余・銭二貫三〇五文であった。これらの藩邸での日常的費用以外にも、幕府への公務負担経費、諸大名同士の交際など多くの出費が必要であった。

## 献上金と藩財政

多度津藩領の三野郡の上ノ村組に羽方村（三豊市高瀬町羽方）があり、その庄屋森家は藩へ献上金などを行っていた。確認できる最初は寛政四年（一七九二）の献上金銀五貫五〇〇匁である。この時翌年に苗字帯刀、さらに同六年には献上金一〇貫目により帯刀御免となっている。この時一貫目以上を献上した人たちは森家を含めて二二人で、最高は草薙熊蔵の一二貫目で、次が森小八郎の一〇貫目となっている。

その後も享和二年（一八〇二）に「上金」一貫二〇〇匁、文政元年（一八一八）には献上金一五両、翌年には冥加として上金二〇〇両を行っている。このように多度津藩においても丸亀藩の人別御用銀と同様に、富裕者の献金によって藩財政を維持していかねばならなかった。以後の多度津藩の献上金などについては次節で述べる。

十九世紀に入って間もない、文化十三年（一八一六）八月から翌年の七月の一年間の、藩財政の収支の状況を示した「御積帳《おんつもりちょう》」がある。詳細な点は省くが、これによると年貢・運上銀・魚方口銭・小物成銀等合わせて、一年間の総収入は銀三一三貫七匁九厘である。これに総支出の三三四貫六八四匁と差し引きすると、二一貫四九二匁の不足となっている。この外におそらく大坂や江戸の商人らへの借銀の返済分が毎年あったはずであり、実際には一年間の収支は二一貫余の赤字では済まなかったと考えられる。

## 砂糖の流通

多度津藩における産物として、丸亀藩同様に綿の生産が盛んになったと思われるが、その内容は明らかでない。砂糖については文政五年（一八二二）の多度郡三井《みい》組の西白方・東白方・奥白方・青木村・庄村（以上多度津町）、三野郡上ノ村組の大見村（三豊市三野町大見）・松崎村（三豊市詫間町松崎）の甘蔗（砂糖黍《きび》）と砂糖生産の調査が行われており、当時には多度津藩内で砂糖の生産が盛んになっていた。この年の多度津藩内の甘蔗作付面積は一四〇町余で、砂糖生産高は四万三三七七斤、うち大見村が一万三四斤、松崎村が四五二八斤であった。三井組の西白方村の場合、生産された砂糖は大坂への積み送りが最も多いが、ほかに広島・尾道・岡山などへ売り捌かれていた。

当時多度津藩へ資金を調達していた大坂の商人鴻池《こうのいけ》両家を、文政三年と六年に多度津の別邸へ招待してもてなしたといわれる。天保十一年の三月には大坂での砂糖の売り払い代金の砂糖手形を、藩役人と思われる服部友七と今西清兵衛から鴻池伊助・鴻池徳兵衛へ、わかっているだけでも金三五〇両送っており、多度津藩と鴻池家との関係をうかがい知ることができる。

砂糖作りのほかに菜種の栽培が盛んであった。寛政十一年（一七九九）五月に代官から菜種作高帳が提出されているが、三井組が六五石二斗四升、上ノ村組が二八石二斗一升の計九三石四斗五升となっており、うち八〇石余が油屋から大坂へ送られている。そして七月には多度津の油屋が、北野屋弥右衛門の船で大坂絞《しぼ》り油屋へ、菜種六二石五斗八升六合を積み送り売り払ったが、この時大坂の船問屋子布子屋孫《しぶし》兵衛から多度津の庄屋宛の通知書が出されている。当時幕府は菜種を大坂に集中して油を確保する方針をとっていた。

## 2　丸亀藩の安政改革と多度津藩の陣屋

### 丸亀藩文政八年の改革

丸亀藩では十八世紀後半の宝暦から寛政にかけて、幕府の手伝普請役《てつだいふしんやく》・勅使馳走役《ちょくしちそうやく》や江戸上屋敷類焼などに際して御用銀《ごようぎん》が掛けられており、藩財政が円滑に運営されていたとはいえなかった。十八世紀後半の安永四年（一七七五）に藩主京極高中は一〇年にわたる倹約励行を命じたという。そして文化二年（一八〇五）に財政再建のために家臣へ借米《かりまい》（知行米の削減支給をいう）と郷中才覚銀《ごうちゅうさいかくぎん》の賦課を行った。家中借米はこれ以前からも行われており、他の藩でも同様なことは実施されていた。才覚銀は一種の御用銀であったと思われる。このとき先述の大喜多家は冥加《みょうが》として銀六〇貫目を調達している。

六年後の文化八年には、京極高朗《たかあきら》の新藩主襲封に際して出費も増え、翌年には去年冬の江戸長屋門の類焼とこの春の臨時支出増加により、江戸藩邸は「御内証不如意」となり、諸大名との交際上の贈答も控えるという、徹底した倹約政治を以後五年間行うことにした。しかしこの効果は不十分だったらしく、文政二年（一八一九）にはさらに五年間継続することにした。先述した綿や砂糖の統制の強化は、財政難を克服するためという側面もあったのである。

二度目の倹約政治後の文政八年には、藩主京極高朗は藩財政の抜本的改革に強い決意を示し、さらに五年間の倹約政治をするとともに、これまでのように財政難に際して、家臣借米や御用銀を課すことは限界にきているとして、藩の運営を二万石程度の財政で運営する方針を出した。先に触れた文政八年の砂糖代金の藩札との引替による正銀の確保は、こうした当時の財政難に対応した動きであったといえよう。

文政八年の京極高朗による改革は「酉年改正《とりどしかいせい》」とよばれた。この具体的内容の詳細は十分明らかでないが、その一つに文政十年にはじめられた「田面改め《たづらあらため》」がある。

## 「田面改め」と年貢取立肝煎庄屋

その要点は「年季捨《ねんきすて》」つまり年貢不納地が増え、また上・中・下などの田畑の等級も実情に合わなくなってきているので、年季捨てや「永捨《えいすて》」（廃田ともいう）の不耕作地を確定し、田畑の等級も実情に合わせるというのである。この時併せて「興田《おこした》」（新田開発地）の調査も行うことにした。財政難解消のため各藩は少しでも多くの年貢を徴収しようとしたが、この田面改めによる田畑の実情調査は、年貢収入の安定とかつその増加を目的としていたといえる。

調査期間は文政十年三月から三年間とされたが、期限までにはほとんど報告がないという状態であった。これは農民が「聚斂《しゅれん》」、つまり年貢収納強化と受け取ったからであり、田面改めには農民は非協力的であった。期限後七年目の天保七年（一八三六）に上高瀬組では一七か村のうち調査済みは五か村のみであった。さらに七年後の弘化二年（一八四五）になっても調査の済んでいない村があり、いつ最終的にこの調査が完了したのか明らかでない。

「酉年改正」による藩財政の再建をめざした京極高朗の改革政治は、ある程度の成果をおさめたらしく、天保ころ（一八三〇〜一八四四）の丸亀藩は財政難に陥るということはなかったようである。

しかし弘化二年（一八四五）になると「御上臨時過分の御入箇」、つまり臨時に莫大な支出が必要となっている。これは同年七月に世子京極高美が死去したことなどが影響したのではないかといわれる。これを機に丸亀藩では年貢収納の強化が実施された。

九月に年貢取立肝煎庄屋《とりたてきもいり》を那珂郡・多度郡・中洲組・和田組に二人ずつ、上高瀬組・比地組に三人ずつ置くことにした。この年貢取立肝煎庄屋は三年後の嘉永二年にも従来通り続けることにしており、年貢収納の強化にある程度の効果はあったようである。

## 安政の御用米・銀と家中借増米

嘉永六年（一八五三）にアメリカの東インド艦隊司令長官ペリーが、軍艦四艘を率いて開港を要求して浦賀に、翌安政元年正月に軍艦七艘とともに再び来航した。幕府は三月に日米和親条約を結ぶことになり、わが国はいわゆる「鎖国」をやめて、これまで入港を認めていたオランダ以外の国々にも開港することになった。

ペリー来航に際して丸亀藩では、御用番佐脇内匠に藩兵二〇〇人を率いて江戸へ向かわせ、三田の藩邸に詰めて警護に当たらせた。この江戸への出兵などペリー来航を契機にして財政支出が増大した。このため安政元年五月に、郷中に「御用米」を「人別」と「高掛り」を基準にして課すことにした。御用米の高ははっきりしないが米五〇〇〇石だったのではないかといわれている。

翌二年十月には江戸大地震があって、丸亀藩邸の上屋敷と中屋敷が大破し、また十二月に京都御所の普請手伝役を命じられた。藩ではこれを乗り切るため安政三年に、家中借米の増加と領内への御用銀を行うことにした。借米の増加高は昨年の五割とし、家中への知行米の支給が一層削減された。御用銀は城下一五〇貫目、丸亀郷分四三九貫一九八匁、網干一〇五貫五三匁など、計七〇〇貫目とされた。郷中の御用銀に相当する米は四三九一石一斗五升であった。

## 「封札」の実施

こうした藩財政の問題とともに、当時の丸亀藩内では必要とされる正銀が不足する事態となっていた。領内での正銀が不足すると藩札との引替が制限され、通用藩札の信用低下を招きインフレ状態を招いていた。この状況を改善するため、安政二年五月に「封札《ふうさつ》」の方針を出した。その内容は所持する藩札を銀札場へ預けるか封印して各自で保管する、封印札には利銀として三分五厘を渡し年貢米で決済する、申し出があればいつでも開封するというものであった。

はじめ封札は強制ではなかったが、のち人別顔割《にんべつかおわり》と高掛《たかかか》りによって郷中へ割り当てられた。同年十二月に封札は三〇〇〇貫目に決められ、人別顔割は二六八九貫六三五匁で、人別顔割の封札が圧倒的に多かった。封札の期限は翌三年四月までとされた。御用銀と同様に組に割り振られ、組の人別、各村高に封札の高が決められた。人別顔割の封札は各自で保管し、高掛り封札は銀札場へ預けることにした。

こうして領内の藩札の通用高を減らして藩札の信用を回復し、藩札での取引を奨励し、正銀で取引するのは産物会所の許可を受けた肥料など、他領との取引品に限ることにした。のち安政六年には封札を藩へ献上するものが多く現れるようになり、四年後の文久三年（一八六三）には献上していない封札には、以後三年間利子を払わないことにしている。本来個人の資産である藩札を封札にしてその使用を禁じた上で、藩へそれを献上させようというものであり、封札の実施は領民に大きな犠牲を強いるものであったといえよう。

## 「綛糸仕組」と木綿屋株

綿に関する統制については、先述した文政三年以後のことはよくわからない。木綿から綿実と繰綿《くりわた》を分離し、綿を細い管にまきつけて篠巻《しのまき》にする。篠巻から木綿糸を撚《よ》って四角い木の枠《わく》に一定数まきつけ、枠からとりはずして束ねたものが綛糸《かせいと》である。篠巻については幕末の嘉永五年（一八五二）に鑑札の調査が実施されている。そして嘉永から安政にかけて綛糸に関する統制が行われた。

嘉永五年閏二月に丸亀城下宗古町の太田（歌津屋）岩蔵と米屋町の高貴（中島屋）清八は、綛糸の流通に関する要望を藩へ行った。その内容は綛糸の生産を盛んにしてその取引の開始を認めてほしいこと、生産された綛糸を集荷するために「綛糸寄会所《かせいとよせかいしょ》」を設置すること、集荷された綛糸は大坂へ送って売り払い、代金は大坂の蔵屋敷へ納めることなどであった。藩ではこれを許可し、五月に城下の魚屋町に綛糸寄会所を設け、歌津屋と中島屋がその「引請《ひきうけ》」となった。

八月には城下の寄会所へ領内から綛糸を集めるために、観音寺の文右衛門以下七名の豊田郡各地のものを小寄所《こよせしょ》とした。その後小寄所は三野郡や多度郡にも広げられた。のち安政三年（一八五六）には、山田尻村（観音寺市柞田町）の喜多屋定右衛門が豊田郡小寄所取揃方《とりそろえがた》となった。こうして綛糸生産者―小寄所―取揃方―綛糸寄会所という、領内各地からの綛糸の城下への集中の体制ができた。しかし綛糸を独占的に城下の寄会所へ集めるのは、実際的には困難であった。

同年暮れには和泉の堺の忠岡屋清兵衛が御領分綛糸買元《かいもと》となって、歌津屋・中島屋と連名で藩へ「御趣《ごしゅ》法《ほう》御《おん》取締《とりしまり》御改革《ごかいかく》」を提案した。これまでの綛糸寄会所方式を踏襲して、一層独占的な流通統制を強めたと思われ、綛糸生産者に一日一家に綿五匁以上の糸紡ぎを行わせるなど、生産面にまでその統制を及ぼしたといえる。この綛糸仕組《しくみ》とともに、綿類五割金納・産物趣法金納などを実施したが計画したようには進まなかった。

先述のように大坂で丸亀藩産の木綿の丈幅が問題になっており、藩は木綿丈幅の規定を守るように通達を出していた。天保十年（一八三九）に新たに「見改月行事《みあらためつきぎょうじ》」をおいて、織出者の監視をするとの木綿寄場から申し出があり、藩ではこれを認めた。そして弘化二年と嘉永五年（一八五二）にも木綿丈幅の厳守を命じている。そして安政三年に木綿丈幅の厳重な検査を行うため、これまでの観音寺の入江久兵衛、仁尾村（三豊市仁尾町）銭屋紋治に加えて、上高瀬村（三豊市高瀬町上高瀬）の藤屋調蔵、辻村（三豊市山本町辻）の大喜多平八、古川村（観音寺市古川町）の山形屋駒吉、北岡村（観音寺市柞田町）の出来屋卯吉の四人を新たに木綿会所《もめんかいしょ》とした。このとき大坂送りの木綿は、引合問屋《ひきあいとんや》として増屋利兵衛ら四軒に定められた。

二年後の安政五年には、木綿屋惣代の観音寺の茂木町の畳屋文右衛門らは、木綿丈幅の当時の責任者である木綿会所広島屋久兵衛による改めの中止を求め、その代わりに木綿屋から冥加銀を上納することを申し出ている。藩ではこれを認め文右衛門ら要望に連名していた六四人を木綿屋株とし、木綿会所は休止して木綿丈幅の取締りは木綿屋株が行うことになった。

### 砂糖大坂積登趣法

砂糖に対する文政終わりから天保期にかけての統制の内容は明らかでないが、弘化元年（一八四四）に各郡内に砂糖掛《さとうかかり》庄屋を決めること、砂糖掛庄屋は甘蔗の植付畝数を調査して提出すること、砂糖仲買人《なかがいにん》を一か村に一人か二人定め、冥加金として金二朱を納めること、砂糖生産高や売捌高《うりさばきだか》を人別ごとに提出することとしている。

のち嘉永六年（一八五三）には詫間村（三豊市詫間町）の小村惣四郎、観音寺の入江六兵衛、同じく塩飽屋善太郎、それと城下役所が取り扱っている砂糖は大坂へ送るように命じ、大坂への積み送りを強めることにした。そして翌安政元年には一村につき平均三町ずつに甘蔗植付面積を増やし、砂糖生産の奨励に乗り出している。

丸亀藩では砂糖を「蔵物《くらもの》」（藩地から直接大坂蔵屋敷へ入荷の商品）にすることを幕府へ願い出ていたが、安政四年になって許可がおり、これまでとは大きく異なる、新しい砂糖に対する統制を実施することにした。その要点は次のとおりである。

◇領内五か所（丸亀城下・観音寺・和田浜・仁尾浦・汐木）に砂糖会所を設置し、大坂積み・他国積みともにこの会所を通して積み出すこと。

◇大坂での売り払い砂糖は、白砂糖・白下地が砂糖樽一挺に付金三歩、蜜・焚込は同じく金一歩二朱を大坂砂糖会所へ金納すること。

◇積み出した砂糖会所で金納に相当する藩札を受け取ること。

◇他国積みについても大坂積みと同じ方法で金納して積み出すこと。

◇為替銀（砂糖生産の貸付金）が必要なものは組船船頭（砂糖運送を公認された船頭）から貸付を受けること。

為替銀は藩札を貸し渡したが、その返済は正銀が強制されていたわけではなかった。したがって丸亀藩のこの砂糖大坂積登趣法《おおさかつみのぼりしゅほう》は、大坂積み・他国積みの砂糖の売払代金から砂糖の種類に応じて、一定額を大坂砂糖会所と藩地砂糖会所に金納させ、それに相当する藩札を各藩地砂糖会所から渡すことによって、正銀の確保を図るというのがその目的であった。そして砂糖会所には銀札場の関係者が詰めていた。

ところが翌年に、藩はこの趣法を変更して、大坂の炭屋彦五郎を「掛屋蔵元《かけやくらもと》」にし、砂糖は他国積みを禁止して大坂積みに限定すること、大坂で売り払った砂糖の代金は種類に応じて炭屋へ納めること（「銀掛《ぎんかけ》込《こみ》」という）、その代金に相当する藩札を藩地の砂糖会所で受け取ることにした。つまり大坂の有力商人炭屋との関係を強めて、大坂への砂糖積出を積極化しようとした。丸亀藩は炭屋から調達金を得るために、その返済に砂糖の売払代金を充てたのであろう。

これに対し多度郡の善通寺村や吉原村をはじめ、藩領全体の砂糖車持主らは、大坂に限るとその砂糖が増え、値段が下がるとして反対の動きを起こした。結局藩は他国積みを認めることになり、掛屋蔵元となった炭屋彦五郎への銀掛込は実施されなかった。この大坂積登趣法のその後のことはわからないが、おそらく砂糖代金の大坂砂糖会所・藩地砂糖会所への金納が続けられたと思われる。

## 『西讃府志』の編さん

丸亀藩は安政五年（一八五八）秋に、支藩多度津藩を含めた領内全域の本格的地誌である、『西讃府志《せいさんふし》』を完成させた。これはすでに天保十一年（一八四〇）の「地誌撰述《ちしせんじゅつ》」の編さんにはじまっていた。家老の御用番佐脇藤八郎から、各村ごとに旧族・旧跡・社寺等の由来を調査して、四か月後の十月までに提出するようにとの通達が出されていた。しかし各村からの地誌撰述の提出は遅れていた。弘化元年（一八四四）から神主秋山伊豆が地誌撰述の作成のために領内を廻村することになり、このころから地誌撰述の作業は軌道に乗りはじめたといえる。

現在各村で作成し残存している地誌撰述は、丸亀藩領が一二か村、多度津藩領が四か村である。それぞれ名称は異なっているが、丸亀藩領では南鴨村（作成は天保十一年十月）・大浜浦（天保十三年四月）・積浦（天保十三年五月）・志々島（弘化二年七月）・福田原（同三年十一月）・和田浜（嘉永元年二月）・姫浜村（同年五月）・奥白方（嘉永三年六月）・井関村・内野々村・有木村・海老済村（以上年月不明）、多度津藩領では羽方村（天保十二年十月）・大見村（嘉永三年五月）・松崎村（嘉永三年夏）・上ノ村（年月不明）がある。

現在残っていることが確認できる地誌撰述から考えると、期限内に作成したのは南鴨村のみであり、ほぼ領内からの提出が終わったのは、嘉永三年（一八五〇）ころではないかと思われる。

安政五年（一八五八）に完成した『西讃府志』は、まず讃岐全体の歴史に関する事柄について述べており、その次に丸亀藩・多度津藩に分けて村ごとの内容が記されている。地誌撰述に書かれていることがもとになっているのはいうまでもなく、各村に共通する項目から抽出して整理されている。

## 多度津陣屋の建設

多度津藩は一万石であるため城はもてず、丸亀城内の御西屋敷を多度津藩邸としていた。文化四年（一八〇七）ころには、多度津に「御茶屋」とよばれる、藩主の別邸のような屋敷が建てられていた。多度津での藩邸建設の計画は以前からあったが実現しなかった。第四代藩主京極高賢《たかかた》は多度津に陣屋《じんや》を建設する構想を強く持ち、現在残っている文化十二年（一八一五）の「多度津陣屋及び家中絵図」は、陣屋建設のために制作されたのではないかといわれる。

文政九年（一八二六）に入って陣屋の建設が始められた。大坂の鴻池両家と京都の万猷院からの借入とともに、多度津の町人から銀五一貫五〇〇匁、郷中からは三井組の四八貫九〇〇匁、上ノ村組の三七貫目、裕福者四名からの二八貫目の計一〇一貫九〇〇匁の献上金が差し出され、翌十年にも郷中から銀一〇四貫六八五匁と米一二九俵の献上があった。

文政九年末に丸亀藩では多度津藩の多度津陣屋への引っ越しを了承しており、翌十年三月に丸亀藩主京極高朗《たかあきら》は、幕府へ多度津藩主の多度津陣屋への転居を願い出て認められていた。予定では文政十年の四月からということであったが、藩主京極高賢が多度津陣屋へはじめて入ったのは文政十二年六月であった。初代京極高通《たかみち》の多度津藩創設から一五〇年、京極高賢が藩主となって以来三〇年余にして、独立した陣屋をもつこととなった。その後京極高賢は病のため再び多度津陣屋にはいることはなかった。なお多度津陣屋は現在のほぼ大通りと家中屋敷の一帯に当たるという。

## 文政九年の倹約令と多度津湛甫

多度津陣屋の建設が取り上げられていた文政のはじめころは、多度津藩では幕府への勤めにも支障をきたすような財政難の状態であった。このため文政五年から五年間の倹約政治を実施したが、効果が上がらなかった。文政九年に藩主京極高賢は陣屋建設のため厳しい倹約令を出し、多度津の別邸をこれから陣屋とすることとし、藩役所も陣屋へ移した。家老に任命した林直記を御内証方とし、多度津陣屋の建設の責任者とした。新倹約政治の実施、多度津陣屋の建設という点から考えると、京極高賢による多度津藩の政治の中で、文政九年は重要な年であったといえる。しかし藩の財政難は多度津への藩主の引越し、藩役所の移動など多くの失費も重なり、さらに財政を圧迫させていった。天保元年（一八三〇）にはさらに五年間の倹約政治を命じている。

天保四年に京極高琢が五代藩主として多度津陣屋に入った。当時隠居していた川口久右衛門を再び家老とし、翌五年から徹底した倹約と家中借米によって乗り切ろうとした。と同時に多度津に湛甫《たんぽ》（湊）の築造に乗り出している。これは多度津問屋の惣代高見屋平治郎・福山屋平右衛門が川口久右衛門に願い出たものので、藩主が多度津陣屋に移ったことを契機に、湛甫を築造して多くの廻船（商船）を入港させて多度津の繁栄を図ろうとしたという。多度津湛甫は天保九年に完成し北前船が寄港する内海屈指の良港となった。

## 天保十年の藩財政と御用銀

先に文化十三年の藩財政について検討したが、これより二三年後の天保十年（一八三九）の藩財政の見積書である「御積帳」が残っている。それによると年貢米は文化十三年と大きな相違はないが、銀収入で運上銀と魚方口銭が増え、総銀収入で三七一貫二八七匁となり、文化十年より約六〇貫目増加している。しかし総銀収支をみると文化十三年とほぼ同じ額の二二貫三二八匁が不足している。

概算の見積書で赤字となっていることは、決算では赤字がもっと増えていることが想定され、藩財政は逼迫した状態にあったといえる。年貢収入の増加がほとんど望めない状況では、年貢以外の銀収入で増加した支出分を補っていかねばならず、ここに御用銀《ごようぎん》の賦課が注目されてくることになった。

先述した上ノ村組羽方村の森家の場合には、これより以前の文政八年（一八二五）には上金《のぼせきん》として金三〇〇両によって「会釈《えしゃく》」の格式となり、翌年には多度津引越しにつき献上金銀二貫目、天保元年（一八三〇）には才覚銀一〇貫目を上納し、天保六年には才覚銀一三貫目、天保十年には献上金一〇〇両、天保十三年には献上金銀三〇枚を藩へ調達している。この献上金・才覚銀などは御用銀のことだと思われ、天保末までにも適宜《てきぎ》に御用銀は課されていた。

安政四年十二月に領分中に御用銀が掛けられている。その理由は明らかでないが、『多度津町誌』では軍用金としている。一貫目以上の献上者が八二人で、最高は九貫目で塩田周助らの五名で、次いで八貫目が木谷綱助と森小八郎である。これらは資産状況を基準として課される「顔割《かおわり》」である。このほかに「高《たか》割《わり》分」が「両組（三井組と上ノ村組）惣割当銀高」として、銀三〇貫目を石高に応じて課した。安政五年から万延元年の三年間に、安政五年春に御用銀高の三割、秋に二割、安政六年の春に三割、万延元年の春に二割を納めることになっている。

## 3　幕末の軍事的動向

### 丸亀藩台場の築造

ペリー来航前後から幕府をはじめ諸藩では、ヨーロッパの近代的な大砲の採用に乗り出した。当時西洋式の砲術に長崎の町年寄高島秋帆《たかしましゅうはん》が詳しかったので、近代的な砲術のことを高島流砲術といった。のちには洋式小銃の訓練も含めて、高島流砲術・高島流調練とよぶようになった。

幕府では欧米諸国の軍艦の日本近海への出没がはげしくなってくると、海防体制の検討を始めたが、ペリー来航の四年余前の嘉永二年（一八四九）末に、老中阿部正弘《あべまさひろ》は諸藩へ海防の強化を命じた。

この方針を受けてのことと思われるが、庄内組（三豊市詫間町）大庄屋陶山《すやま》家の「台場築立証文」によると、丸亀藩では嘉永四年九月に箱浦の台場（大砲設置場）築造地を決めるために、郡奉行間宮藤兵衛・大目付堀口権左衛門らが見分にきている。そして箱浦六ケ峯、同浦城ケ峯、生り浦古三崎、三崎馬口端がその地として決められている。この時大浜浦でも見分が行われていた。これまでも庄内の箱三崎・仁尾の曽保、観音寺の有明浜に台場を築造したといわれているが、詳しいことはわからない。おそらくこの台場は高島流砲術によるのではなく、旧式の砲術による台場の築造であったと思われる。

なお『新修詫間町誌』によると、三崎台場については「台場御手当に付旧記書抜覚書」という記録があり、これによると台場の広さは九間に十間で、山の高さ一六〇間計で、生里・箱・大浜の境にあったという。

## 藩主の京都警衛と集義隊

丸亀藩における高島流砲術の導入のいきさつについては明らかでないが、安政三年（一八五六）三月に善通寺組の弘田村で、赤羽杢之進による大砲の試射が行われている。支藩多度津藩では同年四月に初めて高島流の試射が行われていたが、本藩ではそれより若干早く始まっていた。その後については十年後の慶応二年（一八六六）に、上田正之助が善通寺組の中村で実施しているのが確認できる程度であり、丸亀藩の高島流砲術の実態についてはまだよくわかっていない。以下幕末の丸亀藩の軍事的な動きについて見てみよう。

万延元年（一八六〇）の桜田門外で大老井伊《いい》直弼《なおすけ》が暗殺されてのち、幕府に反対する尊王論と外国との交渉を排除しようとする攘夷《じょうい》論が結びついて、尊攘《そんじょう》論が台頭し各地の尊攘志士《しし》たちの動きが活発となった。この尊攘運動の中心的役割を果たしていたのが長州藩であった。文久三年（一八六三）の八月まで京都での実権を握っていた尊攘派は、薩摩藩・会津藩などにより京都から排除され、長州藩地へ落ちのびて拠点を移した。これを八・一八クーデターという。

このクーデターの時に京都にいた藩主京極朗徹《あきゆき》は、堺町御門および下立売御門の警固に当たった。その後京都の各地の警衛に従事したが、藩主京極朗徹は十二月の終わりに京都を発って丸亀へ向かった。ただし久世村の番所警衛は引き続き行われた。

この藩主滞京中の九月に、原田丹下が二十数名の藩士を率いて上京した。かれらは西洋流の銃砲の訓練を受けた高島流集義隊《しゅうぎたい》といわれた。京都に着いた集義隊は十月終わりから久世村での警衛に当たった。集義隊の京都警衛の任務は、翌元治元年三月に丸亀藩が京都警衛の任を解かれて終わり、藩地へ帰った。

京都から帰った集義隊は、「肝煎《きもいり》」として土肥大作ら五人を中心にして二一人で組織され、西洋流の軍事調練を行っていたという。この集義隊は藩の軍事編成とは別のものであったと思われる。

## 「軍用人足」と固場所

八・一八クーデターの翌年の元治元年六月に長州藩や尊攘志士たちは、勢力回復のため京都へ入ろうとした。しかし京都を守衛する薩摩藩・会津藩に敗北した。これを禁門の変という。幕府は直ちに長州藩を攻撃することにし、諸藩に長州への出陣を命じた。

隣藩高松藩は家門であるので安芸の倉橋島に出動したが、長州藩の恭順《きょうじゅん》により撤兵した。丸亀藩は出動しなかった。長州藩では慶応元年（一八六五）正月に高杉晋作らが、藩論を幕府への恭順から対抗へと一変させた。この長州藩の藩論転換に対して、幕府は同年五月に長州藩を再び攻撃することにし、諸藩へ出兵を命じた。

こうした状況の中で丸亀藩では、慶応元年閏五月に「軍用人足《ぐんようにんそく》」が計画されている。これは長州攻撃という非常事態が起こったことを踏まえて、藩の出動態勢を整えようとしたものであった。その内容は、農民のうち一五歳から四五歳までの男子二千人を徴発して、これに充《あ》てようとした。このうち船乗りは一一七四人とし、これを郡・組に割り当てている。那珂郡一四六人、多度郡一八四人、上高瀬組三二四人、比地組一四〇人、中洲組一六一人、木ノ郷組一八九人、大野原二八人、福田原二人となっていた。

この藩の方針に対して大庄屋らは人足数は石高割で鬮取《くじと》りによって決める、一六歳から六〇歳までのものを対象とする、人足賃銀は一日銀一〇匁ほどとし半分は藩から残りは村から出すようにする、軍用人足に出た留守中の家族へは村から援助するなどを申し入れている。この計画がどうなったのか明らかでないが、丸亀藩においても臨戦態勢への準備の必要な状況が生まれてきているのがわかる。

長州再攻撃では幕府軍は長州藩軍に敗北することになったが、この時幕府は瀬戸内西部の四国諸藩へ長州藩からの脱走兵が四国へ渡ることもあるとして、かれらの取締りを通達した。これを受けて丸亀藩では慶応二年六月に、御用番佐脇大膳から、大庄屋・庄屋を除いた「直支配」・「会釈」らの、農民の中で献金等によって特別に格式を与えられた郷中帯刀人《ごうちゅうたいとうにん》を、領内の海岸部と交通の要所に「固《かた》メ出張《でばり》」させるとの方針を出した。

この固場所《かためばしょ》は八か所に決められたが、固場所にはその近辺の郷中帯刀人だけが詰めるのではなく、井関村番所（観音寺市大野原町）に組が異なる三野郡上高瀬組の上勝間・下麻・上麻・比地中などの各村からも郷中帯刀人の出張が行われている。固場所への出張は十月に中止されたが、この出張は郷中帯刀人だけでなく、固場所が置かれた村々にも大きな財政的な負担を強いるものであったといえる。

### 多度津藩「西洋流炮術見聞録」と瀬丸池の大砲試射

一方、多度津藩では藩士であった富井家の文書の中に、富井泰蔵《たいぞう》の記した「西洋流炮術見聞録《ほうじゅつけんぶんろく》」がある。泰蔵は安政元年（一八五四）に江戸で初めて西洋流砲術を学んだが、この「見聞録」には安政三年三月から慶応二年（一八六六）十月までの、砲弾の調合や、大砲の試し打ちの状況などが克明に書き記されており、多度津藩における高島流の砲術の調練などを知ることができる貴重な史料である。

主な点をみると、安政三年四月に多度津の白方《しらかた》で初めて高島流野戦大砲の試射を実施し、同年十一月に薩摩藩の種子島流西洋砲術家種子島平左衛門が、家老林求馬を尋ねてきて種子島流を試射した。文久元年（一八六一）には白方の大師堂前で、洋式小銃ミニエール銃とゲベール銃の試射を行い、文久三年正月に藩主上覧の西洋流調練が実施された。翌元治元年には、幕府の西洋砲術家の江川太郎左衛門の門人であった高松藩の神保直吉が、家老林三左衛門を尋ねている。

多度津藩が西洋流砲術に関心をもったのは、文化二年（一八〇五）にロシア使節レザノフが開国を求めて長崎に来たときに、当時の藩主京極高賢が藩士を長崎へ派遣して、高島秋帆に西洋流砲術を学ばせたことから始まるという。そしてペリー来航後は藩主京極高典《たかまさ》のもとで、家老林三左衛門を中心にして西洋流砲術の採用が進められた。小藩多度津藩の積極的な西洋流砲術の取り入れは、近隣諸藩からも注目されるところであった。

この「西洋流炮術見聞録」によると、文久三年九月に上ノ村組の羽方村《はかた》（三豊市高瀬町羽方）の瀬丸池で、林三左衛門も参加して大砲の試射が行われている。豊田郡辻ノ村（三豊市山本町辻）の鋳物師の原宇右衛門が製作した、フランス式新大砲の試射であり、瀬丸池の堤で向山を目標にして行われ成功している。原宇右衛門はどのようにして大砲製造の技術を身につけたのであろうか、詳細は不明である。

## 農兵隊の結成と小銃の買い入れ

多度津藩では小銃隊の強化のため、元治元年（一八六四）二月に山階村《やましな》（仲多度郡多度津町山階）をはじめ八か村の二四人の農民を徴発した。かれらは山田一左衛門と畑庄司の組に預けられ、新抱足軽《しんかかえあしがる》とよばれたが、最終的には山田組・畑組ともに三四人の二組の、足軽小銃隊として組織された。小銃を中心とする歩兵銃隊として編成されたものであった。足軽隊としているが実態は農兵隊《のうへいたい》であった。のちの赤報隊《せきほうたい》に対して先進隊《せんしんたい》と名付けられた。これは明治にはいる四年前のことであった。

先進隊の結成後も、多度津藩は一層小銃隊の強化を目指している。慶応二年に入ったころに農民の志願によって農兵隊が組織された。五〇人編成で小銃が与えられて苗字帯刀が許され、二人扶持（年間七石二斗の支給）で新足軽とされ、赤報隊とよばれた。慶応三年（一八六七）四月の南鴨村（仲多度郡多度津町南鴨）の七人の「農兵書上人名覚」があり、また大見村（三豊市三野町大見）の初治が赤報隊に加えられ二人扶持を与えられた。大見村からは計一一人、神田村（三豊市山本町神田）から九人、松崎村（三豊市詫間町松崎）から一人、多度津から八人などが参加したのが確認できる。赤報隊は明治三年に解散した。

こうして多度津藩では家臣を高島流の大砲隊・小銃隊に編成して調練をするとともに、農兵隊を組織して小銃隊の強化も図っていった。小銃隊を充実していくためには洋式小銃の買い入れが必要であった。慶応元年五月に横浜で江戸商人伊勢屋彦次郎を仲介にして、小銃一〇〇挺を買い入れることにしていたが、予定通りにはいかなかった。翌慶応二年十二月になって四〇挺と六〇挺に分けて、小銃ミニエール銃を代金一六〇七両余で買い入れている。

しかし西洋式大砲の採用や小銃隊の編成などには多額の費用を必要とし、通常の多度津藩の藩財政運営からの支出は困難であった。慶応四年（明治元・一八六八）五月の富井家蔵の「御軍用《おんぐんよう》御入目《おんいりめ》請払帳《うけばらいちょう》」によると、軍事費一万二八九七両余の財源は、「引除金《ひきよけきん》」と称する藩財政とは別途会計と思われる非常軍事費が、五五〇〇両と半分近くを占めており、あとは藩役所の元方と献金等となっている。

軍事費として支出されたうち、江戸・横浜での小銃買入代が五一九三両余となっている。小銃隊等の軍事力の強化は、藩財政を逼迫させるのみでなく、さらに非常軍事費にも依存しなければならなかった。そしてそこには軍事資金の増加にともなう、藩の財政的な窮乏によって、藩存亡の事態をも招きかねない危険性があった。

**参考文献**

『新修詫間町誌』（詫間町、一九七一年）。
『善通寺市史・第三巻』（善通寺市、一九八八年）。
『香川県史3・近世Ⅰ』（香川県、一九八九年）。
『香川県史4・近世Ⅱ』（香川県、一九八九年）。
『多度津町誌』（多度津町、一九九〇年）。
『新編丸亀市史2・近世編』（丸亀市、一九九四年）。
『新修大野原町誌』（大野原町、二〇〇五年）。
『高瀬町史・通史編』（高瀬町、二〇〇五年）。
拙著『藩政にみる讃岐の近世』（美巧社、二〇〇七年）。
同『近世讃岐の藩財政と国産統制（Ⅱ部　丸亀藩）』（溪水社、二〇〇九年）。
同『近世後期讃岐の地域と社会』（美巧社、二〇一二年）。
陶山家文書（香川県立ミュージアム蔵・瀬戸内海歴史民俗資料館保管）。

# Ⅱ部 余録

# 一　高松藩の砂糖

（原題「砂糖」。代表渡辺則文広島大学教授科研費報告書『産業の発達と地域社会の変貌に関する史的研究―瀬戸内海地域を中心として―』。一九八一年）

## 1　砂糖為替金

高松藩では天保六年（一八三五）に藩財政難の解決のために砂糖の統制に乗り出しているが、その中心となる点は、砂糖為替金《さとうかわせきん》として藩札《はんさつ》を貸し付け、大坂での砂糖の売払い代金によって正貨で返済させるというものであった。したがって高松藩の砂糖統制の中で、砂糖為替金は重要な役割を果していたのであり、この為替金の実態を明らかにすることを具体的な研究課題とした。

高松藩では藩政史料が残存しておらず、藩側の為替金に関する史料がないため、領内九か所に置かれて砂糖の流通統制に大きな役割を果した、砂糖会所引請人《さとうかいしょひきうけにん》（はじめ砂糖問屋）の家の史料調査を行ったが、高松藩西部の阿野郡北の林田浦砂糖会所引請人の渡辺家の史料を除いては、今までのところまとまった史料を見い出していない。

渡辺家文書は現在香川県立ミュージアムに所蔵されている。阿野郡北の大庄屋であったため、大庄屋関係の公的史料がかなり多いが、砂糖会所関係の帳簿類（肥代貸付帳、砂糖積出帳、砂糖諸国売捌帳、砂糖運上銀取納帳、薪肥運上収納帳、為替金請払帳、奥印人別書抜帳など）も相当含んでおり、林田浦砂糖会所の業務内容に関する具体的状況を知ることができる。この渡辺家の砂糖会所史料は、砂糖会所の実態を明らかにしうる唯一の貴重な史料である。

さて、高松藩における砂糖為替金の貸付は天保六年に始まるといわれているが、渡辺家の「御用日記」などをみると、すでに文政二年（一八一九）に積出砂糖為替銀貸付を実施しており、翌三年にはこれをやめて「砂糖作付元手銀《さくつけもとでぎん》」を貸すことにしている。これ以前にも民間で船頭への為替金の貸付があったようであるが、藩による為替金貸付が問題とされるようになったのは、この文政二年からであるといえる。

その後天保元年には藩札による為替貸付たる「砂糖代前貸《だいまえがし》」が実施され、大坂への砂糖の積登せが義務づけられ、大坂砂糖会所への返済を行わせている。このように天保六年を遡ること一六年前の文政二年から砂糖為替金に対して藩が何らかの方策を取り始めているのであり、当時の藩財政の問題と関連して注意しておかねばならない。

## 2　砂糖会所座本と砂糖問屋

天保六年に設置された砂糖問屋（天保八年から砂糖会所引請人）は、砂糖方《さとうかた》から為替金として藩札を拝借し、これを砂糖生産者及び船頭へ貸付けているが、砂糖方への為替金の返済は砂糖問屋の責任で行わねばならなかった。この意味でかれらは砂糖為替金の貸付において重要な役割を果していたのはいうまでもなく、また大坂以外の他国売積出砂糖の運上銀の徴収をはじめ、藩に公認された砂糖積船たる組船の取締り、積出切手の作製など、藩による砂糖流通統制の中核となるべき存在であった。そして九か所の砂糖問屋のうち天保六年当時は、城下と坂出浦を除いた六か所の砂糖問屋はいずれも大庄屋・庄屋の村役人層であった。

これより以前文政二年に砂糖会所が設置され、その座本《ざもと》に城下の商人二名と砂糖の産地たる東讃の商人三名の計五名のものが任ぜられ、為替の貸付、積出切手の作製、極印の取扱いを行わせており、この砂糖会所座本は砂糖問屋の原形であるということができよう。

その後文政八年に砂糖方調達金《ちょうたつきん》として、藩札との引換えのために置かれた車元割当銀引替所《くるまもとわりあてぎんひきかえしょ》が、翌九年に小引替所となり、その責任者に城下の商人一名を含む砂糖生産地の商人七名のものが任ぜられ、砂糖会所座本と同じような役割を果している。また天保元年には砂糖引請人として東讃岐地域の大庄屋・庄屋の五名が置かれ、「砂糖一件引請」が命ぜられている。藩による砂糖の流通統制の変遷は省略するが、いずれも為替金貸付と深い関係をもって、砂糖会所座本—小引替所—砂糖引請人と推移し、天保六年の砂糖問屋の設置へと行きつくのである。

砂糖会所座本及び小引替所の責任者となったものは、屋号で書かれ商人として記されているが、城下のものを除いておそらくかれらは本来村役人層であり、商業的経営に従事していたために屋号を称していたと思われる。この点で砂糖引請人・砂糖問屋になったものも同じ系列にあるといえる。このように藩は文政二年以来、商人的性格を持ち何らかのかたちで砂糖取引に従事していた村落支配者層を、砂糖流通統制の中核にすえることによって、その統制の確立をはかろうとしていたのである。

## 3　船中為替と別段為替

天保六年からはじまる砂糖為替金の種類については井上甚太郎氏は六種類とし（『讃岐糖業の沿革』）、児玉洋一氏は七種類としており（「高松藩に於ける砂糖為替の研究」『高松高商論叢』一七—二・三）、為替金の種類には相違がみられるが、正確には船中《せんちゅう》為替・別段《べつだん》為替・肥代《ひだい》為替・振替《ふりかえ》為替・古《こ》為替の五種類である。

| | | | | | | | |
|---|---|---|---|---|---|---|---|
| | 両 | | 両 | | 両 | | 両 |
| 天保６ | 金 4,454 | 弘化４ | 金32,470 | 安政４ | 金38,500 | 文久３ | 金30,290 |
| 天保10 | 17,096 | 嘉永５ | 29,470 | 安政５ | 36,800 | 元治１ | 43,100 |
| 天保11 | 12,800 | 嘉永６ | 25,990 | 安政６ | 28,420 | 慶応２ | 40,123 |
| 天保13 | 18,000 | 安政１ | 24,218 | 万延１ | 29,650 | 明治３ | 23,760 |
| 天保14 | 20,600 | 安政２ | 26,250 | 文久１ | 26,370 | | |
| 弘化１ | 21,850 | 安政３ | 28,530 | 文久２ | 31,485 | | |

「渡辺家文書」より。

船中為替は砂糖方より砂糖問屋に貸し付け、砂糖問屋はこれを船頭や荷主が積み出す砂糖の量に応じて貸し付けるもので、為替貸の対象となった砂糖は「為替付《かわせづけ》」として大坂へ運び、大坂での売払代金を大坂砂糖会所へ納めねばならなかった。別段為替は十二月の年貢納入時に、砂糖を生産する農民に年貢納入資金として貸付けられるもので、返済は船中為替と同じであった。これらの為替金には藩礼があてられたことはいうまでもない。肥代貸付は砂糖問屋が肥料購入代金を砂糖方から拝借し、購入した肥料を甘庶生産者へ貸し付けるものである。

振替為香は砂糖問屋から砂糖方への為替金返済が不足した時に、砂糖問屋が済方から借用して砂糖方へ納め、済方への返済は為替借用金をもって行うというもので、実際には現金の移動はなく、書類上の操作で終るものである。古為替は船中・別段為替を困窮等によって、砂糖問屋へ返済できない為替金を無利息永年賦にして、砂糖問屋へ貸付けるという方法である。

以上のことから、正金獲得のための砂糖為替金として考えられるのは、船中為替と別段為替であり、この両為替金の貸付が高松藩の砂糖為替金貸付の中心となるものであることがわかる。年代不明であるが、渡辺家文書にある林田浦砂糖会所の為替金拝借高の内訳をみると、計二万四三一五両一歩二朱のうち別段為替が二六七〇両、肥代（肥料代金の貸付）が二〇〇〇両で、残りの為替銀勘定つまり船中為替が一万九五五五両一歩二朱となっており、全為替拝借高に占める船中為替の率は八〇パーセントである。船中・別段為替のうちとくに船中為替が圧倒的に多かったのである。また、林田浦砂糖会所の砂糖方からの為替金拝借高の変遷をみると前ページ表のとおりであり、安政（元年・一八五四）以降増えはじめ元治元年（一八六四）が最高となっているが、同時にこのことは林田浦砂糖会所管轄地域における砂糖生産の推移をも示しているということができる。

以上の点を踏まえて、林田浦砂糖会所における為替金貸付の実態を明らかにしなければならないが、その具体的分析は別の機会に行いたい。

# 二　高松藩の概観

（原題「高松藩・藩の概観」。『藩史大事典　第六巻　中国・四国編』。雄山閣、一九九〇年）

## 1　高松藩の成立

高松藩は、讃岐国（香川県）の東・中部を領有した家門中藩である。

寛永十七年（一六四〇）に讃岐一国を支配した生駒氏が生駒騒動によって出羽国の矢島一万石に転封されてのち、同十九年に御三家の水戸藩初代藩主徳川頼房《よりふさ》の子松平頼重《よりしげ》が東讃岐一二万石の領主となり、高松城に入った。このため高松松平藩は、水戸藩との関係が深かった。以後、頼常《つね》・頼豊《とよ》・頼桓《たけ》・頼恭《たか》・頼真《さね》・頼起《おき》・頼儀《のり》・頼恕《ひろ》・頼胤《たね》・頼聰《とし》と一一代二二九年間にわたり在封した。なお宝永五年（一七〇八）から正徳二年（一七一二）、享保六年（一七二一）から元文四年（一七三九）の二回にわたり、幕府領の小豆島・直島・満濃池御料《いけごりょう》が当藩の預地《あずかりち》となった。享保六年の預高は、計一万〇九八九石余である。のち元治元年（一八六四）に男木島・女木島と満濃池御料が預地となっている。

初代藩主頼重の時代に領内支配体制の基礎が固められ、城下町の拡充・整備、城下東方の木太郷・古高松郷の海浜の埋め立てによる新開《しんかい》の完成、多数のため池の築造などが行なわれた。のち元禄十五年（一七〇二）に城下中村の中野天満宮の南に藩校として講堂《こうどう》を建てた。さらに安永八年（一七七九）にはこれまでに倍する規模の藩校を建て講道館《こうどうかん》と称した（『増補高松藩記』、以下『藩記』に拠っているところは出典を省いた）。享保十・十一年に藩財政難の解決のため一部の藩士の禄の打ち切りを行なった。これを「享保の大浪人《だいろうにん》」といい、十一年には一二〇人にものぼったという（「消暑漫筆」）。

## 2　財政難克服と殖産奨励

延享四年（一七四七）に、藩は城下西通町《にしとおりちょう》の柏野屋《かしのや》市兵衛の申請をいれて綿運上銀を課した。しかし翌寛延元年に、これに反対する領内西部の鵜足郡・那珂郡の農民が柏野屋宅へ押しかけ、綿運上の賦課の代わりに肥料代貸付を要求したが、受け入れられなかったため打ちこわしを行なった。また翌二年には領内東部の農民が生活困窮を訴えて城下へ押しかけたので、藩は農民の負担を軽減し救米を出すことにした（尾崎卯一史料）。

宝暦元年（一七五一）に入ると藩財政はますます深刻となったため藩財政改革に取り組み始め、宝暦五年に山田郡の屋島西潟元《にしかたもと》に亥《い》ノ浜塩田を築造、同七年に藩札《はんさつ》（銀札《ぎんさつ》ともいう）の発行、同九年からは家臣への知行米渡しを半減するとともに徹底した倹約政治を実施した。これらの改革によって明和元年（一七六四）ころには成果があらわれ始め、同九年には軍用金・撫育金《ぶいくきん》をある程度貯えることができたという。

寛政十二年（一八〇〇）に家老となった玉井三郎右衛門は翌享和元年に、他国の廻船との取引場として城下東浜北の海浜を埋めて新地を築いて問屋を移し、また米・綿・雑穀・塩などを買い上げて江戸・大坂へ送って売り捌くことを献策した。この方針にそって東浜に新湊町《しんみなとまち》がつくられ、また産物奨励のために生産の元手銀《もとでぎん》として藩札を貸し付けることにした。元手銀以外にも家臣や領内の富裕な町人・農民への藩札の貸付を積極的に行なった。これらの政策を「享和新法《きょうわのしんぽう》」といった。

## 3　財政改革と砂糖統制

こうして大量の藩札が流通するようになったが、藩財政が悪化していく中で藩札と正貨との交換に応えられなくなり、藩札の価値が下落してインフレ状態となって、藩内の経済は混乱していった。このため文政十一年（一八二八）には年貢米四三〇〇石余を領内の富裕な町人・農民に「永年買受《えいねんかいうけ》」を行なわせ、その代金を藩札で納めさせて藩札を回収しており、また御林《おはやし》八〇か所を売り払って同じく藩札を回収した。こうした中で天保四年（一八三三）には天保銀札を発行しこれまでの宝暦銀札を回収して天保銀札と交換し、藩札の信用回復に成功することができた。

一方、藩財政は、文政末頃には、江戸・上方などからの借銀が五〇万両あったといわれるように困窮化していた。このため文政十二年に収入増を狙って当時日本有数の規模であった坂出塩田を久米栄左衛門《くめえいざえもん》に築造させ、天保三年には以後三年間江戸・上方の商人への借銀の返済を行なわないこととし、そのために領内へ御用米《ごようまい》を課している。そして借銀返済猶予の切れる天保六年に、借銀返済の財源確保のために行なわれたのが砂糖為替金趣法《さとうかわせきんしゅほう》であった。

高松藩では、寛政元年冬に砂糖製造に向山周慶《さきやましゅうけい》が成功し、その後、高松藩の特産品の白砂糖として全国的に知られるようになっていた。砂糖為替金趣法は、領内沿岸部の九か所に砂糖会所を置き、この砂糖会所を通して生産者・荷主に砂糖生産資金として藩札を貸し付け、貸付を受けた生産者は、砂糖を大坂の高松藩蔵屋敷内に置かれた大坂砂糖会所へ送り、その売り払い代金を同会所へ納めるというものであった。この趣法は成功し、天保末には藩財政を再建することができたという。砂糖趣法の方法は原則的に明治初年まで続けられた。天保十一年には江戸藩邸の財政改革が行なわれ、天保十四年には幕府の天保改革の方針を受けて、郷中取り締まりと農村の店商《たなあきな》い調査による商品経済の統制を行なおうとしている（「御改革一件記」『香川県史9・近世史料Ⅰ』）。

天保五年二月に鵜足郡宇足津村で米穀の買い占めをしていた商家が打ちこわされ、続いて隣村の坂出村で一揆が起こり、大庄屋・番所役人・商家が打ちこわしに遭ったが（「民賊物語」）、この一揆は、坂出塩田で働く零細な製塩業者が中心となって起こしたものであろうといわれている。

## 4　幕末の動向

嘉永六年（一八五三）のペリー来航に際して江戸浜御殿一帯を幕命により警備し、のち安政四年（一八五七）には大坂木津川口砲台の守備、翌五年には京都警衛、文久三年（一八六三）には摂津・播磨境より湊川までの海岸の警備を命ぜられた。一方、領内沿岸地域の警備として安政六年に一二か所に「固場《かためば》」を設置し（渡辺家「御用日記」）、文久三年に屋島長崎鼻《ながさきのはな》・下笠居神在鼻《じんざいのはな》に砲台を築き、海岸防禦のため農兵二〇〇〇人の結成を命じている（「異国船一件留」前出『香川県史』）。元治元年（一八六四）七月の禁門の変では、高松藩は皇居守衛にあたったが、香川郡西の円座村の勤王家小橋安蔵《こばしやすぞう》の弟友之輔《とものすけ》は長州藩軍に加わって戦死した。

慶応四年（一八六八）正月の鳥羽《とば》・伏見《ふしみ》の戦いで高松藩兵は幕府軍側にいたため、明治新政府から朝敵とされ、追討軍が向けられた。このため藩は責任者として家老小夫兵庫・小河又右衛門を切腹させ、藩主頼聰は浄願寺へ入って謹慎した。追討軍となった土佐藩軍は丸亀藩軍・多度津藩軍を先鋒として高松城下へ入り、高松城を接収した。のち二月終りに嘆願が新政府へ聞き入れられて許された。

明治二年（一八六九）四月に執政《しっせい》となり、藩政改革を推進していた松崎渋右衛門《まつざきじゅうえもん》が、同年九月に城内桜ノ馬場で殺害された。また同三年正月に阿野郡北の農民三〇〇〇人余が村役人の不正を追及して蜂起し、また翌四年九月に旧藩主松平頼聰の東京への高松出発に際して、城下・坂出・宇足津などで百姓が蜂起したが、これらの事件はいずれも明治維新における高松藩の混乱を物語るものであった。

# 三　わが藩の名物男たち・高松藩

（『有名殿様と名物家臣』別冊歴史読本。新人物往来社、一九九二年）

## 1　発明の才で塩田開発・久米栄左衛門

兼農の船乗りの家に生まれたが、たいへん器用な子で獅子・熊の粘土細工や工作などが得意であったという。寛政十年（一七九八）、一九歳の時に大坂の天文学者間重富《はざましげとみ》に入門し、天文測量技術を学んだが、四年後、父の病没により帰郷した。大坂で学んだ技術によって藩の沿岸測量に従事、伊能忠敬《いのうただたか》の藩領測量にも参加し、藩から二人扶持《ふち》（のち御徒並《かちなみ》三人扶持）を与えられた。

この頃から生来の器用さを生かして兵器製作を始め、当時わが国では画期的な発明である鋼輪仕掛けの燧石銃《ひうちいしじゅう》の「輪燧佩銃」、大砲たる「百敵砲」、空気銃である「風砲」をつくり、晩年には「雷汞《らいこう》」（ドンドロ）の製造に成功、「極密銃」などの雷管《らいかん》式銃を製作したが、わが国でもっとも早い雷汞の製造といわれる。

また、水揚器を考案して木型をつくり、「養老の滝」と名付けて絵図にして木版のポスターをつくり、大坂や江戸で宣伝したという。このほか伊予別子銅山の改修、大坂淀川の工事に関与し、遠江の新居湊《あらいみなと》の開削計画も立案した。

かれは藩の財政難解決にも関心を示し、当時藩の特産品であった砂糖と塩に注目し、生産者への砂糖仕《し》込《こみ》銀貸付と坂出村沖の塩田開発を建白した。藩はさっそく、かれを工事責任者として坂出塩田築造工事を始めた。身につけていた測量技術が塩田築造に役立ったが、坂出村の北に広がる遠浅の海浜を、石垣の堤防を築いて海と塩田を分けるという大工事であった。

完成した塩田は西大浜、東大浜とよばれ、総面積一三一町余の大規模なものであった。この塩田は久米《くめ》式《しき》といわれ、赤穂塩田と三田尻塩田の長所を取り入れ、海水注入口と排水溜《はいすいだめ》を分離させた独得の方法をもつ、当時わが国有数の塩田であった。築造費用は藩からの出費分だけでは足りず、久米家の土地などを売り払って資金もつくったという。

坂出塩田は、明治以後の塩田王国香川の基礎をつくった。

## 2 草莽志士の武装東上計画・小橋安蔵

小橋安蔵《こばしやすぞう》は円座村の医者の家に生まれ、伊藤南岳に漢学と数学を学び、大坂や江戸へも遊学した。家業を継いで円座村に住んでいたが、対外問題が緊迫するさ中、江戸・大坂へ出かけた。そして、ペリー来航二年前の嘉永四年（一八五一）には藩へ海防や軍備の強化を求めた上書《じょうしょ》を提出したが、取り上げられなかった。のち越後長岡の尊王志士長谷川正傑《しょうけつ》と出会い、尊王運動にともに従うことを約した。

子の友之輔《とものすけ》、女婿の太田次郎は高松藩を脱走して尊王攘夷《そんのうじょうい》運動に身を投じていたが、弟の木内龍山《きうちりゅうざん》・小橋橘陰《きついん》らも含め、安蔵に率いられたグループを小橋一門という。

文久三年（一八六三）八月の天皇の大和行幸《やまとぎょうこう》を機に京都の尊攘派は倒幕の行動を起こすことに決した。これを聞いた安蔵は、友之輔・太田次郎・長谷川正傑に、近くの金毘羅に来遇していた野城広助・美馬君田らとともに、姉の嫁ぎ先である隣藩の丸亀城下の村岡邸に隠していた武器弾薬を舟に積み込んで大坂へ向かわせ、自身も後から京都へ向かい尊攘派に合流しようとしたが、大和行幸が中止され尊攘派が京都から追い出されたことが伝えられたため取り止めた。

この安蔵らの武装東上計画は藩の察知するところとなり、安蔵は投獄された。翌年出獄したが、自宅に幽囚状態であった。翌元治元年（一八六四）の禁門《きんもん》の変《へん》には友之輔が長州藩軍に加わっていたことがわかり、再び獄に下った。三年後の明治元年正月に出獄した。

## 3　藩随一の文人派名家老・木村黙老

江戸時代後期の高松藩家老。通称は亘《わたる》、黙老《もくろう》は号。藩校講道館《こうどうかん》に学び、剣術にも長じていた。九代藩主松平頼恕《よりひろ》の下で年寄《としより》（家老）を勤めていたが、藩政の実権を握っていた大老大久保飛騨が、他の家老らにより藩政の中枢から排斥された時、黙老はただ一人これに反対して飛騨を擁護したため、一時家老職を解かれた。のち復職して藩財政専任の家老となり、翌年に江戸藩邸の奉行《ぶぎょう》であった筧速水《かけいはやみ》が帰藩して財政担当となり、ここに財政難克服のための藩政改革がこの両人の下で実施された。

十年間の倹約政治の実施、領内への御用銀等の賦課、坂出塩田の築造、天保新藩札の発行などを行ない、その最後の仕上げとして天保六年（一八三五）に、当時特産品として藩内で盛んになってきていた砂糖への取り締まりである砂糖為替金趣法《さとうかわせきんしゅほう》を採用した。これ以後、藩財政は好転に向かった。天保八年に筧速水は病没したが、この後も財政再建の努力は続けられ、天保十一年からは黙老自身が江戸藩邸の財政改革にも乗り出している。

一方、黙老は文化十二年から文政五年、また文政十二年から天保五年にかけて家老として江戸におり、作家滝沢馬琴《たきざわばきん》との交友を深め、馬琴の三親友の一人となった。黙老は蔵書家で、馬琴も多くの書籍を黙老が所持していたことを記している。蔵は書籍で満ち、地震があってもかれは書庫に黙座していたという。自筆本として『聞ままの記』『続聞ままの記』が著名であるが、他に二〇種余ある。高松藩随一の文人派の名家老であった。

# 四　高松藩国産統制（地方史研究協議会編『地方史事典』。弘文堂、一九九七年）

「讃岐《さぬき》三白《さんぱく》」といわれるように讃岐では塩・綿・砂糖の生産が盛んであったが、そのうちとくに高松藩では砂糖の生産が十九世紀に入って領内各地に普及し、天保初年には全国からの大坂市場への集荷量の五割余を占めるに至った。そして天保六年（一八三五）に始まった砂糖の流通統制によって高松藩は財政難を乗り切ることができたといわれ、国産統制が成功した数少ない藩の事例として注目されている。

## 1　国産奨励と享和新法

延享四年（一七四七）から高松藩では各種の国産の奨励が始まったが、その中でまず塩が注目され、宝暦五年（一七五五）に宝暦財政改革の一環として屋島西潟元《にしかたもと》に当時高松藩で最大の亥浜《いのはま》塩田が築かれた。この亥浜塩田の築造は高松藩における財政難解決のための最初の本格的な国産《こくさん》統制であった。

高松藩では宝暦七年に藩札《はんさつ》を発行していたが、享和元年（一八〇一）にそれまでの方針を転換し、札会所《ふだかいしょ》に回収されていた藩札を積極的に運用することにし、困窮家臣や領内富裕者への貸付のほかに、新たに国産の生産のために生産資金たる元手銀《もとでぎん》として貸し付けることにした。この元手銀貸付は文化五年（一八〇八）に廃止されたが、こうした中から国産の生産がいっそう盛んになっていった。

これらの藩札貸付を享和新法《きょうわのしんぽう》といっているが、国産に注目すれば享和二年に国産の使用を命じ、翌年には領外からの物資の移入を禁じて正貨の領外流出を抑えるとともに、綿類の領外移出時に売り払い代銀に相当する正貨を納めさせ、代わりに藩札を渡すことにしている。これは国産の売り払い代銀を藩札と引き換えさせて正貨獲得を図った最初の例であるが、享和新法をもっと広義に解釈しこれらも含めて考えることが必要であろう。

## 2　砂糖会所と大坂商人

高松藩で初めて砂糖が生産されたのは寛政元年（一七八九）の冬であるが、その流通統制が本格化してくるのは文政二年（一八一九）に領内四か所に砂糖会所《さとうかいしょ》を設置してからである。これは大坂での砂糖売り払い代金を大坂砂糖問屋から大坂商人加島屋市郎兵衛へ納めさせ、砂糖荷主は代金の預書を受け取って帰り、砂糖会所へこれを提出して代金に相当する藩札を受け取るというものであった。砂糖会所の責任者たる座本にはその地域の砂糖取扱人を充てた。当時加島屋は高松藩へ藩札の引き換え正銀を調達していたので、砂糖代銀がその返済資金とされたのである。

この砂糖代銀の納入を「加島屋掛込《かけこみ》」といったが、文政四年からは砂糖代金の七割を納める「七歩金《しちぶきん》掛込」となり、同七年には掛込先は加島屋から天王寺屋五兵衛に代わった。こうした文政期の砂糖統制は、加島屋・天王寺屋らの大坂商人との関係を強める中で、彼らへ返済する正貨の確保を砂糖代銀で図ろうとしていた。

## 3 砂糖為替金趣法

文政後期に財政難と領内のインフレによる経済混乱に陥った高松藩は、文政八年から改革に取り組んだが（天保改革という）、とくに文政末には当時一〇分の一の価値に低下していた藩札の回収に乗り出すとともに、天保四年（一八三三）に新藩札を発行してその信用回復に成功した。また同元年に砂糖の移出先を大坂に限定し砂糖代前貸《まえがし》などによって正銀を確保しようとした。しかし二年後には以後大坂積限定を止め諸国での売り払いも認めた。

天保三年に高松藩は財政難のため以後三年間江戸・大坂などの商人からの借銀を返済しないことにしたが、その期限の終わった六年に返済に充てる財源を確保するために、砂糖の新たな流通統制たる砂糖為替《さとうかわせ》金趣法《きんしゅほう》を実施した。その内容を述べると、借銀返済に回される米・正銀を借銀返済を職務とする済方《すましかた》へ渡し、これを引き換え財源として藩札を札会所から砂糖方《さとうかた》へ渡す。砂糖方からは砂糖会所へ、さらに砂糖会所から荷主と砂糖積を公認された組船《くみふね》船頭に、組船船頭から砂糖生産者へ貸し付けられた。この砂糖会所から組船船頭へ貸し付けられた藩札の返済は、大坂の高松藩蔵屋敷へ砂糖を積み送り、その代銀を蔵屋敷内の大坂砂糖会所へ納めることを義務づけることで行わせた。砂糖会所は領内沿岸の九か所に置かれ、その地の商人・村役人らを引請人として責任者にした。

この砂糖為替金を船中為替《せんちゅうかわせ》といったが、天保末には一年にだいたい金一四、五万両の貸付があり、大坂の借銀はもとより江戸藩邸へも回され、なお残った分は藩地の札会所へ納めたといわれるように、多くの正貨を獲得することができ財政難は好転した。のち弘化以降には大坂での売り払い方法に変化は見られたが、明治四年の廃藩置県までこの方法は続けられた。

## 4　在地主導の国産統制

この天保六年に始まる高松藩の砂糖統制は、文政二年以降の流通統制の試行錯誤を経て最終的にでき上がったのであるが、文政期のように大坂商人との提携を前提とはせずに、藩地の札会所・砂糖方・砂糖会所引請人を核として運営され、いわば在地主導《ざいちしゅどう》によって藩札政策と国産統制を結び付け実施されたもので、大坂砂糖市場を重視しつつ、藩主体によるいわば一藩経済体制の強化を目指していたといえよう。そしてこの方法を考案したのは札会所元締役《もとじめやく》日下儀左衛門、代官竹内与四郎、郡奉行杉野九郎右衛門らであり、これを年寄《としより》（家老）筧速水《かけいはやみ》が採用して実施された。ここに藩の経済政策を立案・実施していく藩地の役人層、つまり藩経済吏僚ともいわれるべき人たちが現れているのをみることができる。

### 参考文献

天野雅敏氏ほか「諸藩の産業と経済政策」『日本経済史二・近代成長の胎動』岩波書店、一九八九年。

拙著『近世讃岐の藩財政と国産統制』溪水社、二〇〇九年。

# 五　高松城下町（『城下町古地図散歩』六。平凡社、一九九七年）

## 1　高松城築城と城下町の形成

天正十五年（一五八七）に豊臣秀吉から讃岐国を与えられた生駒親正《ちかまさ》は、翌年に香東郡野原庄《のはらのしょう》の海浜での築城に着手し三年かかって完成したという。隣郡山田郡高松郷の地名をとってこれを高松城と名付け、もとの高松は古《ふる》高松と呼んだ。天守閣を中心として東・西・南に海水を利用した三重の濠を設けた。

高松城の北は海に面しており城下町は南に形成された。築城開始から三十九年後の寛永四年（一六二七）に讃岐を探索した幕府隠密《おんみつ》の報告の中に、当時の高松城と城下町の略図がおさめられている（「讃岐伊予土佐阿波探索書」写、東京大学史料編纂所蔵）。これによると天守閣は三層に描かれており、中濠と外濠の間は侍屋敷となっているが、東のほうは町となっており、外濠の南西に侍屋敷が置かれていた。町は外濠の西・南・東に配置されていたが、西は一筋の通りがあるだけで、南は三、四筋東は四筋とあるように、南と東に町は発展しており町屋数は八、九〇〇軒であった。

これから一〇年余りのちの寛永十六年頃のものといわれる「生駒家時代讃岐高松城下屋敷割図」（高松市立歴史資料館蔵）は、隠密の略図とほとんど大差ないが、外濠の南西の侍屋敷は一番丁から三番丁筋まで、また外濠の西に侍屋敷が描かれており、城下町南のはずれに寺が置かれ、さらにその南に馬場と侍屋敷がある。外濠内と外濠南西の侍屋敷は計二七〇軒で、重臣屋敷は中濠の外側に沿って配置されていた。町は東西に五筋、南北に七筋の通りがあり、町屋数は計一三六四軒であった。当時の町名として、いほのたな町・つるや町・本町・たたみ町・東かこ町・兵庫かたはら町・丸がめ町・かたはら町・塩やき町・新町・百間町・通町・ときや町・大工町・びくに町・こうや町・かちや町・えさし町などが記されている。

## 2　城下町の発展

生駒家が御家騒動《おいえそうどう》によって寛永十七年に高松城を去ってから二年後の十九年に、御三家の水戸藩の出の松平頼重《よりしげ》が東讃岐一二万石の領主となって高松城に入った。頼重は城下の上水道を敷設し番丁の侍屋敷の拡大に努めるなど、城下町の発展、整備に尽くしたが、寛文十年（一六七〇）には三重五層の天守閣を再築した。これを記念してつくられたのが「高松城下図屛風」と思われる。寛文十一年から翌年にかけて高松城普請を行い、北の丸・東の丸を新たに造成し、ここに高松城は最終的に完成した。当時の町屋人口は一万九〇〇〇人余りであった（「随観録」高松松平家歴史資料、香川県立ミュージアム蔵）。

享保十一年（一七二六）頃の作製といわれる「高松城下図」をみると、西は摺鉢谷《すりばちだに》川の高橋、東は新材木町の新橋、南は旅籠町・瓦町・福田町までが町屋となっており、文化年間（一八〇四～一八一八）作製の「高松御城下絵図」の様子とそう大きく異なるところはなく、享保頃に高松城下町はほぼでき上がっていたといえよう。当時の町数は四二であり、のち幕末の弘化元年（一八四四）の城下図では町数が五三になっている。天保九年（一八三八）の高松城下には侍屋敷が四八四軒、町屋が五九九一軒あった（「御領分明細記」鎌田共済会郷土博物館蔵）。

## 3　城下の有力商人と新湊町の築造

高松城外濠の南の中央に架かる常磐橋《ときわばし》から、南にまっすぐ延びた丸亀町・南新町が城下の中心の通りであり、これに面して有力商人たちが店を構えていた。天保頃、両町にいた町人は、丸亀町には米沢屋・奈良屋・津国屋・多田屋・荒木屋・笠井屋・伊賀屋・中村屋・岩金屋・木村屋・木幡屋・富吉屋・上総屋があり、南新町には松屋・阿波屋・筑前屋・池田屋・伏石屋・佐伯屋・すへ屋・多賀屋・秋田屋・久間屋・能登屋・三倉屋・美濃屋・川口屋・増田屋があった（「新井戸水本并水掛惣絵図」写。鎌田共済会郷土博物館蔵）。幕末の嘉永五年（一八五二）の高松藩の御用達商人として川崎屋・金川屋・三倉屋・木屋・美濃屋・久間屋・唐津屋・秋田屋・伏石屋・明石屋・奈良屋の名がある（「鳥屋触帳」　高松市立歴史資料館蔵）。職人たちの住んでいたことを示す町名として大工町・紺屋町・桶屋町・磨屋町・鍛冶屋町・瓦町などがあった。

文化二年（一八〇五）に東浜の北を埋めて新地を築き、これを新湊町《しんみなとまち》と称した。これは国産品の取り引きを盛んにするためであったが、新湊町には一六軒の万問屋《よろずどんや》商人が置かれ、他国船との商品の取り引きに当たった。高松藩では十九世紀に入って砂糖の生産が盛んになったが、文化六年（一八〇九）に高松城下の砂糖取り引きの責任者に新湊町の鳥屋仁左衛門を任じ、砂糖の領外への積出切手も取り扱わせることにした。のち文政九年（一八二六）には平福屋安兵衛に替わっているが、城下から砂糖が領外へ積み出されていた。また城下で砂糖の生産も行われており、同十年には砂糖絞屋《しぼりや》二八軒、砂糖仲買《なかがい》一七軒があり、新湊町では平野屋・鳥屋・煙草屋が砂糖を取り引きしていた（前出「鳥屋触帳」）。なお文化頃には城下の上水道の水源として、新井戸（亀井町）・今井戸（磨屋町）・大井戸（瓦町）があった。

高松城下の人々の氏神さまとして親しまれていたのが石清尾八幡宮《いわせおはちまんぐう》であるが、延喜十八年（九一八）に京都の石清水八幡宮を勧請したといわれる。「八幡さん」の祭礼は春と秋の二回あり、春は右馬頭祭《うまのかみ》といい、南北朝時代の讃岐守護細川右馬頭頼之《よりゆき》の時に行った祭りに由来する。秋祭りは大祭で、十月十三日から三日間あり、各町から踊りだんじり、囃《はやし》だんじり、太鼓台、獅子舞などが出て賑わったという（市原輝士・宮田忠彦氏『わが町の歴史・高松』）。

# 六　高松藩―歴代藩主でたどる藩政史―

（『藩主総覧―歴代藩主でたどる藩政史―』別冊歴史読本。新人物往来社、一九九七年）

## 1　高松城の完成

高松藩は、初代水戸藩主徳川頼房《よりふさ》の長男松平頼重《よりしげ》（～延宝元）が寛永十九年（一六四二）に、生駒家が転封された讃岐の中・東部一二万石を領したときにはじまり、頼重以後一一代つづき、廃藩置県《はいはんちけん》となる。

松平頼重が水戸藩の出であったところから、溜間詰《たまりのまづめ》で大礼のときには京都への使者となるなど、幕府に重んじられた家柄であった。また頼重の後の藩主に弟水戸藩主徳川光圀《みつくに》の子頼常《よりつね》（～宝永元）を、九代藩主に同じく徳川治紀《はるのり》の子頼恕《よりひろ》（～天保十三）を藩主に迎えるなど、水戸徳川家との関係は深かった。

領地は、讃岐国のうち大内《おおち》・寒川《さんがわ》・三木・山田・香川郡東・香川郡西・阿野郡北・阿野郡南・鵜足《うた》・那珂の各郡に存在した。朱印高は一二万石であるが、松平頼重襲封時の草高《くさだか》は一六万九七〇石余であった。のち元文四年（一七三九）には約一九万五〇〇〇石となる。

初代藩主松平頼重は城下町の拡充・整備、城下東の新田干拓の完成、多くの溜池の築造、領内検地の実施、家臣団軍事編成や家臣知行米制の確定など、領内の支配体制を確立させたが、その象徴的な事柄が高松城の完成であった。

寛文十年（一六七〇）に生駒家の天守閣を建て替えたが、二年後には高松城普請をおこなった。東の中濠と外濠の間の一部を城内に取り込んで東ノ丸、三ノ丸の北の海を埋めて北ノ丸とし、城内への入口を中堀の真南から南東の角へ移した。

藩財政は松平頼重の時にも逼迫していたが、二代藩主頼常は元禄八年（一六九五）に倹約政治を実施し、「御定法御入用積《ごていほうごにゅうようつもり》」という、以後の藩財政支出削減の方針を示した。また頼常は同十五年に城下中村の中野天満宮の南に藩校として講堂《こうどう》を建てた。

## 2　殖産奨励と財政改革

三代藩主頼豊《よりとよ》（〜享保二十）の時代に入った正徳元年（一七一一）ころから藩財政は次第に悪化しはじめ、享保九年（一七二四）には知行米の支出を抑えるために、以後三年にわたって藩士の禄の打ち切りをおこなった。これを「享保の大浪人《だいろうにん》」という。合わせて一二三人（一説には三百余人とも）にものぼったという。

四代藩主頼桓《よりたけ》（〜元文四）の後、藩財政が深刻な状態になった元文四年（一七三九）に襲封した五代藩主頼恭《よりたか》（～明和八）は、寛保元年（一七四一）と延享三年（一七四六）に財政再建に取り組んだ。しかし十分な成果が上がらなかったが、財政難解決の一つの方法として領内での殖産奨励を積極的におこない、そこから収益を得ることが取り上げられた。

延享四年に、砥石・雲母《うんも》・陶器・櫨《はぜ》・滑石《すべりいし》・硯石《すずりいし》など、新規の産物生産が奨励されており、また翌寛延元年には藩の援助により屋島の檀ノ浦に、同三年には藩の命により牟礼村に塩田が築かれた。のち撤回されたが、延享四年に綿運上銀《わたうんじょうぎん》を課したのもこの方針に沿ったものであった。

宝暦五年（一七五五）に当時高松藩最大規模の亥浜《いのはま》塩田が屋島の西潟元に完成し、同七年には藩札《はんさつ》を発行して財源確保とともに正貨獲得を図り、同九年からは徹底した緊縮財政を実施した。この宝暦期の財政改革によって高松藩の財政は持ち直した。

藩財政が安定した時代に入った六代藩主頼真《よりざね》（～安永九）の安永八年（一七七九）に、これまでに倍する規模の藩校を中野天満宮北に建て、講道館《こうどうかん》と称して後藤芝山《ごとうしざん》を初代総裁とした。ここでは町人や百姓の子供も希望すれば受講できた。芝山の弟子が幕府の寛政異学の禁を主導した柴野栗山《しばのりつざん》である。

七代藩主頼起《よりおき》（～寛政四）を経て、八代藩主頼儀《よりのり》（～文政四）の享和元年（一八〇一）には、藩札の積極的な運用と一層の殖産奨励をおこなうとともに、領外との商品取引の場として城下東浜の北に新湊町《しんみなとまち》を築いた。これを享和新法《きょうわのしんぽう》という。

## 3　天保改革と文教政策

高松藩は九代藩主松平頼恕《よりひろ》（〜天保十三）のもとで、藩財政の悪化と藩札の信用低下に対処して、文政八年（一八二五）から改革に取り組むことになる（天保改革という）。

財政再建については、文政十二年に当時日本有数の塩田であった坂出大浜を久米栄左衛門《くめえいざえもん》に築かせ、天保三年（一八三二）には以後三年間江戸・上方商人らへの借銀の返済を猶予することにし、同時に領内へ御用米《ごようまい》を課している。

藩札の信用回復策として藩札を回収し、天保四年には天保藩札を発行して藩札の額面での通用を実現した。この上に立って天保六年に砂糖為替金趣法《さとうかわせきんしゅほう》を実施した。

高松藩では寛政元年（一七八九）冬に砂糖製造に成功し、その後白砂糖の産地として著名になり、文政に入ってその流通統制にのり出していた。砂糖為替金趣法の要点は、砂糖荷主・船頭に藩札を貸し付け、その返済を大坂での売り払い代金でおこなわせるというものであった。これを「船中為替《せんちゅうかわせ》」といった。これによって藩財政の再建に成功することができた。

またこの時期には、文政十一年に古城跡《こじょうせき》の保存を命じ、翌年には『全讃史』を著した中山城山《なかやまじょうざん》を士分待遇にし、天保三年に史館「考信閣《こうしんかく》」を設置し、藩校講道館に新たに大聖廟《だいせいびょう》を建て、同六年には崇徳上皇《すとくじょうこう》旧跡といわれる雲井御所《くもいごしょ》を整備して頼恕自ら碑文を撰するなど、注目すべき文教政策が実施されている。

十代藩主頼胤《よりたね》（〜文久元）の後、一一代藩主に就いた頼聰《よりとし》（〜明治四）は、明治元年（一八六八）正月の鳥羽・伏見の戦いで、高松藩兵が幕府軍に属したため朝敵となった。責任者として二人の家老が切腹し、藩主頼聴は浄願寺で謹慎したが、二月末に許された。
明治四年藩主頼聴のとき廃藩となり、藩領は高松県をへて香川県に編入された。

# 七　高松藩博物学と栗林薬園（『讃岐と金毘羅道』。吉川弘文館、二〇〇一年）

## 1　藩主松平頼恭

元文四年（一七三九）に襲封した高松藩五代藩主松平頼恭《よりたか》は、明和八年（一七七一）に亡くなるまでの三三年間、高松藩主の地位にあって藩政の建て直しに努めた中興の名君といわれている。頼恭は陸奥国守山藩主の松平頼貞の三男として生まれたが、高松藩四代藩主松平頼桓《よりたけ》が襲封間もなく他界したため、守山松平家が高松松平家と同様に水戸藩の出であったところから、養子となって高松藩主を継ぐことになった。

松平頼恭は当時の幕府の殖産政策の方針に沿って、襲封から八年後の延享四年（一七四七）に、「砥石《といし》・雲母《うんも》・新陶器・櫨《はぜ》・滑石《すべりいし》・硯石《すずりいし》、今度吟味の上所々より見出し、并《なら》びに出来の品々ニ候間、油断無く見守り、此《こ》の後御用立ち御為にも相成り候様、仕方気を付け取り計らい申すべし、右の外何れニ寄らず、新規の産物其の外、是ニ準じ候物は同様相心得、吟味を遂《と》げ申すべき旨」（「穆公外記」香川県史編纂史料）、「（頼恭は）国益の事を常々に御工面成され、紙漉《かみすき》・焼物師など仰せ付けられ、或ははせ《（櫨）》の木を植え候様に仰せ付けられ、又は和人参を製法仰せ付けられ、其の外様々の事御初め成られ候」（「増補穆公遺事」『新編香川叢書・史料篇㈠』）とあるように、積極的な国産奨励の方針を出している。

## 2 薬草調査

この国産政策に関係するのは本草《ほんぞう》学・物産学であるが、松平頼恭は「物産の学問御好み成され、草木鳥獣・金銀玉石・骨角羽毛に至るまで、種々御取り集め、唐土・朝鮮・琉球・紅毛に至る迄の産物、御取り揃《そろ》へ成られ」ていたという。そして本草学への関心から、初めは平賀源内、後には池田玄丈・深見作兵衛を「頭取」にして領内を調査させ、「採薬と号し秋冬春、南は安原の奥、東は阿波堺、西は金毘羅山限りに、薬園方・草木方其の外、御小姓共に五、六人、奥横目壱人指し添え（中略）、或いは五日或いは七日逗留にて罷り越し、薬は勿論珍草珍木数多《あまた》掘取り、晩々根認め致し、高松へ差し越し夫れ々々植え付け」たという（前掲「増補穆公遺事」）。

高松へ送られた草木類は、藩主別荘たる「御林《おはやし》」（栗林荘のこと）内の梅木原薬園に植え付けられたと思われる。このほか高松城内の西ノ丸に「草木花壇鉢木等」が数多くあり、また西ノ丸に近い「御的場」にも花壇があったといい、これらのところでも植え付けられたであろう。先の引用史料にあるように、これらを管轄する薬園方や草木方には役人が置かれていた。また江戸の高松藩下屋敷が目黒にあったが、領内採薬の頭取として名が出てくる深見作兵衛が「草木の元仕込」などをし、月に二、三度は松平頼恭も出かけていたという。現在高松の松平公益会には、衆芳画譜四、写生画帖三、衆禽画帖二、衆鱗図四などの図譜類計一三帖が残っているが、これらは頼恭遺愛のものという。またこれとは別に衆鱗図二帖を宝暦十二年（一七六二）に幕府へ献上している（城福勇氏「博物好きの藩主松平頼恭」『平賀源内の研究』）。

## 3　池田玄丈

御林に薬園が設けられたのは池田玄丈《いけだげんじょう》の「由緒書」（写、鎌田共済会郷土博物館蔵）によると、「私儀延享三寅年九月、石清尾塔山の南麓ニ、これ有り候薬園御預け成られ、手入れ仰せ付けられ候て、御中間壱人御借り渡し下され候、寛延元辰年頃より、御薬園御林の内え引き取り候様仰せ付けられ」たとあり、延享三年（一七四六）ころには石清尾山の南麓に薬園があって、当時町医師であった池田玄丈がこの薬園を預かっていた。二年後の寛延元年ころから御林にこの薬園を移したという。そしてこれから五年後の宝暦三年に玄丈は、「数年御薬園御用出精相勤め、并びに郷中より出で候薬物の儀も、骨折り取り計らい候ニ付き」、つまり薬園御用勤めや郷中薬物骨折りとして、三人扶持《ふち》で藩に召し抱えられている。

松平頼恭の下で薬園に関係したのは池田玄丈が最初であると思われるが、先の引用史料には領内の採薬の頭取は初めは平賀源内《ひらがげんない》であるという。源内が領内採薬を行ったのは宝暦十年の九月のことで、当時源内は四人扶持・銀一〇枚であって、玄丈の三人扶持より多かったので先に頭取を務めたのであろうという（前掲城福勇氏「博物好きの藩主松平頼恭」）。玄丈はその後宝暦十三年に薬坊主並となり、西の丸と御林の両方勤めとなったが、それから四年後の明和四年（一七六七）には御林薬園の勤務を免除され、表医師並《おもていしなみ》になり四人扶持になっている（前出「由緒書」）。

## 4　平賀源内

ところで、先に領内の採草に際して初めに頭取として平賀源内の名があったと述べたが、源内は寛延二年（一七四九）の二十歳のときに、父の後を受けて高松藩領寒川郡の志度村の蔵番となったが、当時かれの本草学に対する才能が認められて、藩の薬園関係の仕事に従事することがあったのではないかという。延享三年（一七四六）にすでに石清尾《いわせお》南麓に薬園が設けられていたように、源内の本草学に対する関心は、藩主松平頼恭の殖産政策のための本草学・物産学の奨励ということを背景として、高められたといえるのではあるまいか。

宝暦二年（一七五二）の長崎遊学を経て、宝暦四年に蔵番退役願いを出して認められ、同六年に江戸へ向かい、本草家田村元雄のもとに入門した。翌年に田村元雄はわが国で初めての薬品会（物産会）を江戸の湯島で開いたが、これを発案したのは源内であり、かれ自身もみずから同九年に湯島で物産会をもっている。こうして江戸で新進の本草・物産学者として、源内の名が広まった。

高松藩では平賀源内を召し抱えることにし、宝暦九年に三人扶持を与えたが、源内は「学文料」として理解し、仕官《しかん》したのではないと思っていた。しかし藩主松井頼恭は先述のように博物好きであったので、源内を仕官させて重用し採集・整理の仕事を手伝わせた。翌十年に松平頼恭は帰藩したが、その随行を命じられ、九月には讃岐の領内で薬草・薬種の採集を行った。しかし源内は翌年に藩へ暇願《いとまねが》いを出して認められ、高松を去って江戸へ向かった。こうして源内は高松藩の本草学・物産学とは関係を絶つことになったのである（以上、城福勇氏『平賀源内』参照）。

## 5　梅木原薬園

御林に梅木原薬園ができて池田玄丈が頭取になったが、小姓のなかから薬園方番をきめて毎日薬園の手入れに出かけさせ、またそれ以外の掛かりの役人も命を受けて手伝いにいったといい、薬園の経営に相当に力を入れていた様子がうかがえる。そのころの薬園については、「初発に和人参何方の土地に応じ申すべき哉とこれ有り、安原又白峯へも遣わされ、試し候得共手入れ不届き故にや、染々(ママ)出来申さず、薬園掛かりの中にも、倉知弥次郎は一見識これ有る人物にて、公の御主意をも能《よく》呑み込み、本草にも志深く踏み込み出情仕り、頭取と示し合わせ、和人参初め諸薬草の内に、御国益に成るべき品々を撰び、追々沢山に殖し種々製法も手に入れ、永々は屹度《きっと》御国益に相成るべき勢いにもこれ有り」とあるように（前出「増補穆公遺事」）、倉知弥次郎のもとで、「和人参」（朝鮮人参のこと）をはじめ諸薬草を開発して「御国益」になるよう、盛んに活動していたのがわかる。

梅木原薬園の場所は現在の栗林公園の梅林付近から日暮亭《ひぐらしてい》北側までの、南北四五間余、東西二四間余であるという（「旧高松藩栗林薬園と薬用人参栽培地」『史蹟名勝天然記念物調査報告』第五）。なお倉知弥次郎は明和五年（一七六八）に江戸藩邸で砂糖製造家池上太郎左衛門から、吉原半蔵とともに砂糖製法伝授を受けた人物であり、この砂糖製法伝授も梅木原薬園に象徴される諸薬草開発の一環であったのではないかと思われる。

## 6　池田家の役割

こうした薬草開発のなかで注目された和人参の栽培は、松平頼恭ののちには「玄丈の子池田文泰に命じられ、昔の形計り残しこれ在る由《よし》なり」と（前出「増補穆公遺事」）、規模を縮小したようにいわれているが、文泰は天明元年（一七八一）に薬園預となり、そのとき和人参四一本を受け継いでおり、また新たに薬園に中間二人が置かれ、新規に人参苗一〇〇根が取り寄せられ植え付けられている。

しかしそれから一六年後の寛政九年（一七九七）には和人参の栽培は終わっている。和人参のほかにも薬園では多くの草木が栽培されていたが、そのなかで三〇種以上の薬草から薬種を仕立て、藩の御側の役所である御内証方《ごないしょうかた》に納めたという。そして薬園で栽培されていた薬草・薬木は四三〇種を越えていたのではないかという。

池田文泰の後は享和元年（一八〇一）に由章が「薬園出仕」、文政二年（一八一九）に「薬園預」、つぎの秀軒は天保二年（一八三一）に「薬園出仕」、同八年に「薬園預」となっている。秀軒が奉行所へ「由緒書」を提出したのは嘉永元年（一八四八）であり、おそらくこのときもまだ「薬園預」の職にあったと思われる（以上、竹内乕夫氏「旧高松藩の栗林薬園」『日本薬園史の研究』）。

つまり池田玄丈が延享三年に高松藩の薬園に出仕して以後、幕末の嘉永元年頃まで池田家代々が栗林荘の薬園に勤めていたのであり、高松藩の薬園に果たした池田家の存在は重要であったのはいうまでもない。とともに高松藩が松平頼恭以来、栗林荘における薬園を維持し、薬草・薬木による薬種の仕立ての研究を続けさせていたことにも注意しなければならない。

# 八　須恵器と理兵衛焼

1　『延喜式』

平安時代中ころの延長五年（九二七）に成った『延喜式』には、備前・美濃など八か国とともに讃岐は、律令制のもとでの税の一種たる「調」として須恵器《すえき》を国家へ納めることになっており、瓫《ぼん》・壺・瓶《かめ》・鉢・埦《わん》・盤《さら》・坏《はい》などの一八種類で三一五一個の数であった。須恵器は五世紀前半ころに、朝鮮半島南部から伝えられた高度な技術による窯業《ようぎょう》であった。讃岐では豊中町の宮山窯跡や高松市の三谷三郎池西岸窯跡《かまあと》にみられるように、五世紀でも比較的早い時期から須恵器生産が行われていた。

讃岐で須恵器生産がいっきに拡大していったのは、六世紀末から七世紀前半にかけてである。東はさぬき市志度町の末《すえ》窯跡群から西は三豊市山本町の辻窯跡群まで、ほぼ讃岐全域にわたって窯跡がある。これは日常に用いる土器、古墳への副葬土器として急激に需要が増加したからであった。そして興味深いことは、当時の地域首長の墓である巨石横穴式古墳と窯跡群がセットとなっていることである。末窯跡群と中尾古墳、公淵《きんぶち》窯跡群と山下古墳・久本古墳・小山古墳、陶《すえ》窯跡群と新宮古墳・綾織塚《あやおりつか》古墳・醍醐《だいご》古墳、青ノ山窯跡群と青ノ山七号墳、辻窯跡群と鑵子塚《かんすづか》古墳などである。これは須恵器生産が地域首長の関与のもとに行われたことを想像させる（木原溥幸編『古代の讃岐』）。

（『讃岐と金毘羅道』。吉川弘文館、二〇〇一年）

## 2 陶窯跡群

その後七世紀後半ころに生産をはじめたものもあり、発展を続けるかにみえた須恵器生産は、八世紀にはいると綾歌郡綾川町の陶窯跡群を除いて、ほとんどの生産地でいっせいに操業を終了している。現在陶窯跡群では須恵器窯跡が八四基、瓦窯跡が二六基、計一一〇基の窯跡が知られており、今後の調査でさらに増加すると思われる。これらの窯跡の分布地は洪積層《こうせきそう》からなっており、そこに豊富に含まれる粘土が焼き物の原料になったこと、また随所にある谷の斜面を利用する窯の構築が容易であったこと、洪積台地に広がる山林が窯業生産に必要な燃料の供給地として利用されたことが、この地域での須恵器生産を盛んにした自然条件として考えられる。

これらの理由とともに重要なのは、近くに一大消費地をもつようになったことである。つまり讃岐の国《こく》府《ふ》は陶窯跡群を貫流する綾川の約三キロ下流にあり、両者は綾川の水運によって直結されていた。讃岐国府跡の発掘調査（昭和五十二〜五十六）では、陶窯跡群で生産された奈良時代から平安時代にかけての須恵器が大量に出土している。また国府の周辺には多くの人々が集まり、日常生活で大量の須恵器を必要とした。こうしたことから陶窯跡群は国府に大量の須恵器を供給する官営工房的な役割を果たしていたと思われる。『延喜式』で納入を義務づけられた須恵器はこの窯跡群で生産されたものであったし、また京都の平安京内裏跡《だいりあと》や鳥羽離宮《とばりきゅう》から出土した瓦と同じ文様のものもここから出土している（『綾南町誌』）。

このように発展をとげた陶窯跡群も十一世紀末ころまでは盛んであったが、十二世紀にはいると急速に衰退していった。須恵器生産が開始されて以来、平安時代末にいたるまで、大形品、小形品や甕《かめ》などの分業的な生産の萌芽があったにしても、新しい技法である粘土塊ロクロ法や糸切り技法は受け入れることがなく、伝統的な技法によって生産を続けていたようである。そして須恵器生産の中から新たな中世陶器を生み出し、生産を発展させた形跡はみられない（以上、渡部明夫氏「讃岐国の須恵器生産について」『鏡山猛先生古希記念古文化論攷』）。

## 3　宗吉瓦窯跡

ところで、平成三年（一九九一）の三豊市三野町の宗吉瓦窯跡《むねよしがようあと》の発掘調査により、藤原宮跡出土と同笵《どうはん》の軒丸瓦《のきまるかわら》が出土した。藤原宮跡は平城京の前の都として、六九四年に奈良の橿原《かしはら》に建てられた、持統・文武・元明の各天皇の三代にわたる宮殿跡である。つまり宗吉瓦窯跡は藤原宮建設の瓦を生産することを目的に讃岐に置かれたのである。このため調査を継続し同八年には国史跡に指定された。宗吉瓦窯跡で確認された窯は一七基であり、現在工人の住居跡など工房跡関連施設の確認のための発掘調査が行われており、将来それらを含めた史跡としての整備を進めることとしている。（平成八年に国史跡に指定されて現在史跡公園となっている。）

## 4　紀太理兵衛

讃岐の中世には、高松市国分寺町楠井《くすい》遺跡で三足付土釜などを焼成した十五世紀の窯跡が確認されている以外、窯業として注目すべきものはみられないが、近世にはいり松平頼重《よりしげ》を始祖とする高松藩で陶磁器《とうじき》が盛んに作られるようになる。松平頼重は正保四年（一六四七）に京都の陶工《とうこう》森島作兵衛を切米一五石・

一〇扶持で召し抱え、慶安二年（一六四九）にかれを藩地へ招いた。作兵衛は名を紀太理兵衛《きたりへえ》と改め、高松城下南の藩主別邸栗林荘《りつりんそう》の傍らで焼き物窯を仕立てた。これを理兵衛焼《やき》という。藩主の御用窯《ごようがま》（御庭焼《おにわやき》）としては早い時期のものである。

紀太理兵衛の父森島半弥は近江の信楽《しらく》の出身で、理兵衛は父に陶技の手ほどきを受けたといわれ、のち京都の粟田口に移って陶芸に励んだ。理兵衛が粟田口に出てきたころの一七世紀前半の京焼では、当時盛んになっていた茶会に使うための茶陶《ちゃとう》が製作されていた。金閣寺の鳳林承章和尚の日記「隔冥記《かくめいき》」の寛永十七年（一六四〇）から正保二年（一六四五）にかけて、「茶入」に関係して「作兵衛」の名が出てきており、同一人とすれば京焼ではある程度名が知られるようになっていたと思われる（以上、『飯田町遺跡』。なお以下の記述にも同書を参考にした）。

## 5　古理兵衛

理兵衛は陶器の製作のため原料の陶土は、高松城下の東方にある寒川《さんがわ》郡の富田村丸山のものを用いたといわれるが、理兵衛の作品といわれているもののなかには、信楽の土や粟田口の釉薬《ゆうやく》（うわぐすり）を使ったものもあるという。初期京焼色絵陶器の流れをくみ、金・銀・赤・藍・緑・紫など各種の色釉薬で絵付けされている。理兵衛焼は江戸時代をとおして御庭焼として続き、紀太家は代々理兵衛を称した。理兵衛焼では作兵衛の父半弥を初代としているが、高松へきた二代理兵衛の作品をとくに古理兵衛《こりへえ》といっている。

寛文七年（一六六七）に松平頼重は幕府の大老酒井忠清を招いて茶会を催したが、古理兵衛の茶碗・水指・

花生を使ってもてなしたところ、これを所望したのでのちにこれを忠清に進呈したという。また三代理兵衛のときになるが、元禄十三年（一七〇〇）に江戸に大量に献上の茶碗を送ったという記録がある。

五代目理兵衛の惟久は寒川郡神前村の大庄屋蓮井家から養子となったが、一時期富田で作陶しており、また寛保元年（一七四一）には藩主松平頼恭《よりたか》の命により江戸へ出かけ、焼物御用を勤めている。また一〇代目の惟道は京都の三代目道八のもとに入門し、茶陶製作の修業を積んでいる。明治にはいって理兵衛を理平《りへい》に改め、現在は一四代目紀太洋子理平が受けついでいる。

平成四年から五年にかけて東京の飯田町の高松藩江戸屋敷跡の発掘調査が行われ、多数の理兵衛焼が出土している。二代理兵衛重利以下八代の惟晴までの長期にわたっており、碗・鉢・壺などの日用雑器のほかに、高松の地元でも発掘例のない特殊陶器も多数含んでいるが、これらは神仏混淆《こんこう》の祈禱、祭祀《さいし》の道具ではないかという。

## 6　高松藩の窯

理兵衛焼のほかに高松藩領では、富田焼・讃窯・屋島焼・魯仙《ろせん》焼・志度焼・御厩《みまや》焼などがあった。先述のように富田に理兵衛焼が一時移窯したともいわれているが、天明元年（一七八一）に藩の窯跡にはじまった松山富田焼、この後をうけたのが富永助三郎の富田焼、斎藤要助の富田焼である。讃窯は天保三年（一八三二）と嘉永四年（一八五一）に、ときの藩主松平頼恕《よりひろ》と世子松平頼胤《よりたね》が京焼の名工仁阿弥道八を招いて二回にわたって開窯したものである。屋島焼は三谷林叟《みたにりんそう》が屋島西麓に、魯仙焼は赤松宇吉が高松の香東御殿山に、それぞれ藩主松平頼儀《よりのり》の命により創窯した。

志度焼は源内焼ともいうが、元文三年（一七三八）に赤松弥右衛門が筑前の高取焼系と思われる陶器製造を始めていた。宝暦五年（一七五五）になると、長崎で交趾《こうち》焼やオランダ焼などを学んだ平賀源内が、志度で陶工に指導してつくらせたのが源内焼である。源内自身の作品は確認されておらず、学んだ陶工たちが各地に創窯した。源内焼の陶工として赤松松山、その子宇吉（号は魯仙）・清助、宇吉の子猪太郎、それに三谷林叟や堺屋源吾・脇田舜民・広瀬民山らがいる。

御厩焼は享保年間（一七一六〜一七三六）に尾張の瀬戸で修業した彦四郎が民衆の実用焼き物のために始めたもので、土鍋・こんろ・植木鉢などをつくり、最盛期には一〇〇余の窯があったという。

現在でも理兵衛（理平）焼・御厩焼はつづいており、志度焼の系譜を引く門家窯（志度）、燧窯（大野原）、桐壺窯（高松）、宮が尾窯（善通寺）、江山窯（大内）など、香川県各地で多くの窯で焼き物が作られている。

# 九　歴史書・地誌の編纂（『讃岐と金毘羅道』。吉川弘文館、二〇〇一年）

## 1　近世前期

讃岐の歴史について近世に入って初めて書かれたのは「讃岐国大日記」である。承応元年（一六五二）に高松の石清尾八幡宮祠官友安盛員《ともやすもりかず》が著したものである。古代から慶安四年（一六五一）までの讃岐の歴史を、漢文調で編年・日記体に略述している。承応二年から享保六年（一七二一）までは矢野理助が「続讃岐国大日記」、享保元年から天保八年（一八三七）までは中山城山《なかやまじょうざん》が「続々讃岐国大日記」として同じ形式で書き継いだ（城山については後述する）。讃岐の通史を簡便に知ることができる。

地誌は小西可春《こにしかしゅん》が、みずから詠じた讃岐の名所・古跡の和歌に、社寺の由緒、旧跡・伝説などを加えて「讃陽名所物産記」と名付けていたのが、のち延宝五年（一六七七）に伝記・家記・戦記などを増補して、「玉藻集」と改題した。同じころ延宝から天和（一六八一～一六八四）の時期に、高松藩儒臣で和漢の学に長じていた七条宗貞《むねさだ》の撰に成ったと思われる「讃陽簪筆録《しんぴつろく》」がある。「讃岐府誌」ともいう。讃岐府治沿革・郡名・山川・浦・池・土産・租税・廟社・陵墓・仏寺・怪異・人物・烈女の内容であり、地誌としての体裁を整えてきているといえる。

このように十七世紀後半に入ったころから讃岐では史・誌の編集が行われ始めているが、寛文三年（一六六三）に、高松藩領の香西郡笠居村の出身で、当時九州の福岡藩に兵学者として召し抱えられていた香西成資《しげすけ》は、古代から豊臣秀吉の四国攻撃、生駒氏の讃岐入部にいたるまでの、讃岐を中心とした四国地域の歴史書『南海治乱記』（一七巻）を著した。のち宝永（一七〇四～一七一一）ころに、これを増補して『南海通記』（二一巻）と改めた。『南海通記』の香西成資自筆本は、享保三年に郷里である讃岐の阿野郡北の白峯寺《しろみねじ》へ寄贈されているが、讃岐に関する歴史書として古典的な意義を持っている。

ただし、『南海通記』に記された讃岐の中世に関する記述については、近世にはいっての見聞をもとにしているために、その真偽が問題とされているが、讃岐の在地武士秋山家の文書などによって、室町・戦国期の記述が裏付けられた箇所もあり、現在もその記述内容の検討が進められている。讃岐の中世の歴史については多くをこの『南海通記』に頼らざるを得ない状況にあり、今後も内容の真偽を慎重に行う必要があろう。

## 2　近世中期

十八世紀の中ごろになると、本格的な地誌が著された。延享二年（一七四五）に成立した「翁嫗夜話《おおうやわ》」である。高松藩領の山田郡木太村の増田休意《ますだきゅうい》が、父正宅の書き残したものを増補・校訂し、それを弟で高松藩の儒臣であった菊池武賢《たけたか》が、校合して一五巻にまとめた。はじめに讃岐の通史が書かれており、続けて東の大内《おおち》郡から西へ、一郷ごとに村の名所・旧跡・神社・寺院などを述べている。のち時の高松藩主松平頼恭《よりたか》の目にとまり、題を「讃州府誌」に改めさせたという。ただし残存する数種の写本はいずれも「翁嫗夜話」となっている。のち明和五年（一七六八）に増田休意は、祖父・父と三代にわたって収集した資料をまとめたとして、「翁嫗夜話」を若干増補した『三代物語』を著している。

御家騒動によって讃岐を没収された生駒家のことを書いた「生駒廃乱記」が、享保七年（一七二二）に著された。生駒家に関しては「生駒記」が詳しく述べているが、寛保二年（一七四二）に鵜足郡富熊村の内海弥惣右衛門《うつみやそえもん》によって、「生駒廃乱記」などを参考にしながら「生駒記」のもとになる「覚書《おぼえがき》」と称するものが書かれ、宝暦三年（一七五三）に香川庸昌《つねまさ》が補充追加してできたのが、「生駒記」ではないかと思われる。現在残っている各種の写本には、生駒家のことと関係のない讃岐の歴史や地誌などに関する記事が多く含まれている。同内容のものに「讃陽拾遺実録《しゅういじつろく》」がある（拙稿「『生駒騒動』の史料的検討」。のち拙著『近世後期讃岐の地域と社会』に収載）。

## 3　高松藩の歴史編纂

高松藩五代藩主松平頼恭は延享四年（一七四七）に記録所を設置して、藩士の履歴や禄高などを記した「登仕録《とうしろく》」を編纂させ、また歴代の藩主の実録を撰修し、諸役所の資料を集めて整理などを行わせた（「増補穆公遺事」『新編香川叢書・史料編㈠』）。藩主実録は青葉伝兵衛・中村彦三郎・脇又四郎・岡平蔵・上田造酒《みき》・後藤芝山《しざん》らがその任に当たった。記録所における編纂事業に対して、「実ニ美政にて後代迄の美事、鴻沢いハんかたなし」と評価されている（「穆公外記」香川県史編纂史料）。また頼恭は水戸藩編纂の『大日本史』の以後の編集に取りかかったが、財政難のために中断している（前出「増補穆公遺事」）。

またこのころ高松藩初代藩主松平頼重から松平頼恭までの歴代藩主の事績や逸話などを小神野与兵衛《おがのよへえ》がまとめたが、これを寛政四年（一七九二）に斉藤段四郎が補筆して編集したのが「小神野夜話」であり（『新編香川叢書・史料編㈠』）、八代藩主松平頼儀《よりのり》までの内容になっている。なおのち天保八年（一八三七）にこの「小神野夜話」の内容の誤りを指摘して書かれたものに「消暑漫筆《しょうしょまんぴつ》」がある。

## 4　近世後期

十九世紀にはいると、中山城山が『全讃史《ぜんさんし》』を著した。城山は和漢の学を修め、徂徠派の儒学者として名を成していたが、晩年になって讃岐の歴史・地誌編纂の作業を進め、文政十一年（一八二八）に完成した。内容は郡郷志・人物志・神祠志・仏廟志・古城志・名川志・陂《は》池志・古冢《こつか》志・名勝志・物産志などの項目別になっており、讃岐全土を歩いて調査したといわれる。この『全讃史』は当時の藩主松平頼恕《よりひろ》に献上されて、城山は帯刀を許され士分の待遇が与えられた。

高松藩九代藩主松平頼恕は歴史に関心をもっていたところから、『全讃史』へ関心を示したと思われるが、天保三年（一八三二）に高松城下の豪商槙屋の梶原藍渠《らんきょ》はこれまでにまとめた、『大日本史』のあとの歴史書「歴朝要紀《れきちょうようき》」一五〇巻を藩へ献上した。これを機に藩では西ノ丸に史館考信閣《こうしんかく》を設けて、「歴朝要紀」の本格的な編纂に乗り出した。これは先述した五代藩主松平頼恭の歴史編纂の事業を受け継いだものといえる。そして天保十年に「歴朝要紀首編・後醍醐天皇紀」を朝廷へ献上している（『増補高松藩記』）。

## 5 『讃岐国名勝図会』と『西讃府志』

梶原藍渠は讃岐の地誌にも関心をもち調査をしており、天保五年の他界後は子の梶原藍水《らんすい》が引き継ぎ、本格的に編纂に着手してできたのが、現在讃岐の地誌としてもっともよく知られている『讃岐国名勝図《さぬきのくにめいしょうず》会《え》』である。全一五巻二〇冊の予定だったようであるが、刊行されたのは前編五巻であり、刊行年のない五冊本、嘉永七年（安政元、一八五四）と安政六年刊行本は七冊本となっている。前編に続けて後編・続編を編集の予定であったが、後編は稿本で残り、続編は草稿本のままである。讃岐の東から郡ごとに史蹟・名勝・神社・仏閣・人物・墳墓・伝承などについて述べている。

丸亀藩では天保十年から地誌編纂に取りかかり、領内各村に村明細たる「地志撰述《ちしせんじゅつ》」（または「地志目録」ともいう）の提出を行わせた。これを基にして約二〇年後の安政五年（一八五八）に、『西讃府志《せいさんふし》』全六一巻が完成した。古代以来の讃岐の歴史に関する史料をあげ、名官・流寓・人物を述べ、丸亀藩（網干ほかの飛地も含む）・支藩多度津藩領の各村の田畝・租税・戸口人数・神社・寺院・山林・池・橋・泉・川・塚墓・

地名・名勝・古城・物産・造工など、詳細な項目にわたって村々の状態を記している。これは単に地誌を編纂するということではなく、領内農村の実態を把握しようとしたことを示しているのであろう。讃岐で唯一の官撰の地誌である。「地志撰述」として現在残っているのを確認できるのは十六か村である。

これらの外に地域的な地誌として、「金毘羅山名所図会」・「金毘羅参詣名所図会」・「綾北問尋鈔《あやきたもんじんしょう》」・「香西記」・「香西雑記」・「安原記」・「大野録」・「小豆島名所図会」・「塩飽島諸事覚」・「直島旧跡順覧図会」などがある。

明治にはいると、明治十年に修史局より藩史の編纂が指示されたが、高松藩ではその編集に取りかかり、同年九月に綾野《あやの》義賢《よしたか》によって書かれたのが「松平家記」である。のちにこれを基にして「高松藩記」が編纂された。また志度の多和神社祠官の松岡調は二〇年代にかけて「新撰讃岐国風土記」を著した。内容は村ごとに反別・戸数人口・地名・池泉・神社・寺院・古城跡など詳細をきわめており、現在散逸している貴重な資料も多く収められている重要な地誌である。ただし東の大内郡から多度郡までであること、またこれらの郡のなかでも欠けている村があることなど、未完で終わっているのが惜しまれる。

# 十　近世ため池水利古文書の解説

（原題「古文書等・解説」。『讃岐のため池誌・資料編』。香川県、二〇〇三年。木原執筆分）

## 満濃池史料

満濃池（仲多度部まんのう町神野）は農業用ため池としては現在国内第一の規模であるが、古代に空海が修築したため池としても著名である。「万農池後碑文《まんのういけじりひぶん》」によると（古代には満濃池は「万農池」と書く）、大宝年中（七〇一～七〇四）に国守道守朝臣《こくしゅみちもりあそん》が築いたと記されているが、この碑文が大宝年中から約三〇〇年後の寛仁四年（一〇二〇）に書かれたものであることからすると、道守朝臣を国守、つまり讃岐の国司と断定することは難しいであろう。しかし、奈良時代に満濃池が築かれていたことは十分考えられるところである。空海の満濃池修築のことを述べている歴史書として『日本紀略《にほんきりゃく》』があり、普請工事が進まないということで、弘仁十二年（八二一）に太政官《だじょうかん》は讃岐国の要望をいれて、空海に満濃池の普請を命じたことが記されている。この記事を裏付けるのが「讃岐国司解《こくしげ》」と「太政官符《だじょうかんぷ》」である。一方、万農池後碑文は空海の修築のことは触れておらず、当時讃岐国司であった弘宗王《ひろむねおう》による、仁寿二年（八五二）から翌三年にかけての修築のことが記述されていることから、弘宗王の事績を顕彰するために書かれたものではないかといわれている。ただし弘仁九年から三年かけて修築が行われたことは記されている（『讃岐のため池誌』「満濃池」の項参照）。讃岐国司解・太政官符・万農池後碑文の翻刻に当たっては、東寺観智院蔵の建仁元年（一二〇一）四月二十日書写の奥書がある「大師行化記《たいしぎょうかき》」を底本とし、『弘法大師伝全集』・『続群書類従』を参照した。万農池後碑文は讃岐国司解・太政官符のある箇所の裏に書かれている。なお讃岐国司解については『続群書類従』には年月の記載はない。

### 木之郷村双子池池成出入覚書

池を築造するときに水没した土地のことを「池成《いけなり》」という。「大野録」（『香川叢書・第三』）によると、寛文十三年（延宝元・一六七三）に高松藩領香川郡東大野村（高松市香川町大野）に船岡《ふなおか》池を築いたとき、「池成」を「永引《えいひき》」（無年貢地）にし、その「池成田」は八反二畝一七歩で、高七石三斗六升四合であったという。丸亀藩領の豊田郡木之郷村（観音寺市木之郷町）にある双子《ふたご》池は、生駒藩時代には二つであったのが、丸亀山崎藩時代に一つの池になったというが（『紀伊村誌』）、当史料には生駒藩最後の藩主生駒高俊のときに築かれたとある。宝永三年（一七〇六）と同六年に、双子池の池成をめぐって木之郷《きのごう》村と粟井村（観音寺市粟井町）との間で「出入」が起っているが、当史料の大部分は宝永六年の出入に関するものである。粟井村が双子池の「波指《なみさし》」で池成田を耕作していることが問題となっている。池成については各地の池の築造で発生する事柄であり、それに関する争いも多く起っていたと思われるが、ほとんどこれまで取り上げられていないようである。その意味で当史料は直接に水利に関係したものではないが、ため池に関係した重要なものであるといえる。

### 岡田上村分木書付

灌漑用水はまず幹線水路に流され、次いで支線水路に分水され、さらに末端用水路から各水田へ流される。幹線水路からは「股《また》」あるいは「分股《わけ》」といわれる地点から、「股掛《かかり》」とよばれる水田へと配水される。こうした各井出を流れてきた用水の分水には、「番水《ばんすい》」と「常水《じょうすい》」があった。番水はあらかじめ決められた順序によって、ある時期だけ特定の水路へ集中的に、常水は用水を恒常的に配水するものである。常水の分水方法としては分水路の幅を配水量に応じて決めたり、または分木《ぶんぎ》といって水平な石材か木材を分水点の水路底に敷設して、その水深および幅によって分水することなどが行われた（『香川県史3・近世Ⅰ』）。高松藩領鵜足郡の岡田上村俊正免（丸亀市綾歌町岡田上）で、享保五年（一七二〇）に庄屋久二郎が新たに分木を据えたことに対して、同じ井出掛りの四郎兵衛ら三人が、翌年に大庄屋稲毛嘉平治・内海弥惣右衛門へ抗議して、同七年に解決したときの関連史料である。

**和田村長谷池水溜に付取遣覚書**

丸亀藩領の豊田郡和田浜村（観音寺市豊浜町和田浜）にある長谷池《はせ》は貞享（一六四八〜一六八七）のころ築造されたといわれ、元禄十年（一六九七）かまたは享保はじめ（元年〜一七一六）に袂池掛井出《たもといけかけいで》から導水したという（「井関池由来并水掛り池々之覚」『香川県史9・近世史料Ⅰ』）。長谷池への集水は当史料中にもあるように、大野原町（観音寺市大野原町）の井関池《いぜき》の西宇手井《にしうてい》から行われており、しかも同じ井出から取水する大野原町の袂池や千年池《せんねん》への導水後にしか許されなかったため、春に雨が少ないと長谷池の水掛りである和田村・和田浜村・姫浜村（以上、観音寺市豊浜町）では、田植えに差し支えるという事情があった。このため三か村は井関池からの円滑な配水のために、大野原を開拓した平田家や三か村を統括する大庄屋などと交渉したが、その際の経過や書簡の往復を書き記したのが当史料であり、宝暦六年（一七五六）、同九年、寛政二年（一七九〇）、同三年のときのものである。ほかに当史料に関連したものとして、明和八年（一七七一）から寛政七年にかけての「和田浜長谷池江水遣候義ニ付三ヶ村取遣覚書」がある。

**香東川芦脇井関一件願留**

香川郡東を阿讃山脈から瀬戸内海へ流れ込む香東川《こうとうがわ》には多くの井関があり、流域の各村はこれらの井関から灌漑用水を確保していた。その中で水掛りの最大は一《いち》ノ井《い》井関（高松市香南町岡）であり、香東川西岸の岡村・横井村・池内村・由佐村（以上、高松市香南町）の一〇六七石余、次いで東岸の川東上村・同下村（高松市香川町）の水掛りである芦脇《あしわき》井関の九三六石余となっていた（「地泉合符録」『香川県史10・近世史料Ⅱ』）。芦脇井関は川東上村にあり、寛文年間（一六六一～一六七二）に新池が川東上村に築造された際に、その水源として大規模な井関に改修された。寛政二年（一七九〇）に芦脇井関の下流にある一ノ井井関の農民が、芦脇井関を横《よこ》井関に築き直すことを要望したが、これが以後天保十四年（一八四三）までの五三年間にわたって続いた芦脇井関水論の発端である。当史料は寛政期の争いに関するもので「芦脇井関一件願留」の表題であり、これに続いて「芦脇一件目録留　文化十三年子十一月」、「芦脇井関入割一件控　天保十四年卯七月」が綴じられている。井関水論に関する数少ない貴重な史料である。

**旱魃に付生野村二頭水取一件**

丸亀藩領生野《いかの》村（善通寺市生野町）にある二頭《ふたがしら》出水《でずい》は「三吉田村」、つまり上吉田村・下吉田村・稲木村の水掛りであるが、干魃時に善通寺の寺領田畑の水源であった大池の水が枯渇した場合には、三吉田村へ申し入れて取水する慣行が、元禄六年（一六九三）にはあったという。二頭出水から善通寺領への取水が行われたことを史料的に確認できるのは、明和三年（一七六六）・寛政九年（一七九七）・文化十四年（一八一七）・文政六年（一八二三）・天保三年（一八三二）・安政二年（一八五五）・文久元年（一八六一）・元治元年（一八六四）である（善通寺文書）。干魃時には三吉田村も同様に水不足となっており、善通寺側の希望どおりにいかないこともあり、両者の意見が対立し紛糾することもあった。当史料には文化十四年と文政六年のときのものを取り上げた。文政六年が多くを占めているが、この年は大干魃の年であり、両者の激しい対立が起こっているのがうかがえる(『善通寺市史・第二巻』)。

**満濃池覚帳**

弘法大師空海によって修築された満濃池(仲多度郡まんのう町神野)は、その後堤防が決壊したまま池内村《いけうち》となっていたが、近世に入った生駒藩時代末期の寛永八年(一六三一)に二年半をかけて、西島八兵衛によって再築された。このときの水掛りは仲郡・多度郡・宇足郡の三郡で計三万五八一四石余の讃岐最大の大池であった(「満濃池水掛り高覚帳」)。寛永十七年の生駒氏転封後満濃池は幕領となったが、その翌年に揺の取り替えの費用を幕府へ願い出たため、仲郡の五条村・榎井村・苗田村(以上、仲多度郡琴平町)の二二七九石余をこれに充て池御料《いけごりょう》とよんだ。また満濃池のある七箇村《しちかむら》(仲多度郡まんのう町七箇)のうち五〇石も池守給《いけもりきゅう》などに充てられた。以後江戸時代をとおして揺替《ゆるかえ》等の普請工事は二四回に及んだが、とくに文政十年(一八二七)の揺替工事は総勢二四万八四八六人の人足が徴発されたといい、農民にとって満濃池普請工事は大きな負担であった。江戸時代最後の工事は嘉永三年(一八五〇)から同六年にかけて行われ底樋《そこひ》を石樋《いしひ》に改めたが、翌安政元年に堤防が崩壊した。のち明治三年に再築した(「満濃池」『讃岐のため池誌』)。当史料は底樋工事の期間であった嘉永四年の満濃池に関するものであり、池御料の年貢米の取り扱い、普請をめぐる倉敷代官との交渉などの様子を知ることができる。

**東高篠村羽間池水論一件願出留**

高松藩領那珂郡東高篠村(仲多度郡まんのう町羽間)の羽間池《はざま》は近世初期に築かれ、長尾村(まんのう町長尾)の大福井出水の水を岡田上村(丸亀市綾歌町岡田上)の打越池《うちこし》(のち打越上池)と分け合っており、秋の彼岸《ひがん》から春の彼岸までの寒水《かんすい》と洪水時の増分を引水する「客水」(同一灌漑区域内で他の区域より優先取水できる用水)

が認められていた。打越池は十七世紀後半には築かれていたという。羽間池の水掛り高は一六八石余、打越池は三一九六石余であり（「地泉合符録」『香川県史10・近世史料Ⅱ』）、打越池が圧倒的に多く、岡田上村のみならず岡田東・西の各村へ配水していた。羽間池と打越池の間で大福井出水からの分水口でしばしば水論が起こっており、干魃が続いた後の客水《きゃくすい》や夏用水をめぐって羽間側と岡田側が対立した。文政二年（一八一九）に水論が起きているが、のち天保十年（一八三九）の水論は嘉永二年（一八四九）に阿野郡南の大庄屋原田兵七の斡旋によって一応落着した。しかしこれで根本的に解決したわけではなく、五年後の安政元年に岡田四か村の農民が打越池への水の確保を願い出たのが当史料である。なお、当史料に関連したものに「天保十一年那珂郡東高篠村羽間大池入割ニ付取遣書控帳」（篠原家文書）がある（「羽間池」『讃岐のため池誌』）。

## 岡田上村打越下池水論に付諸入目割賦願出一件記

打越下池《しもいけ》（丸亀市綾歌町岡田上）は寛政十二年（一八〇〇）に、鵜足《うた》郡の大庄屋木村又左衛門が高松藩へ築造を願い出たが認められなかった。その後文政六年（一八二三）の大干魃に際して、その子木村甚三郎は藩へ再び築造を願い出、それから四年後の同十年に藩から許可があり同十二年に完成した。鵜足郡全域から約六万五千人の人足が動員されたという。幕末の安政二年（一八五五）に水掛りである岡田東村・栗熊村の農民と岡田上村・同西村の農民とが争ってけが人が出るまでになったため取り調べが行われたが、この時の経費（入目）の分担のしかたをどうするかを四か村で協議して、その結果を藩役所へ願い出たのが当史料である。分担のありかたを決めるに際して、当時の農民の水に対する考え方がうかがえて興味深い。

## 池普請見積其他心得書

讃岐は雨の少ない地域であり、近世には多くのため池が築かれたが、高松藩における池に関する土木技術を述べたのが当史料である。内容の項目をあげると、「金勾配之法」、「間竿之事」、「池堤築方」、「新池ヲ築堤法合定法」、「池之堤築時心得之事」、「打盤揺居方之事」、「揺仕立釘鋲積」、「石堀築夫定法」などがあり、ほかに「郷普請方一件」など村役人への普請に関する藩からの通達も含んでいる。ただし、普請に直接関係しない部分もあるがこれは省略した。当史料はある時期にまとめられたものであるが、年号として部分的に出てくる一番新しいのは慶応二年（一八六六）であるので、明治に入るころにできたものと思われる。これと類似の資料に「分量集《ぶんりょうしゅう》」があり、すでに紹介されているが（辻唯之氏「近世の農業水利土木と『分量集』」『水利科学』一三〇―一三四）、その内容は堤や揺等の普請、普請上の心得、普請道具等と人足に関するものである。ため池に関する土木技術の内容を示すものとして、ともに貴重な史料といえよう。ほかに池も含んで普請全体のことに関するものとして「御普請規矩録《きくろく》」（草薙家文書）がある。

## 朝倉村屋古戸井関裁判記録

明治十年八月に山田郡田中村（木田郡三木町田中）の三ツ子石池掛りの農民は、吉田川をはさんで対岸にある同郡氷上《ひかみ》村（木田郡三木町氷上）の奥の堂池・堀切池水掛り農民を、松山裁判所高松支庁へ訴えた。争点は吉田川にかかる朝倉村（三木町朝倉）の屋古戸《やこと》井関の取り水に関することであった。吉田川からの取り水をめぐってすでに明和（一七六四～一七七二）ころから争いがあり、その後文化十四年（一八一七）にも氷上村農民が郡奉行へ願書を出している。三ツ子石池掛りの求めた屋古戸井関の石垣の高さを下げることは、翌年九月の松山裁判所の判決では認められなかったため、大阪上等裁判所へ控訴したが、これも認められず、さらに大審院へと上告した。明治十三年三月に判決があり、三ツ子石池水掛りの主張は否決された（平井忠志氏「三ツ子石池、奥の堂池今昔ものがたり」『香川用水』一一一―一一五）。このような経過をたどった屋古戸井関をめぐる争いに対する三裁判所の判決が当「裁判記録」である。このほかに当時裁判で争われたものに、明治十年の香川郡の野田池（高松市伏石町）の水掛りである松縄村・福岡村（いずれも高松市）の水争い、翌十一年の同じく香川郡の舟岡池（高松市香川町浅野）の水掛りである一ノ宮・三名・鹿角（いずれも高松市）の三か村と百相村（高松市仏生山町）との争いがあった（『香川県史5・近代Ⅰ』）。

# 十一　多度津藩羽方村庄屋森家の華道

（原題「村の生活」中の「華道」『高瀬町史』。二〇〇五年）

## 1　森武右衛門と「入門誓盟状」

生け花は古くから行われてきたが、江戸時代の初期に大きく発展し、元禄時代には「立花《りっか》」が画期的に広まっていった。こうした生け花の普及にしたがって、複雑な立花様式から手軽で自由に生けられる生け花として「生花《せいか》」が出現し、一八世紀後半には多数の流派が生まれ、町人をはじめ多くの人たちに受け入れられていった。

多度津藩領三野郡上ノ村組羽方村《はかた》（三豊市高瀬町）の庄屋森家には華道伝授書《かどうでんじゅしょ》・花伝書《かでんしょ》など、華道関係の資料が三〇点ほど残っている。森家については丸尾寛氏「羽方村の森家について」（『高瀬文化史Ⅵ近世高瀬の村々①─森家文書─』）を参照していただくことにして、華道資料によって森家の華道について述べておこう。

華道資料の中で最も古いものは、宝暦五年（一七五五）の森武右衛門から荒川如風に出された「入門誓盟状」である。この宝暦五年に森家は生花の道に入り、最も古い伝統をもつ池坊《いけのぼう》に入門したと思われる。そして翌六年に森武右衛門は三楽堂《さんらくどう》荒川から「免授状」を与えられている。三楽堂は大坂出身で東条左源といい、後に金毘羅の谷川町に住んだという（『華道系譜』『高瀬町史・史料編』）。森武右衛門については没年がはっきりしないといわれているが、宝暦六年まではその生存を確認できる。

宝暦十一年・同十三年・明和六年（一七六九）には森（田口）銀九郎宛になって「入門誓盟状」が渡されている。そして安永四年（一七七五）・同六年・同七年には田口花寧あての誓盟状となっているが、田口花寧は森銀九郎のことである。森銀九郎は六代目である。

## 2　花伝書「葦芽」

森家の「系図」によると、森銀九郎の子森治五右衛門の項に、「妻金毘羅豊田甚内女、苗字帯刀蒙御免、東山殿御流儀生入花葦芽《いが》ト云書ヲ著述」とある。森家の華道資料の中に、確かに「御流儀生入花　葦芽本控《ほんひかえ》」があり、寛政五年十一月に著したもので、「西讃羽方隠人森氏在久花号瀬丸斎一可」と書かれている。瀬丸斎という花号は羽方村にある瀬丸池からとったものであろうか。

しかしこの花伝書「葦芽」は「秘伝抄《ひでんしょう》」とあったのが書きかえられたものであり、また著作年も寛政六年夏上旬に修正されており、最後に「勝間村社司藤田盈重（花押）」とあることから、勝間村（三豊市高瀬町）

の藤田盈重《えいじゅう》が寛政六年の夏に手を加えたのである。先の「華道系譜」によると、藤田盈重は銀九郎とともに三楽堂の弟子のひとりである。

森治五右衛門の次の森小八郎も文化四年（一八〇七）に京都六角堂の池坊専定《せんてい》の門弟となり、翌年に「松一色」の「華道伝授」を受けている（「華道伝授状」『高瀬町史・史料編』）。この時森小八郎は池坊専定へ伝授については他言しない旨の「神文《しんもん》」を提出している。

## 3　森家と梅下堂

さらに文化六年には「牡丹胴・合真・諸流枝・松胴・同前置」の「伝授」を受けている。そしてのち小八郎の子森正平は、瀬丸斎の弟子佐股村（三豊市高瀬町）の梅下堂南枝《ばいかどうなんし》より天保十五年（弘化元・一八四四）に、「東山慈照院殿御流儀生入華、毎年稽古致され尤も上達に依《よ》り、今般奇作伝写贈進せしめ訖《おわ》んぬ、随分御秘蔵これ有るべく候、此の上御出情尤《もっと》も候」と、「華目次添状」が渡されており、翌年には「伝授」されている。このように森家では、森武右衛門以来代々池坊の生花の伝授を受け継いでいたのである。

梅下堂は小野祐九郎といったが、その子孫の家に先に触れた「華道系譜」が残されている。室町幕府第八代将軍足利義政に始まる前半の部分はさておき、三楽堂以下の部分が重要である。これによると三楽堂から教えを受けたのが、羽方村の森銀九郎、神田村《こうだ》（三豊市山本町）の近藤六郎右衛門、先述の勝間村の社司藤田盈重であった。当系譜には森銀九郎の蝶花堂《ちょうかどう》の流れしか記していないが、近藤六郎右衛門や藤田盈重の系譜もあったと思われる。蝶花堂から子の瀬丸斎（森治五右衛門）に伝えられ、更に佐股村の小野祐九郎の梅下堂に受け継がれている。

梅下堂には一一人の弟子がいたが、かれらは三野郡地域から豊田郡にまで及んでおり、池坊の生花が広い地域に普及しているのがわかる。そして当系譜には書かれていないが、近藤六郎右衛門や藤田盈重の流れも含めて、生花を媒介として一種の文化的なサロンのような生花の会をもっていたのではないかと思われる。

# 十二　高松藩における文化遺産の保存（講演要旨）

（『徳島文理大学比較文化研究所年報』第二五号。二〇〇九年）

## 1　古城跡等の保存と「細川将軍戦跡碑」

今からほぼ七〇年程前の昭和十二年に、高松藩から文化遺産の保存に関する通達が出されていたことは紹介されていたが（田所眉東「高松藩の史蹟保存」『讃岐史談』二巻一号）、その典拠としたのが「高松藩諸達留」（鎌田共済会郷土博物館蔵）であり、それには通達が出された年月が記されていなかった。

香川県立ミュージアムに保管されている、高松藩領阿野郡北の大庄屋渡辺家文書の中に、藩からの通達類を収めた「御用日記《ごようにっき》」がある。その文政十一年分の八月の条に、田所氏が紹介した「古城跡」等の保存通達が収められており、その通達の時期が明らかになった。通達の内容は古城跡の破壊の禁止が中心であるが、それと「名将勇士の墳墓」の堀崩しの禁止を述べている。そして通達が記された「御用日記」の同じ所に、「細川将軍戦跡碑《ほそかわしょうぐんせんせきひ》」建立の願書が収められている。

坂出市林田町に市指定史跡「三十六」がある。南北朝時代の貞治元年（一三六二）に、南朝方の細川清《きよ》氏《うじ》と北朝方の細川頼之《よりゆき》の従兄弟同士が白峯《しろみね》の麓で合戦し、清氏が敗れて戦死した。建立の願書によると、「三十六」に細川清氏と戦死した家臣の簡素な墳墓があるという。「戦跡碑」には、「古城跡」等の保存が出される五年前の文政六年に、『全讃史』の著者中山城山がこの地を訪れて碑を建てることにしたと書かれている。（詳細は拙稿「細川将軍戦跡碑と渡辺家『御用日記』」〈『香川の歴史』第二号、香川県史編纂室。一九八二年〉参照）

## 2　藩主松平頼恕の文化遺産保存

当時の高松藩主は文政四年に第九代の高松藩主となった松平頼恕《よりひろ》であった。頼恕は文政十二年に中山城山の著した『全讃史《ぜんさんし》』を献上させ、帯刀を許して士分待遇にしており、讃岐の歴史や地誌に深い関心をもっていた。

天保六年（一八三五）には鷹狩りの途次の鵜足郡造田村で「名所古跡等」の調査を行わせており（西村家文書「日帳」）、また同年に崇徳上皇《すとくじょうこう》の旧跡とされる阿野郡北の林田村の雲井御所《くもいごしょ》に、自ら撰文した「雲井御所碑」を建てている。また天保三年には史館「考信閣」を置いて、水戸光圀《みつくに》のつくった『大日本史』の続きとして「歴朝要紀《れきちょうようき》」の編さんに乗りだし、同十年に「後醍醐天皇紀」を朝廷に献上している（『増補高松藩記』）。

他方高松藩では、古城跡等の保存に乗り出した同時期の文政八年から天保六年にかけて、藩財政の再建を中心とする藩政改革を実施しているが、歴史的な文化遺産の保存を通して、現実の改革政治の拠《よ》り所《どころ》としたのではあるまいか。そしてこうした文化遺産保存の方向が、のちに讃岐の代表的な地誌といわれる『讃岐国名勝図会』の編さんへと繋がっていったのではないかと思われる。

## 十三　久米通賢と高松藩の砂糖作り

(『もっと知りたい！　久米通賢』。財団法人鎌田共済会、二〇一〇年)

久米通賢の史料は坂出の鎌田共済会郷土博物館（以下鎌田博物館と記します）に所蔵されており、これまで坂出塩田の築造に関する史料が注目されてきましたが、そのほかに生産された塩の取引史料や多数の書状類等とともに、今までほとんど検討されることがなかった、当時の高松藩の特産品となっていた砂糖に関する通賢のメモ的なものが多数あることがわかりました。その中で高松藩の砂糖の統制について、通賢が具体的な提言を記しています。

## 1　高松藩と砂糖

高松藩の砂糖作りは第五代藩主松平頼恭《よりたか》が延享三年（一七四六）ころに、医者池田玄丈《いけだげんじょう》にその製造の研究を命じたことに始まるといわれています。その後池田玄丈の弟子湊村医者向山周慶《さきやましゅうけい》に研究は引き継がれ、寛政元年（一七八九）に周慶は甘蔗（サトウキビ）を栽培しそれを締小屋《しめこや》の砂糖車で搾《しぼ》るという、砂糖の製造に成功します。この時は黒《くろ》砂糖だといわれ、この黒砂糖を精製して、高松藩特産の白《しろ》砂糖が生産されるのは寛政の末ころです。そして文化の初め（元年・一八〇四）には江戸で菓子類に用いられて評判であったといいます（『讃岐及び周辺地域の砂糖製造用具と砂糖しめ小屋・釜屋〈調査報告書〉』）。

この後高松藩の白砂糖は、砂糖生産農民の努力によってさらに品質を向上させていきました。文政二年（一八一九）に高松藩は財政難を乗り切るために、大坂での砂糖の売払代金を大坂の商人加島屋《かしまや》へ納めさせ、砂糖生産者にはその代金に相当する藩札を渡すことにしました。これを「加島屋掛込《かけこみ》」といいました。高松藩では宝暦七年（一七五七）に他藩と同じように、藩財政難を克服するための一つの方法として、藩札《はんさつ》を発行していました。

つまり大坂での砂糖代金である正貨の正銀を藩が得ることによって、これを加島屋への借銀の返済に充て、砂糖代金は藩から藩札で砂糖生産者へ支払うことにしました。この加島屋掛込はのち代金の七割を納める「七歩金《しちぶきん》掛込」に変更され、文政八年には加島屋から天王寺屋へ「掛込」は代わりましたが、この方法は天保元年（一八三〇）まで続けられました。

こうして高松藩は大坂の商人との結びつきを強めて、砂糖の大坂での売り払いに統制を加え、藩財政の維持に必要な正銀を確保するようになりました。

## ２　久米通賢と砂糖生産

高松藩で砂糖が特産品として生産が盛んになる中で、実は久米通賢《くめつうけん》（栄左衛門）は砂糖製造の改良に取り組んでいました。「讃岐砂糖起源沿革盛衰記」（鎌田博物館蔵）によると、文化三年（一八〇六）に、釜《かま》で焚《た》きつめた砂糖を冷やすために、当時使用されていた砂糖冷桶《ひやしおけ》を素焼《すやき》の瓶《かめ》に替えて、砂糖の結晶を増進させたとあります。

これから一三年後の文政二年に、砂糖車を木製のものから腐食が起こらない山田郡庵治村で産出する庵《あ》治石《じいし》に換えて、堅固な石製砂糖車にし、また砂糖を焚きつめる竈《かま》の築き方を、燃焼効果を高めるために豊《て》島石《しまいし》を使うようにしました（村上稔氏『東讃産業史』）。白砂糖に精製する際に使う押船《おしぶね》を酒造家の大型のものに換え、天保（元年・一八三〇）に入って搾汁具《さくじゅうぐ》を鉄製に改める試製をし、また石製車を鉄製にすることを考案したといいます（前出『調査報告書』）。

不確かな点もありますが、久米通賢が砂糖製造技術の改良に関心をもち、効率よく砂糖生産を行う技術を開発し、高松藩の砂糖作りに貢献していたことがうかがえます。そして砂糖生産の実情に関心をもっていたからこそ、次に紹介するように、高松藩財政難の克服のため、砂糖に対する具体的な統制方法の提言が可能であったと思われます。

## 3　久米通賢の建白書

坂出の塩田築造のことは通賢の建白書に出てきます。原物は不明ですが、写真版が鎌田郷土博物館にあります。文政七年（一八二四）十月の「乍恐奉願上内存之損益心積之口上」（以下「口上書」と記します。資料番号B三五一一）がそれです。この「口上書」で塩田築造のことが述べられているのは後半部分であり、前半では当時盛んになってきていた砂糖から藩が収益を上げる二つの方法を指摘しています。

一つは「砂糖仕込銀《しこみぎん》」（生産資金）の貸付です。高松藩領内の砂糖車を一五〇〇挺《ちょう》とし、五挺を一組にした三〇〇組に対して、一組につき藩札七貫五〇〇目、計二二五〇貫目を砂糖仕込銀として貸し付け、年にして六パーセントの利子に当たる一三五貫目を納めさせることにするというものです。

もう一つは砂糖車一挺について金三〇両を「冥加《みょうが》」として納めさせ、藩札《はんさつ》と引き替えさせることをいっています。砂糖車数が一五〇〇挺ですので、計金四万五〇〇〇両が藩へ入ってくることになります。当時藩では加島屋「七歩金掛込」を実施していましたが、久米通賢はこれを止めて、砂糖の売り払いは砂糖生産者の自由に任せ、生産者が得た砂糖代金から砂糖車一挺につき金三〇両を、小引替所へ納め藩札と引き替えて正銀を得ることを主張しています。小引替所は藩札発行時に藩札と正銀との引替のために領内各地に設置されました。

## 4　砂糖統制と久米通賢

「口上書」にいう砂糖から収益を上げるという二つの方法のうち、「砂糖仕込銀」貸付は直接にそのまま取り上げられることはありませんでしたが、一方の砂糖車一挺につき金三〇両の「冥加」引替は藩の方針として採用されました。「冥加」引替は、通賢の砂糖関係の史料では「砂糖車元割当金《くるまもとわりあてきん》」といっていますので、以下「砂糖車元割当金」と称することにします。

この「砂糖車元割当金」を具体的に記した史料（資料番号B一〇四―二）があり、砂糖車一挺の金三〇両納入は、五挺の一組ごとに「出入通帳」を渡しておき、翌年の五月までに数回にわたって金三〇両を納めさせ、その時の正銀と藩札の引替相場で相当する藩札を渡すというものです。のちには金三〇両は砂糖生産の盛んな大内郡では金二五両、その他の郡では金二〇両を小引替所に納めるように変えています。

「口上書」提出の一年後に高松藩は「郡々大庄屋」・「砂糖車株之者共」に通達を出しましたが、その内容は通賢が「砂糖車元割当金」のことを記した「小引替所へ被仰渡之心積」・「砂糖車方へ御触書之心積」とほぼ同じです。藩では「砂糖方調達金《さとうかたちょうたつきん》」といっていますが、この藩の通達は通賢の「心積」を元にしていることは明らかです。

この「砂糖方調達金」は理由がはっきりしませんが、翌文政九年（一八二六）には中止されました。それから約一年半後の文政十一年五月に藩は、この十一月から翌年の三月までの五か月間にかけて、一か月につき四両ずつ計二〇両を砂糖車所持者へ納めるよう命じています。これを「砂糖車株《かぶ》調達金」といっています。若干の相違はあり名称は異なっていますが、「砂糖方調達金」（「砂糖車元割当金」）が復活されたものといっていいでしょう。

江戸時代に讃岐で盛んとなった塩・綿・砂糖のことを「讃岐三白《さぬきさんぱく》」といいますが、久米通賢は塩と砂糖に関係をもっていました。通賢の提言した「砂糖車元割当金」は、砂糖生産者が砂糖を自由に売り払って得た収益の中から、小引替所へ正銀を納め藩札に換えるというものであり、砂糖生産者にとっては有利な方法でした。しかしこれは当時高松藩が大坂商人と連携して行っていた「七歩金掛込」による正銀の確保とは異なっていました。

「砂糖車株調達金」と「七歩金掛込」は併行して実施されましたが、天保元年（一八三〇）十月からは、「口上書」にあった「砂糖仕込銀」に類似した「砂糖代前貸《まえがし》」が実施され、大坂商人と関係をもつことはなくなりました。そして同六年には「砂糖代前貸」を発展させた「船中為替《せんちゅうかわせ》」の貸付によって、高松藩の砂糖統制は最終的な形で実施されることになります。

以上述べてきたように、高松藩の砂糖作りの技術的改良への貢献のみならず、その発展に対して高松藩が実施した財政難克服の砂糖統制の内容に関しても、久米通賢の意見が影響を与えたのは注目すべきことといえましょう。

# 十四　白峯寺の文化的意義

（原題「結語」『四国八十八ヶ所霊場第八十一番札所　白峯寺調査報告書・第二分冊』。香川県、二〇一三年）

## 1　白峯寺と崇徳院

瀬戸内海に面する五色台《ごしきだい》の白峰の山上にある白峯寺《しろみねじ》は、「白峯寺縁起」によれば、弘法大師空海が開基し、その後貞観二年（八六〇）に智証大師円珍が千手観音《せんじゅかんのん》を本尊とする仏堂を建てたという。寺蔵の十一面観音像菩薩立像が平安時代中期、不動明王坐像が平安時代後期の作であるといわれており、この点よりも平安時代には創始されていた、古代の山岳仏教系の寺院であったと思われる。

保元《ほうげん》の乱で敗れ讃岐に流された崇《す》徳上皇《とくじょうこう》は、長寛二年（一一六四）に生涯を終え、白峯寺の北西の寺域内に墓所崇徳院陵が設けられた。その側に菩提を弔うために廟堂（御影堂・法華堂・頓証寺と呼ばれる）が建てられた。仁安二年（一一六七）頃には歌人西行が崇徳院陵を参拝している。こうして崇徳院陵参詣の広まりのなかで、白峯寺への信仰、参詣も多くの人々の間に高まっていったと考えられる。

白峯寺が史料上確認できるのは鎌倉時代に入った建長元年（一二四九）であり、讃岐に流されていた道《どう》範《はん》の日記「南海《なんかい》流浪《るろう》記《き》」に、この年八月に道範が白峯寺へ移った記事があるが、道範が白峯寺と廟所を同一視していたことがうかがえる。そして鎌倉末期の乾元元年（一三〇二）には崇徳院の供養《くよう》が行われていたことが確認できる。弘安元年（一二七八）と元亨四年（一三二四）の銘をもつ二つの十三重塔（いずれも国指定重要文化財）、文永四年（一二六七）の石灯籠（県指定有形文化財）ほか、鎌倉期の石造物が多くあることは、鎌倉時代の白峯寺の繁栄を物語っているといえよう。

永徳二年（一三八二）に白峯寺は落雷による火災で本尊も消失したが、讃岐守護細川頼之の援助により復興に向かい、応永二十年（一四一三）が崇徳院の二五〇回忌に当たるところから、応永十三年には先述の「白峯寺縁起」が作成され、応永二十一年には足利義持《よしもち》の執奏《しっそう》によって、後小松天皇が頓証寺《とんしょうじ》の額を揮《き》毫《ごう》し（現存する国宝「寺号額『頓証寺額』」である）、守護細川満元《みつもと》が勧進して頓証寺法楽和歌会を自邸で催している。

中世の白峰山には、熊野の先達をはじめ廻国する多くの聖や行者らが訪れていたと推測され、白峯寺は古代以来の山岳仏教系の寺院としての側面を受け継ぎ、さらに近世に入ると行者堂が再建されるなど、山岳信仰の拠点として長らく維持されていたといえよう。そして古くは二一の末寺があったといわれるように、多くの子院をもつ大寺院であったと思われる。

ところで、白峯寺には中世末から近世初頭に描かれたと見られる「白峯山古図」がある。境内にある頓証寺をはじめ諸堂の位置関係はほぼ現在と同じであり、今の白峯寺の中心部分は近世初期と大きくは変わっていないようであるが、現在の境内の外に、今は存在しない「金堂」・「阿弥陀堂」、また「洞林院」・「別所」と書かれた地域があり、当時は境内地が現在より広かったことがうかがえる。

「白峯山古図」の中で、現在はないが本堂の近くに描かれている三重塔の地域、白峯寺の院号「洞林院」と書かれた建物の地域、「中門」と「大門」に挟まれた「別所」とされている地域の発掘調査を行った。三重塔の地域からは礎石建物跡が検出された。「洞林院」からは礎石建物と掘立建物の遺構が検出されたが、その規模や時期は確定できず、「白峯山古図」に描かれた「洞林院」であることを裏付ける出土資料はみられなかった。「別所」からは礎石建物跡が二か所検出されたが、出土した瓦から一五世紀前半の時期であることが明らかになった。

このように発掘調査の結果によって、近世以前の段階では現在の伽藍配置とは異なっていたことが確認できたが、「白峯山古図」はそうした時期の伽藍の状況を描いたものではないかと推測され、その伽藍の状況を考える手がかりを与えていると思われる。

## 2　白峯寺と高松藩

白峯寺は戦国時代には本堂が兵火に罹《かか》ったりたが、近世に入ると讃岐の領主の保護により、復興を進めていくことになる。生駒藩主、次いで高松藩主の歴代の援助を受けて伽藍配置が整備されていった。とくに初代高松藩主松平頼重《よりしげ》は、襲封直後の寛永二十年（一六四三）に頓証寺《とんしょうじ》を再興し、崇徳院陵に石灯籠を献納するなどした。寛文六年（一六六六）には高松藩内では三番目となる寺領一二〇石を認めている。また十八世紀中頃の五代藩主松平頼恭《よりたか》も諸堂の整備に尽力している。

白峯寺は石清尾《いわせお》八幡宮《はちまんぐう》別当の阿弥陀院とともに高松藩の祈禱所であり、正月・五月・九月に高松城で大般若経の読誦《どくしょう》を行っていた。そのため藩主の白峯寺への参詣も行われており、崇徳院六〇〇回忌《かいき》にあたる宝暦十三年（一七六三）に、先述の松平頼恭が参詣しているのが確認できるし、また代参も頻繁に行われていた。

高松藩の祈禱所であったということから、白峯寺では干魃に際して高松藩の命により雨乞《あまごい》祈禱を行っている。讃岐では近世に五年に一回の割合で干魃が起こっていたといわれる。干魃の状態になると高松藩は白峯寺に雨乞祈禱を命じているが、多くの降雨がみられない場合には、白峯寺も含む領内各地の一〇か寺に雨乞祈禱を行わせている。また高松藩からの命だけでなく、領内の大政所《おおまんどころ》（大庄屋）たちの依頼によって、または白峯寺のある阿野郡北の大政所・政所らの願いによっても実施することがあった。ここに地域の農村社会との強い結びつきの一端をみることができる。

## ３　崇徳院回忌と白峯寺の財政

古くから崇徳院の回忌が行われていたが、近世に入って確認できるのは宝暦十三年の六〇〇年回忌、文化十年（一八一三）の六五〇年回忌、文久三年（一八六三）の七〇〇年回忌である。宝暦十三年の六〇〇年回忌では、高松藩寺社奉行や本寺の御室御所《おむろごしょ》仁和寺《にんなじ》の許可のもとに、二月から四月にかけて「開帳」、八月に法楽曼供《ほうらくまんく》執行《しぎょう》を行っている。崇徳院回忌に際しては、和歌・連歌等の文芸が奉納されたが、応永二十年（一四一三）の二五〇回忌の際の「頓証寺法楽続百首和歌」・「頓証寺法楽当座三十首和歌」・「詠法華経品々和歌」以下、近世に入っての六〇〇年回忌、六五〇回忌、七〇〇年回忌の時の文芸が残されており、中世以来近世にかけての奉納文芸が白峯寺に残されていることは非常に貴重である。

また崇徳院回忌の法要に際しては、文化十年（一八一三）の六五〇年回忌の時に、高松藩は領内の家中・城下町人・郷中農民へ、一人一か月銭一文で半年分の「奉加《ほうか》」を納めさせている。この六五〇年回忌の年だけではなくそれまでも、崇徳院回忌に際しては「奉加」を納めていたように、崇徳院回忌には高松藩の家臣をはじめ、城下の人々や領内農民などからの援助があったのである。

白峯寺の財政基盤は寺領の一二〇石からの収入であった。しかし近世中期以降には白峯寺は何度も財政的に行き詰まっていた。崇徳院回忌六〇〇年を翌年に控えた宝暦十二年に、崇徳院回忌の準備のためと思われるが、本尊・宝物・諸堂の修覆の費用が不足するとして、高松藩へ拝借銀《はいしゃくぎん》を願い出、最終的には拝借銀は銀一三貫五〇〇目で、返済用の上米《あげまい》は毎年三五石を暮れに納めることになった。以後も高松藩からの拝借銀は何度か行われており、幕末の天保五年には高松城下西通町《にしとおりちょう》の白峯寺旅宿の修覆のために、銀一五貫目を高松藩から拝借している。このように高松藩からの援助を受けながら、寺の運営・維持が図られていたことが理解できる。なお、白峯寺の子院は近世の中頃には真蔵院・宝積院・円福寺・一乗坊・遍照院・洞林院の六か寺であり、このうち洞林院が子院のなかで中心的な役割を果たすようになっていた。

白峯寺の運営は高松藩からの援助だけでなく、丸亀藩を含めて民間の人々からも多くの協力をえていた。たとえば崇徳院六〇〇年回忌の「開帳」に当たって参詣者を増やすため、白峯寺の丸亀講中《こうちゅう》が丸亀城下の町年寄《まちとしより》をとおして丸亀藩へ働きかけ、当時金毘羅参詣の上陸地として賑わっていた丸亀港に三か所、支藩多度津藩の多度津港にも開帳建札を設置することになっている。また享和三年（一八〇三）には御成門の近くの石垣が、参詣人が多く集まったときに危険であるとして、石の玉垣にすることになったが、この工事の一部の経費を阿野郡北の氏子《うじこ》たちが負担している。文政十二年（一八二九）には本堂南の地に白峯山講中から高さ一丈の宝塔を建てたいとの願いが出され、三年後の天保三年に完成している。

## 4　白峯寺と遍路

民衆との関係といえば、白峯寺は四国八十八ヶ所の八十一番札所であり、遍路《へんろ》との関係も近世の白峯寺を考える場合には十分に考慮にいれておかねばならない。しかし白峯寺にはほとんど遍路に関する史料が残されていない。ただ近時確認された享禄五年（天文元・一五三二）の経筒《きょうづつ》の銘文や、寛文四年（一六六四）の白峯寺に奉納された版本「法華経」の奥書から、戦国期から近世初期にわたって、六十六か国に「法華経」を奉納する六十六部の奉納経所であったことが考えられている。この六十六部が四国遍路の成立に関与したといわれていることから、白峯寺が六十六部の奉納経所であったことは注意すべきことであろう。

また明暦四年（万治元・一六五八）の「遍路廻り手形」があり、阿波の大滝山持明院が発行したもので、遍路の通行と一宿を四国中の関所や番所の奉行へ願い出ているが、これに四国の各国を代表して土佐は五台山竹林寺、伊予は石手寺、讃岐は綾松山白峯寺が連署している。これから約二十年後の延宝四年（一六七六）の同じく「遍路廻り手形」（写）によると、伊予は石手寺、讃岐は善通寺と白峯寺、阿波は地蔵寺と太龍寺、土佐は東寺（最御崎寺）・竹林寺・足摺山（金剛福寺）の八か寺の名が連署されている。江戸のはじめには白峯寺が讃岐の札所を代表する寺院であったとみられる。

このように白峯寺は六十六部の讃岐の奉納経所であり、また近世のはじめには「遍路廻り手形」に讃岐を代表して白峯寺が記されているように、讃岐の代表的な札所であったことが窺われ、遍路の研究を進める上からも重要な課題を提供しているといえよう。

なお、明治元年（一八六八）三月以後、明治新政府は神仏分離の方針を出したが、白峯寺においては境内を除くすべての土地が上地《あげ》され、住職は還俗《げんぞく》して崇徳院白峰陵の陵掌《りょうしょう》となり寺は無住となった。明治七年には無住のため廃寺となっているとして、堂塔の取り払いの意見が出されたが、関係者の住職再置の数度の願い出によって、明治十年になって住職が決まり白峯寺は存続することができた。

しかし十一年には事毘羅宮（金刀比羅宮）の申し出により、頓証寺は事毘羅宮の摂社《せっしゃ》とされ、頓証寺の建物や什物は事毘羅宮へ引き渡され、頓証寺は事毘羅宮摂社白峰神社となった。のち頓証寺復興の運動が起こり、明治三十一年に白峰神社は頓証寺に復して白峯寺へ返還された。ただし宝物のうち仏教関係のものは返還されたが、事毘羅宮によって造営された白峰神社のものとして、事毘羅宮に留め置かれたものもある。こうした経緯のため本来白峯寺にあるべきものが現在金刀比羅宮の所蔵となっているのである。

## 5 白峯寺の文化遺産

ここまで、白峯寺について歴史的な事柄を踏まえてその特色などを述べてきたが、次に白峯寺における その他の独自の重要な点について指摘しておこう。それは建築物、石造物、美術・工芸、聖教《しょうぎょう》などの文化遺産についてみられる。

### 建築物

白峯寺の境内には、近世の建築様式を残している主要な堂舎が一五棟あるのは白峯寺の特徴を示すものとして注目される。そのうち八棟が十七世紀後期に高松藩主の支援によって建てられたものであり、この時期に白峯寺の境内はその体裁を整えたといえる。堂舎のうち注目すべきものについてその特徴の説明をしておこう。

阿弥陀堂《あみだどう》は万治四年（一六六一）の建立で、境内の最古の建築物であり、装飾が少なく他の堂舎とは一線を画している。小規模な三間堂であるが、柱の床下部が円形のままであることなど、中世的な技法を残している面がある。

頓証寺拝殿・崇徳上皇殿・本地堂・鎮守社白峯権現堂・頓証寺殿勅額門《ちょくがくもん》は延宝八年（一六八〇）に一連

の工事で建てられた。拝殿は和様を基調とした端正な形式と意匠でまとめられており、十七世紀後半の上質な建物で、背後の三殿と合わせて形式も特異な建物として重要である。崇徳上皇殿は神社本殿の形式をもち、棟札《むなふだ》も「崇徳天皇御社」と記されており、その宗教的な位置づけは明らかでない。

本地堂は十一面観音堂・十一面堂ともよばれ、崇徳天皇の本地仏十一面観音を祀る建物であり、建築形式も仏堂の形態である。鎮守社白峯権現堂は相模坊《さがみぼう》白峯大権現を祀っており、一般的な神社本殿の建築様式である。頓証寺殿勅額門は頓証寺の入り口を飾る大規模な八脚門である。この門は八脚門としては相当に工夫がこらされた特異な形式であり、構造形式の上でもまた意匠の面でも、傑出した特色をもつ極めて質の高い門である。

本堂は白峯寺の中心となる堂宇である。建立年代を示す資料はないが、頓証寺の堂舎とほぼ同時期の建立と思われる。比較的規模の大きな三間堂で、柱は太く安定した重量感のある建物である。本堂正面には蔀《しとみ》の痕跡が残っているので、現在の桟唐戸は後補であるが、その他はほとんど改造がなされていない。また延宝年間（一六七三～一六八〇）に建立されたと伝えられ、隣接する玄関も一八世紀前期までに建てられたと推定される本坊の客殿《きゃくでん》（県指定文化財）は、上質の建物である。

享保九年（一七二四）建立の本坊御成門《おなりもん》はやや小規模な四脚門であるが、独特の形式と質の高い意匠をもった、境内でもひときわ優れた名作である。薬師堂は二重の屋根の三間堂である。建立年代を示す資料がないのは惜しまれるが、一間裳《も》階付仏殿の形式、柱の配置とそれにともなう架構の妙、壮麗な厨子、上層の豪華な組物など、多彩な特徴を備えた十九世紀前期の秀作である。

これらのほかに白峯寺境内には、安永八年（一七七九）建立の行者堂、十八世紀後期建立の七棟門、文化八年（一八一一）建立の大師堂、十九世紀前期建立の弁天社・本坊勅使門《ちょくしもん》、近代に入って立て直されたと推定される山王九社などがある。

札所霊場の建造物として重要なものの一つが大師堂である。白峯寺の大師堂は現在、本堂に向かって右側に位置している。寛政十二年（一八〇〇）の『四国遍礼《へんろ》名所図会』をみると、本堂に向かって左側に大師堂らしき建物が描かれているが、これは仮堂であったらしい。文化四年に再建勧進《かんじん》の版木がつくられ、同六年には白峯寺の信者であった利兵衛が泉州において勧進を行っている。現在地に再建をみたのは文化八年のことである。

以上のように白峯寺の建造物のほとんどは、四国遍路が盛んに行き交った近世の景観を今に伝えているといえる。境内の伽藍配置も近世から大きな変更はなく、現在に至っている。

## 石造物

白峯寺には鎌倉時代から江戸時代にかけての多くの石造物が残存している。そのうち鎌倉時代のもの（移転したものも含めて）は一四基あり、うち四基に紀年銘がある。平安時代後期から鎌倉時代前期と思われるものに、五輪塔と伝頓証寺宝塔（京都府北村美術館蔵）がある。

続いて鎌倉時代前期と想定されるのは崇徳院陵の五重塔である。そして讃岐では二番目の古い紀年銘をもつ、文永四年（一二六七）の頓証寺の灯籠《とうろう》（県指定有形文化財）が造られている。頓証寺の灯籠から十二年後の弘安元年（一二七八）に十三重塔（国指定重要文化財）が建てられている。

この十三世紀中期から十四世紀にかけては、境内各地で造塔が行われている。伝頓証寺五重塔（北村美術館蔵）、客殿五重塔（県指定有形文化財）、薬師堂横層塔、下乗石横五輪塔、十三重塔横層塔残欠、下乗石横五輪塔火輪がある。伝頓証寺五重塔と客殿五重塔は形態、規模が類似し、本来一対であったと推測される。

十四世紀に入っては下乗石《げじょういし》二基のうち一基に元応三年（一三二一）の銘があり、また弘安元年の銘のある十三重塔のすぐ西となりに、元亨四年（一三二四）の銘をもつ十三重塔（国指定重要文化財）が建てられている。このように白峯寺には平安時代後期と推測されるものも含めて、鎌倉時代の石造物が豊富である点も注目される。

**美術・工芸**

美術・工芸としては、彫刻が平安時代二点、鎌倉時代二点、室町時代九点、江戸時代一〇四六点、明治以降二点ある。江戸時代のものが多いのは阿弥陀堂の千体仏があることによる。平安時代から室町時代のものについて述べておくと、白峯寺に伝わる仏像で最古のものが宝物館に安置されている十一面観音菩薩立像である。技法・作風から平安時代中期ころかと推測される。同じく宝物館にある不動明王坐像は小像ながら平安時代後期の制作とみてよい。

頓証寺本地堂の本尊十一面観音菩薩立像は優品であり、鎌倉時代後期の十四世紀中頃の制作と推定される。薬師堂の地蔵菩薩立像も鎌倉時代の制作と考えられる。また室町時代後期の制作とみられるものに、護摩堂にある男女天部形・童子形像の一群（九点）がある。

絵画一六六点のうち時代別にみると鎌倉時代六点、室町時代一七点、江戸時代一三四点、明治以降九点となっている。このうち紀年銘のあるのは五六点で延宝七年が最も古いが、中世にさかのぼる仏画が二〇点以上あるのは注目に値する。画題別にみると仏画が一三一点、世俗画が三五点である。

制作年代が最も古いと思われるのは千手観音二十八部衆像であり、十三世紀後半とみられる。ついで鎌倉時代後期から室町時代初期の十四世紀ころのものとみられるのは、地蔵菩薩像・十一面観音菩薩像・不動明王像・両界曼荼羅図・阿弥陀如来来迎図である。祖師像のうち、本覚大師益信と伝えられる像と「修禅大師」と短冊形に明記された僧形肖像は、鎌倉時代十四世紀ころに描かれたものとして貴重な一幅である。

仏画ではないが、「白峯山古図」は絹本《けんぽん》の大図であり、江戸時代以前の白峯寺の堂舎と周辺の様子を描いたものとして重要である。

工芸としては室町時代二点、江戸時代九点、明治以降一点である。先述の頓証寺の「寺号額《じごうがく》」は応永二十一年（一四一四）に足利義持が執奏し、後小松天皇によって揮毫《きごう》されたものとして、重要文化財となっている優品である。次に七条遠山袈裟が注目される。墨書銘によれば寛正四年（一四六三）の白峯寺住職慶恵のときに縫製されたことがわかる。中世の有紀年銘織維製品として貴重なものである。

## 聖教

最後に聖教についてであるが、聖教とは経典《きょうてん》をはじめ、次第・口訣・印信等、寺院の宗学に関する全てのものをいう。白峯寺の宝蔵には鎌倉時代一点、室町時代一七点、江戸時代八五五点、明治以降二一点、計九〇〇点が所蔵されている。

経典として室町時代に奉納された五部大乗経が所蔵されている。崇徳院が怨霊として語られる中で、崇徳院と五部大乗経が深く結びつけられ、崇徳院を慰めるためにその回忌を契機として五部大乗経が書写され奉納された。なお五部大乗経とは華厳経・大集経・大品般若経・法華経・涅槃経のことである。華厳経・

大品般若経・涅槃経が貞和五年（一三四九）から観応元年（一三五〇）にかけて書写されて奉納されている。

白峯寺には江戸時代中期から明治時代にかけての印信が多量に残されている。印信はいつどこで誰を伝法阿闍梨として誰が伝法灌頂を受けたのかを記すもので、阿闍梨の立場と法脈を証する重要な文書である。二七箱に二九三点が集められており、白峯寺では三宝院流が主となっている。

その他、崇徳院の回忌六〇〇年・六五〇年の法要に当たって書写されたもの、雨乞祈禱の水天供に関する祈雨修法についてのもの、六十六部廻国聖奉納経、古写経などが残されている。

## 6　白峯寺の文化的、歴史的重要性

以上述べてきたように、白峯寺は古代山岳仏教寺院として創建されたが、境内に崇徳院陵が設けられその廟堂として頓証寺が建立されたことによって、他の寺院にない性格が付与され、中世から近世へかけて大寺院として発展した。近世には領主の保護を受けるとともに、一般民衆の信仰に支えられて、崇徳院回忌の法要を柱として白峯寺の維持・運営が図られていった。白峯寺の伽藍配置は近世以降、大きな変更はなく、境内に建つ建物の多くは四国遍路が盛んに行き交った近世の札所霊場の形態をよく伝えているということができる。とくに四国八十八ヶ所の草創に当たっては、讃岐の札所の代表的な存在であったとの指摘は注目されよう。そして、白峯寺は重要文化財の後小松天皇宸翰の「寺号額『頓証寺』」をはじめ、数多くの貴重な文化財を所蔵しており、現在改めてその価値に光があてられつつある。このように白峯寺は文化的・歴史的に重要な寺院であり、今後とも現状の保存と調査・研究が必要とされている。

# 十五　香川歴史学会創立六〇周年に思う

（『香川史学』第四〇号・香川歴史学会創立六〇周年記念号。二〇一三年）

## 1　香川歴史学会の改組と『香川史学』の創刊

香川歴史学会が創立六〇周年を迎え、また機関誌『香川史学』が第四〇号にまでなったことを、会員の方々とともに大いに喜び合いたい。この機会に香川歴史学会と機関誌『香川史学』のこれまでのありかたについて、香川歴史学会の運営に当たってきたものとして私見を述べさせていただき、今後に役立つところがあればと思っている。

私が香川大学教育学部の歴史学研究室に赴任したのは、昭和四十三年（一九六八）四月の、今から四五年ほど前のことである。すでに当時香川歴史学会があり、早速理事となって事務局を担当することになった。全く様子もわからないままに、大会の準備に取りかかった。夏休みに近づいた七月中旬の学校現場の先生が参加しやすい時期であった。大会に参加したのは、歴史学研究室の卒業生がほとんどであったが、会員には日本史にかぎらず東洋史・西洋史に関心をもっている方も含まれていた。また香川大学とは関係なく、歴史関係の一般の方も一部入会していた。

記憶では当時の会員には学校単位で入っているということもあった。これがどういう理由なのか経緯はわからないが、おそらく教育学部の歴史学関係の教員と現場の歴史の先生との緊密化を、考慮されていたのではないかと思う。会の運営は歴史学研究室の教員と在学生によって行われており、会長は歴史学関係の教員が交互になっていた。いわば歴史学研究室と学校現場にいる卒業生をつなぐ研究会という性格が強かったように思う。

香川歴史学会は昭和二十八年（一九五三）七月に創立されており（「香川歴史学会会則」、『香川史学』創刊号）、私が事務局を引き受けた時は一五年ほど経っていた。大会と例会を年に一度ずつ行っていたが、いずれも参加者が少なく、また会費が円滑に納入されておらず、会の財政運営が難しいという状況であった。機関誌は発行していなかったので、財政難といってもそれほどのものではなかったが、会費の未納が多かったのを覚えている。

戦後の各地域での地方史研究の高まりの中で、当時香川歴史学会でも研究に従事していた現場の先生方から、そうした雰囲気が起こってきており、会の性格の変更について理事会で話し合った。その結果、歴史学研究室の卒業生が会の運営の中心になるが、地方史研究に関心をもっている方にも、積極的に会に加入していただくという、いわゆる開かれた研究会に組織替えすることになった。そして年一冊の機関誌『香川史学』を発行する方針も決められた。この方針に基づいた会員組織による研究会への改組が、最終的に決まったのは昭和四十五年（一九七〇）の七月の総会においてであった。

## 2　地域史の史料調査

機関誌『香川史学』は、それから約一年半後の昭和四十七年（一九七二）一月に発行された。その巻頭《かんとう》言《げん》「『香川史学』の創刊にあたって」で、会長の大西鋭作先生は次のように述べられている。

本学会は創立以来、ほぼ二〇年を経過している。発足以来最近までは、この学会の性格が、基本的には、はっきりしていなかったきらいがある。地方史研究という当初以来の念願が具体化されたのは、三年程前からであった。われわれは、この地方史研究に、大きな期待を寄せている。今日でも、なお地方史研究は、日本史の傍系の如き印象を与える傾向がある。日本史の研究則ち地方史の研究であるのが、歴史学の正しい姿である。香川歴史学会の機関誌発行に当たり香川の地方史研究に、実り多き将来を期待してやまない。

『香川史学』における「地方史研究」の重要性が強調されている。創刊号の大西鋭作先生の巻頭言の期待に私たちは、現在、十分に応えることができているだろうか。

香川歴史学会では、香川県内の近世庶民史料調査を計画し、すでに昭和四十四年（一九六九）に教育学部日本史担当の城福勇先生を研究担当者として、「香川県東部における近世史料調査の基礎的研究」が、文部省の科学研究費一般研究に採択された。これにもとづき会員が地域的に分担して何度か調査が行われた。『香川史学』創刊号にその一部として、小豆島の調査が徳山久夫先生によって報告されている。昭和五十年度の総会で「史料調査委員会の設置について（各郡市別ブロック）」が提案されているが（『香川史学』第五号、昭和五十一年〈一九七六〉三月）、長くは続かず史料調査はその後行われなくなったのは残念なことであった。この近世史料調査は歴史学研究室の学生による、自主的な近世史料の調査活動に引き継がれていった。

## 3　香川歴史学会の運営

以後香川歴史学会は年に一度の大会、三ないし四回の例会の実施、『香川史学』の年一回の発行を続けてきた。歴史学研究室の卒業生は半ば強制的な加入となり、一時会員が二〇〇名を超えた時期もあったが、卒業生以外の会員も徐々に増えていき、一般の方の会員が多くを占めるようになった。また『香川史学』にも堅実な研究にもとづいた論稿が多く発表されて、新しい会員制に移行した成果は十分に果たすことができたといえる。また第二号以降毎号掲載されてきた「香川県歴史研究の動向」は、担当された方には大変なご苦労をおかけしたが、歴史・考古・民俗の研究論文等の目録として貴重な蓄積であり、いずれ香川県の地域史研究の論文目録を作成する機会があれば、その基本的な資料として大いに役立つことであろう。

また、『香川史学』は第二号以降現在まで、美巧社から発行されている。第二号の発行に際して、理事の藤井洋一先生の紹介でその発行について、美巧社の故池上任社長へお願いにいった。池上社長は会の財政状況を理解され、発行を快くお引き受けいただいた。以後現在まで機関誌として『香川史学』を発行できたのは、美巧社のご協力、ご援助のお陰であり、深く感謝を申し上げねばならない。

改組後の香川歴史学会の運営については、一部の会員の方の献身的な協力を得ることができたが、全体的には歴史学研究室の占める比重が依然として大きく、会員相互の連携による会の運営の実現には困難をともなった。一年に一度の大会は無事に終わることができても、例会の開催が予定したとおりにはなかなか実施できないという時期もあった。こうしたなかで、四国学院大学の先生方が会の運営や『香川史学』

の発行に、ご尽力下さったことは忘れることができない。

例会の場所は香川大学教育学部の会議室が多かったが、例会を高松以外の地で開催したこともあり、坂出（鎌田共済会図書館）、高瀬（高瀬高校）、土庄（町立図書館）、琴平（文化財保護協会と共催、青年の家）、善通寺（四国学院大学）などで実施した。また香川大学ではなく高松市内の場所ということで、瀬戸内海歴史民俗資料館、香川県立図書館、さぬき荘、讃岐国分寺跡資料館などで行なった時もあった。なお例会は平成九年度（一九九七）の総会で談話会と称することに決められた。また大会についても、平成十六年度（二〇〇四）に綾歌（綾歌町教育委員会と共催、農村環境改善センター）、翌十七年度には長尾（公民館）で開催している。

こうした例会、談話会および大会の開催は、地元の理事の方には大変御世話になったが、県下各地域の人たちに香川歴史学会の存在を知っていただき、また会員確保の上で、大きな成果を得ることができた。今後も香川大学だけではなく、高松市内や各地の市・町での談話会・大会の開催を検討することが必要であろう。

香川歴史学会の大会は私が事務局を引き受けた昭和四十三年（一九六八）には、講演と研究発表の二本立てとなっており、創立当初のことは明らかでないが、おそらくこの二本立てが長く続いていたことと思われる。そのころの講演は、歴史学研究室の集中講義に来ていただいていた他大学の先生にお願いしていたが、同四十七年には香川県文化財専門委員の松浦正一《まつうらしょういち》先生に講演を依頼した。これ以後県下で活躍されている各分野の方に、講演をお願いするようになった。現在でも大会は講演と研究発表の形式を受け継いでいる。

## 4　香川歴史学会と『香川県史』の編さん

大会の形式が一度だけ変わり、シンポジウムを実施したことがあった。平成元年（一九八九）七月に「『香川県史』の成果と課題」をテーマにして大会をもった。昭和五十四年以来一〇年をかけて、香川県置県百年記念事業として行われた『香川県史』の編さんにより、全一五巻の刊行が平成元年三月に完結したことを受けてのことであった。この県史編さんには香川歴史学会の会員が多く参加しており、いわば香川歴史学会が県史編さんの中核的存在であったといっても過言ではなく、その果たした役割は大きなものがあった。

こうした点から、『香川県史』編さんの総括《そうかつ》をすることは、香川歴史学会の責任であろうということで、このシンポジウムが計画された。原始・古代・中世・近世・近現代・民俗の各領域ごとに報告を行い、「県史研究の成果を明らかにするとともにこれからの研究課題を追求」しようとするものであり、その報告内容は「『香川県史』の成果と課題」として、『香川史学』第一九号（平成二年七月）に掲載された。

このシンポジウムが開催され、また『香川史学』に形として残すことができたのは、シンポジウムの運営関係者のご尽力のお陰であった。これまでの香川歴史学会のありかたからみると大変有意義な、画期的なことであった。これからも機会を見つけて、こうしたシンポジウム形式による大会の開催も実施する取り組みが求められよう。

しかしながらこの間、一部会員有志による運営、大会・談話会のマンネリ化、会員の減少など、香川歴史学会の抱えている課題が多くあった。これは長年事務局を引き請けてきた私の力不足の成せるところでもあった。昭和六十三年（一九八八）七月に会長は大西鋭作先生から私に交代したが、事態が変わることはなかった。こうした状況を解決するためには、役員の交代や若返り、事務の分担化が必要であるとの声があり、理事会で何度か検討したが具体的な成案を得るところまでにはいかなかった。

しかし平成二十年（二〇〇八）の総会で理事の若返りが実現し、そして二年後の平成二十二年度（二〇一〇）の総会で、木原に代わって丹羽佑一副会長が会長となり、副会長二名も改まって新しい事務局体制をとることが実現した。ここに漸《ようや》く長年の課題であった会運営の改善が実現し、その後の香川歴史学会の運営は新しい役員の方々によって担《にな》われることになった。しかし改善されたとはいえ、なお一部役員の努力による会の運営が続いている状況にあり、会員の事務局への積極的な参加が望まれるところである。

## 5　地方史研究協議会の高松大会

平成十六年度（二〇〇四）の総会において、平成十九年度の地方史研究協議会第五八回の全国大会を、高松で開催してはどうかとの提案が関係者からなされた。四国中世史研究会は開催に賛成であり、伊予史談会・徳島地方史研究会・海南史学会などに働きかけるが、香川歴史学会の全面的な協力が是非とも必要であるということであった。

この高松大会への香川歴史学会の関わりかたの取り扱いについては、理事会で検討することになり、翌年の二月の理事会で香川歴史学会として全面的に協力することが決まった。そして平成十七年度の総会で香川歴史学会は共催団体として、地方史研究協議会の高松大会に参加することが了承され、同年十一月に高松大会実行委員会が組織された。香川歴史学会からは勿論のこと、前記の四国他県の研究会の代表や、また東京の地方史研究協議会からの大会運営委員の方々もこの実行委員会に参加して、高松大会の準備が進められた。高松大会の期日は平成十九年十月二十七日から二十九日、会場はサンポートホール高松・第一小ホールで開催することになった。そして大会までに二、三か月ごとに各県で持ち回りで大会研究会を開いて、研究発表の内容を深めていった。

高松大会準備のための大会研究会のはじめは、平成十八年度香川歴史学会の大会であった。その後各県を回り、香川歴史学会での二回目の研究会は同十九年の四月の談話会、三回目は同年七月の大会で行われた。他の三県は二回の研究会であった。このように高松大会の開催については、実行委員会による大会までの準備や大会研究会の実施、大会会場の準備、大会当日の運営等において、香川歴史学会の果たした役割は大きかった。改めて香川歴史学会の存在価値、力量を認識させるものであった。そして高松大会は盛会のうちに終えることができた。

## 6　四国地域史研究連絡協議会の結成

この地方史研究協議会の高松大会の共催を契機にして、香川歴史学会の存在が全国的に知られることになった。そして高松大会後に四国地域史研究連絡協議会（通称「四国地域史研究会」）が結成され、四国各県で年に一回持ちまわりで研究会をもつことになった。すでに四国四県を一回りしており、昨年の五年目は愛媛で行われ、今年は香川で、香川歴史学会創立六〇周年記念大会と共催し、十一月三十日に香川県立ミュージアムにおいて、「『船』からみた四国」をテーマとして開催することになっている。

この六回目の四国地域史研究会は、いうまでもなく香川歴史学会がその準備や運営等に当たらねばならない。会員各位の積極的なご協力が必要である。香川歴史学会はこれまで同様に、香川県の地域史研究の中心的役割を果たしていかねばならないことはいうまでもないが、今後は四国の地域史研究においても、香川県を代表する立場にあることを自覚することが肝要であろう。

香川歴史学会創立六〇周年、『香川史学』第四〇号の節目に際して、自省《じせい》の念を込めて拙文を草した次第である。今後、香川歴史学会が会員相互の連帯と協力によって運営され発展することを、そして『香川史学』が香川の地域史研究の成果を発表する場として、一層その役割を高めていくことを心から願っている。

# 十六　香川地域史研究の発展をめざして

（『香川歴史紀行—古から未来へ架ける橋—』。『香川歴史学会六十周年記念誌』編集委員会。美巧社、二〇一三年）

## 1　『香川県史』の編さん

明治二十一年（一八八八）十二月に愛媛県から分離して、最後の県として成立した香川県は、昭和六十三年（一九八八）に百年を迎えるため、置県百年記念事業として『香川県史』の編さんを行うことになった。

そのため昭和五十四年四月から本格的に編さん作業が開始された。

『香川県史』の編さんはすでに明治四十二年から翌年にかけて行われており、これは全国的にも県史編さんの取り組みとしては、早い方であったといえる。その後昭和十二年に『香川県史』の編さんが計画され、同十四年から十八年にかけて史料編『香川叢書』三冊を刊行したが、太平洋戦争激化のため中断した。収集した多くの史料が高松空襲により焼失したという。そして昭和四十八年に開館した瀬戸内海歴史民俗資料館による積極的な海事史資料や近世文書《もんじょ》の収集、昭和五十四年から五十八年にかけて『新編香川叢書』の刊行も、置県百年の『香川県史』編さんの前提として貴重な仕事であった。

この『香川県史』の編さんは、一〇年後の平成元年（一九八九）三月までに、原始・古代、中世、近世Ⅰ、同Ⅱ、近代Ⅰ、同Ⅱ、現代、古代・中世史料、近世史料Ⅰ、同Ⅱ、近代・現代史料Ⅰ、同Ⅱ、考古、民俗、芸文の全一五巻を刊行し、続いて別巻三冊が出された。

香川県における考古・民俗を含めた地域史の研究は、全国的にみると県史編さんがはじまるまでは、低調であるといわざるを得ない状況にあった。しかし一〇年間にわたる県史編さん事業は、新たな多くの資料の発掘による研究の進展により、香川における地域史の研究内容を全国的な水準にまで高め、また若手研究者の育成という大きな成果をもたらした。そして各部会での活動を通して、これまで香川ではほとんどみられなかった、共同調査や研究討議の重要性が認識されるに至ったのは、貴重な経験であったといえよう。

しかし県史編さんの終了時点で、時間的な制約のもと、収集した資料を県史の内容に十分反映することができなかったなど、問題も多く残された。横井金男香川県史編さん委員会会長は、県史編さん刊行の終わりに際し今後の重要な課題として、収集した多くの資料のうち資料編に収載できなかった資料が数多くあること、香川県の修史《しゅうし》事業は香川県文化の基本事業として継続実施されるべきこと、公文書館等を設置して県史に関する資料を収蔵し公開利用をはかること、県史の研究発表の機関誌の発刊等が考慮されてしかるべきことなどを指摘されている（『香川の歴史』第一〇号）。

## 2　香川県立文書館と香川県歴史博物館

『香川県史』の刊行から五年後の平成六年三月に香川県立文書館が開館した。この文書館では県史編さん事業で収集した資料を保存し、また新たに収集した古文書の保存と目録の刊行、紀要の発刊が行われてきた。その他保存資料の企画展示、古文書解読講座などが実施されている。これらは県史の修史事業の一環《いっかん》として位置づけられてはいないが、県史編さんの成果等を普及させるものであった。今後は香川県立文書館が、香川県の修史事業の中核《ちゅうかく》的存在としての役割を果たし、その体制を充実していくことが期待される。

その後平成十一年十一月には香川県歴史博物館が開館した。県史編さんによる成果を踏まえつつ、地域の歴史を一層豊富なものとする上で果たした役割は大きい。しかし同二十年三月に香川県文化会館の美術部門と統合して、香川県立ミュージアムとなって、歴史部門の比重が軽くなったことは否めない。歴史博物館として、地域史研究の中心的な役割を果たすという面が弱くなったのは、惜しまれるところである。

## 3　香川地域史研究の進展

『香川県史』の刊行が終わってのち、いくつかの自治体史が発刊されている。これらは『香川県史』の成果を十分に取り入れているのみならず、新たな資料の発掘・調査によって『香川県史』の不十分な点を補充し、一層豊かな研究成果が盛り込まれ、充実したその地域の歴史が明らかにされている。このことは地域史の研究が『香川県史』段階より進んできていることを物語っている。

香川地域史の研究会活動を地道に続けてきたのは、香川歴史学会である。機関誌『香川史学』は年一回の発行であるが、歴史・考古・民俗の研究論稿が掲載されており、平成二十五年には第四〇号を迎える。香川の地域史研究の核として、その研究を着実に発展させる役割を果たしてきたといえよう。

平成十九年秋、地方史研究協議会大会が高松市で開催された。この高松大会は他の四国三県の協力を得て実施するということになり、香川歴史学会がその中心的役割を果たした。高松大会後に四国地域史研究連絡協議会（通称「四国地域史研究会」）が組織され、以後毎年四県の持ちまわりで研究会を実施している。香川歴史学会の四国地域史研究会での活動が期待される。

東かがわ市の歴史民俗資料館では平成十六年三月より年報《ねんぽう》を発行しているが、単なる年報ではなく、東かがわ市地域の歴史関係の論文・史料紹介などを掲載しており、地域の歴史研究の核となっている。各地域の資料館においても、地域に密着した地道な調査、研究活動を続け、その成果を発表することが重要であろう。

また三豊《みとよ》市では平成二十一年六月に三豊史談会《しだんかい》が発足した。例会活動を行うとともに、同二十二年六月以来、研究発表の機関誌として『三豊史談』が発行されている。この三豊史談会の活動は、地域の歴史研究を推進するものとして高く評価されよう。こうした研究会は県内の他地域にもいくつかみられるが、その活動や情報の交換を行う横の連携が今後望まれるところである。

以上見てきたように、『香川県史』完成後の、この二〇年余りの間に、香川の地域史研究が着実に進展していることは間違いない。そして今後のさらなる発展をはかるためには、身近な地域に根ざした歴史に関心をもつ人たちとともに、地域の研究活動を積極的に行っていくという努力をすることが肝要であろう。

# 十七　生駒騒動（『歴史読本』二〇一四年一月号。株式会社KADOKAWA、二〇一三年）

## 1　「生駒踊り」の信憑性

讃岐でおこった生駒騒動《いこまそうどう》を記した『生駒記』に、「生駒踊《おど》り」のことが書かれている。藩主生駒高俊《たかとし》が、江戸屋敷で家中の少年らに毎夜派手な衣装の踊りを行わせ、また高俊の道中の行列に彼らが着飾って馬に乗って供をしたので、江戸中の注目を集めたという。高俊がいかに大名としてふさわしくなかったかを強調している部分である。

しかし『生駒記』以外に「生駒踊り」のことを記した近世の史料は見当たらない。時代は下って明治二十九年（一八九六）刊行の『古今史譚《ここんしたん》』（明治二十六年三月からの新聞連載）第四巻所収の「生駒騒動」に、『生駒記』と同じような「生駒踊り」のことが書かれているが、そこには幕府の老中《ろうじゅう》をはじめ諸大名も家臣の少年に踊らせたと記述されている。

そもそも『生駒記』の成立時期は不明で、各種の写本があり内容も異なっている。一番古い年号を持つ写本は寛保二年（一七四二）である。この写本には後世の書き込みがあり、寛保二年そのままの内容ではないが、少なくとも『生駒記』の原型にあたるものがこの時期に編さんされたのではないかと思われる（拙稿「『生駒騒動』の史料的検討」『近世後期讃岐の地域と社会』。美巧社、二〇一二）。寛保二年は生駒騒動からほぼ百年後にあたり、その記述については慎重な扱いが必要である。

したがって「生駒踊り」を強調して、生駒騒動の説明をするのは大いに問題があるといえる。そして生駒高俊については「生駒踊り」にみられるように、藩主としての器量を疑う立場からの評価が、『藩翰譜《はんかんぷ》』・『生駒記』・『公室年譜略《こうしつねんぷりゃく》』などにあるがその根拠は十分とはいえない。

## ２　前藩主の急逝と幼少藩主

生駒騒動とは寛永十七年（一六四〇）七月、外様《とざま》大名で讃岐一七万石余の生駒藩主生駒高俊が、幕府から出羽の由利郡矢島《ゆりぐんやしま》一万石に転封され、関係家臣が処分された事件を指す。騒動の発端はこの三年前、国家《くにが》老《ろう》生駒帯刀《たてわき》が、江戸家老前野助左衛門・石崎若狭《わかさ》らの非法を、幕府老中で高俊正室の父である土井利勝《としかつ》、高俊の叔父にあたる伊勢の津藩主藤堂高次《たかつぐ》らに訴え出て、国家老と江戸家老の対立が表面化したことにある。

高俊の父・生駒藩第三代藩主生駒正俊《まさとし》は、元和七年（一六二一）に江戸から居城高松への帰途京都で急死した。当時高俊は一一歳で小法師《こほうし》と称しており、まだ藩政をみることができなかったので、幕府は老中の土井利勝を通じて正俊の正室の父（正室はじつは養女）である外祖父の津藩主藤堂高虎《たかとら》に、生駒藩政を執《と》るよう命じた。高虎は翌元和八年に入ると「讃岐国の仕置き」のために家臣の西島八兵衛を讃岐へ派遣した（西島家文書）。そして同年八月には藩地の年寄《としより》（家老）に次ぐ要職たる奉行《ぶぎょう》へ藩政の方針を示し、生駒藩の執政《しっせい》をはじめている（生駒家文書）。

寛永三年八月に生駒高俊は一五歳となり、小法師を壱岐守《いきのかみ》に改めて従四位下となっており（『徳川実紀』）、正規の大名として認められている。藤堂高虎はこれから四年後の寛永七年十月に死去したが、この年二月に高俊は藩地の奉行に藩政に関する指示を出しており（西島家文書）、このころから藩政に携わりはじめたと思われる。

高俊は、奉行より知行高は多かったがこれまではほとんど重んじられなかった年寄、生駒左門《さもん》・生駒帯刀・森出羽を藩地の最高責任者の国家老に位置づけている（拙稿「生駒藩」『藩政にみる讃岐の近世』。美巧社、二〇〇七）。こうして生駒藩は藩地の年寄・奉行制を中心として、安定した政治運営が行われていく状態になったかと思われた。

『徳川実紀《とくがわじっき》』によると、第三代将軍徳川家光《いえみつ》は茶会をよく開き各大名を招いていたが、生駒高俊も寛永五年正月以後招かれており、また寛永十一年に江戸城の普請に必要な物資を献上し、薩摩藩主島津家久ら外様大名九名とともに将軍家光に拝謁している。そして寛永十五年四月には島原の乱によって処分を受けた、島原城主松倉勝家の弟松倉重利が讃岐へ配流され生駒高俊に預けられている。翌十六年十一月には将軍家光の茶会に呼ばれるなど、生駒高俊がほかの大名と異なった待遇を受けているようなふしは見当たらず、先述した寛永十四年の生駒帯刀の訴えによる影響もうかがうことはできない。

ところで、このとき生駒帯刀に非法を訴えられた前野助左衛門と石崎若狭は新参人《しんざんにん》であった。若狭についてはよくわからないが、前野助左衛門は関ヶ原合戦後に藤堂高虎に召し出され、藤堂家と由緒のあった二代藩主生駒一正《かずまさ》に推挙されたといい（『武功夜話《ぶこうやわ》』）、前野・石崎を生駒一正が召し抱えるについては、藤堂高虎が関与していたと思われる。高虎の執政を契機にして生駒藩江戸藩邸での助左衛門らの役割が、いっそう強まったことであろう。

寛永七年の藤堂高虎没後、寛永十一年にはその子藤堂高次が高俊へ、日常生活から藩政にわたる年寄への相談など細部にわたって指示を出しており、高次が後見人《こうけんにん》として生駒藩政へ干渉しているのがうかがえる（生駒家文書）。年寄の重視の方向をとりながらも、後見人高次の権威に依拠した江戸藩邸の前野らが、藩地の年寄の存在を軽視するようになっていったところに、生駒帯刀による訴状の提出の原因があったと思われる。

## 3　国元と江戸の分離

生駒帯刀が土井利勝らへ提出した訴状の内容は、一九か条にわたって前野助左衛門・石崎若狭の非法を指摘している。おもな点は前藩主の生駒正俊が蓄えた金銀を前野らが勝手に使っていること、譜代《ふだい》の家臣の扶持《ふち》を放ち新参の侍を多く召し抱えて重用《ちょうよう》していること、生駒高俊の了解なしに前野助左衛門が千石加増されていることなど、年寄である国家老に相談せずに専断して藩の財政難を招き、新参者の重用による家臣間の混乱を招いているという（『生駒記』）。たしかに新参人の召し抱えによって給知高《きゅうちたか》が増え蔵入高《くらいりたか》が減少しており（前掲拙稿「生駒藩」）、生駒藩の財政難をもたらしている大きな要因であった。

なお、この訴状に助左衛門が江戸屋敷の長屋で小姓を集めて「乱舞酒宴等仕《つかまつ》」っているとのか条があり、これが「生駒踊り」として取り上げられる根拠となったのかもしれない。

生駒帯刀は江戸で訴状の内容を土井利勝・藤堂高次らに内々に説明し、それが了解されたので帰藩したという。それから二年後の寛永十六年冬、帯刀を江戸に呼び寄せたが、「理非《りひ》をた丶（糺）し申し候内」に前野助左衛門が死去したので、「公事《くじ》の儀」つまり訴えはなかったことにして帯刀を藩地へ帰している（生駒家文書）。

その後の経過については、翌十七年五月二十日付の幕府へ提出した生駒高俊の「覚書《おぼえがき》」（生駒家文書）によると、石崎若狭・前野次太夫（助左衛門子）が江戸屋敷はもとより国元《くにもと》にまで書状を廻して、「徒党《ととう》」・「一党《いっとう》」して高俊の命を聞かないため、二人を「扶持放《はな》ち」にしようとしたところ「大勢一度ニ立ち退《たの》」こうとしたので、土井利勝・藤堂高次と相談して若狭・次太夫と帯刀を高次の藩地へ預けることにした。

しかし、石崎若狭らはいっそう「様々《さまざま》りくつ（理屈）かましき事を申す付きて、弥《いよいよ》堪忍成りかたく存」じ、「徒党」の中心となっている一四、五人の「扶持放ち」の処分を考えていたところ、かれらは江戸・藩地から「立ち退」いたという。その数は侍、従者、歩行《かち》、足軽の家族など合わせて三、四千人であったという（『生駒記』）。藩地からは奉行・代官・町奉行の要職にあったものも「立ち退」いており（「生駒家分限帳」）、石崎らには藩地にも多くの支持者がいたことがわかる。

## 4　幕府の裁決と顛末

七月に入ると「生駒壱岐殿家来の者出入《でい》り」の幕府の評定《ひょうじょう》があり、「徒党の御吟味《ごぎんみ》」を中心とした審理があった。十日にはほぼ審理を終え、二十二日には評定の結論は出ていた（山内家御手許《おてもと》文書）。そして七月二十六日、処分が申し渡された。

結果、生駒高俊は「家中仕置《しお》き無沙汰《むさた》ニ付き」として讃岐を没収され、出羽の矢島にわずか一万石を与えられた。石崎若狭ら一〇名は、いずれも「徒党」を組んで「立ち退」いたことが問われてその子ともに死罪に処せられた。一方、生駒帯刀と藩主高俊を擁護した生駒左門・三野四郎左衛門《みのしろうさえもん》は大名預け、同じく生駒河内《かわち》と多賀源助は追放となった（「寛永日記」）。こうして国家老と江戸家老の対立からはじまった生駒騒動は、江戸家老派の極刑となったが、生駒帯刀が訴えた前野・石崎らの非法ではなく前野一派による「徒党」・「立ち退き」が問題とされたのであった。

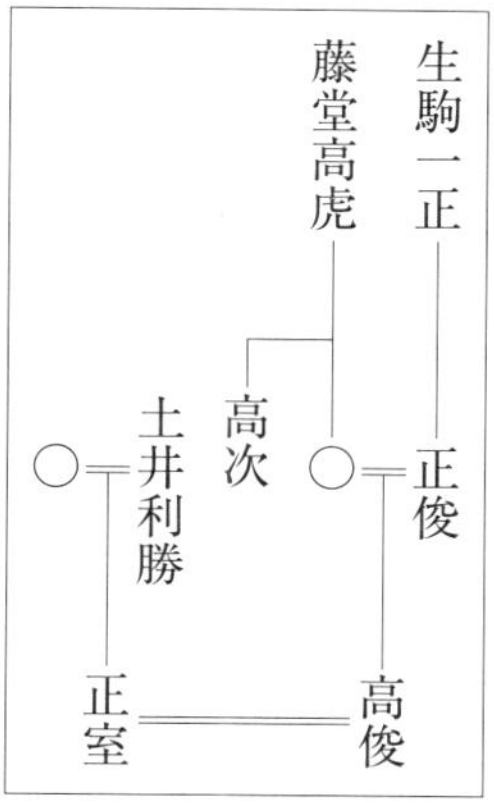


生駒家・藤堂家関係系図

讃岐一七万石余の国持《くにもち》大名からわずか一万石の大名となった生駒家の悲劇は、三代藩主生駒正俊の急死にはじまった。新藩主となった生駒高俊に代わって、生駒藩政を藤堂高虎が執政し、高虎死後はその子高次と高俊正室の父老中土井利勝のもとで、前野助左衛門らがいっそう勢力を伸ばした。こうした「江戸執行体制《えどしっこうたいせい》」とでもいうべき状況のなかでは、藩主高俊が生駒藩の政治の主導権を握ることができなかったのが、新・旧家臣の対立という生駒騒動を引き起こす大きな要因であったといえよう。そしてこの藩政の混乱した状態が、外様大名対策の一環として幕府につけいる隙《すき》を与えたといえようか。

それにしても、なぜ家臣として仕えている主家の改易・転封をもたらすことになるのが明らかな、そして自らは極刑に処されることが必然である「徒党」・「立ち退き」という行動を、江戸家老らがとることになったのか。その理由は謎のままである。

# 十八　海運と讃岐の廻船

（「瀬戸内海の鼓動　第7部・海から見た風景」『四国新聞』二〇一四年四月二一日付）

## 1　瀬戸内と西廻り

古代以来、瀬戸内海は海上交通の大動脈であった。江戸時代に入って、とくに物資の輸送が盛んになってくると、その重要性は飛躍的に増大した。そのため、大坂をはじめとした瀬戸内の湊《みなと》、たとえば鞆《とも》ノ浦、尾道、忠海《ただのうみ》、御手洗《みたらい》、上関などが発展し、弁才船《べざいせん》とよばれる一本マストの独特の帆船が行き交った。物資を積んだ船を廻船《かいせん》というが、湊を出た廻船は各地の湊に立ち寄って、積み荷やその地の特産品などを取引しながら航海を続けた。

こうした瀬戸内の海運の発展を背景にして、天下の台所といわれた大坂と、瀬戸内を通り下関を経由して日本海地域とを結ぶ西廻《まわ》り航路が開かれた。これは、初めは幕府の年貢米（城米《じょうまい》という）の輸送のためだったが、のちには物資も運ぶようになった。この城米の輸送に主として従事しながら活躍したのが、塩飽の廻船であった。

## 2　塩飽の廻船

但馬国の風待ち湊・今子浦《いまごうら》（兵庫県香美町）の、享保四年（一七一九）から八年間の「船番所入津記録」によると、国別では讃岐の六八艘《そう》は三番目で、そのうち塩飽が四五艘だった。この塩飽の船数は一地域として全国で最も多い。城米船とわかる一九艘のうち、塩飽が一三艘を占めていた。例として享保十年に、塩飽牛島の有力船主丸尾家の六左衛門が船頭の廻船が、丹後城米二七五〇俵を積んで今子浦に入っているのが確認できる（田島家文書）。

## 3　『諸国御客船帳』と讃岐の廻船

十八世紀中頃以降、塩飽廻船は衰えていくが、それに代わって讃岐の各湊の廻船の動きが活発となる。石見国の浜田外ノ浦《と》（島根県浜田市）の船問屋清水屋が、江戸時代中頃から約一五〇年にわたって記した『諸国御客船帳』には、瀬戸内の各地の廻船とともに、讃岐の廻船が三七八艘記されている。

これらには「讃岐三白《さぬきさんぱく》」の塩・綿・砂糖を積んでいる場合も多い。このように江戸時代には讃岐の廻船が瀬戸内の海運を利用して、西廻りによって日本海側の北陸、東北方面にまで出かけ、讃岐の特産品を運んで取引を行っていた。

# 十九　遍路日記と煩い・病死遍路

（原題「遍路日記と病死遍路」。四国霊場開創一二〇〇年記念四国連携事業『空海の足音　四国へんろ展　香川』。香川県立ミュージアム、二〇一四年十月）

## 1　讃岐の遍路日記

近世に入ると四国の寺々をめぐる民衆による四国遍路が行われるようになるが、それが一層盛んになっていく契機となったのは、十七世紀後半に入った貞享四年（一六八七）に、一番から八十八番までの札所を決め、その道筋を紹介した僧真念《しんねん》によるガイドブックである、「四国徧礼道指南《へんろみちしるべ》」の刊行であった。これから十七年後の宝永元年（一七〇四）に、讃岐丸亀藩領内野々《うちのの》村の九郎右衛門の妻子三人が、四国遍路へ出かけているのが確認できる（「万覚帳」佐伯家文書、香川県立ミュージアム蔵）。

四国遍路に出た民衆で、道中日記を書き残した人たちがいる。民衆の日記として一番古いのは、十八世紀中ころの延享四年（一七四七）の「四国辺路中万覚日記《よろずおぼえ》」（佐伯家文書）である。これは讃岐の丸亀藩の西端の井関《いぜき》村庄屋佐伯藤兵衛が、四人連れで遍路に出かけたときの日記で、二月二十七日に六十八番札所琴《こと》弾《ひき》八幡宮からはじめ、東へ順打ちして四十三日後に帰宅している。記述は日ごとに札所、宿の木賃銭《きちんせん》など道中の費用、天気状況などを記したもので、簡略な内容である。

香川県立ミュージアムに、かつて丸亀藩領吉津村の庄屋を務めた家筋の新延《にいのべ》某（名は不明）が、天保四年（一八三三）に記した「四国巡礼道中記録」が収蔵されている。これによると、本人を含めて九人が二月二十日に近くの七十一番札所弥谷寺《いやだにじ》に札納して東へ向かい、四十二日間にわたる遍路を終えて帰宅している。内容は「万覚日記」に類似しているが、接待《せったい》のことが詳しく書かれていることが大きな特徴である。

## ２　紀伊学文路の遍路日記

また同ミュージアムには、紀伊の紀ノ川をさかのぼった地にある学文路《かむろ》に住む、平野作左衛門が記した享和二年（一八〇二）の「四国辺路道中日記」も収蔵されている。和歌山へ出て四月六日に鳴門に向かい、翌七日に一番札所霊山寺《りょうざんじ》から順打ちに回っている。各札所やその周辺の歴史や伝承を詳細に書き留めており、記述内容は豊富である。ただし接待や道中の諸経費の記述はない。遍路の途中松山から宮島へ渡り、翌日は岩国へ行っており、また讃岐に入って善通寺から金毘羅大権現へ足を延ばしているように、物見遊《ものみゆ》山《さん》的なところがうかがえる。六月三日に結願寺の大窪寺《おおくぼじ》に着き、大内郡の白鳥へ出ている。

平野作左衛門は佐伯藤兵衛や新延某と同様な、庄屋クラスの村役人層であったらしく、また日記に書かれた内容から相当に知識を有する人物であったと考えられる。これらの遍路日記を書き残したのは、民衆の中でもある程度経済的に豊かな層であり、比較的順調に四国遍路を終えることができた人たちであった。

## ３　煩い・病死遍路の扱い

他方、四国遍路は多くが経済的に苦労しながらの困窮遍路であった。かれらにとっては沿道での接待はなくてはならないものであったろう。たとえば先述の新延某の「道中記録」によると、連日のように接待の記事がみえ、伊予の大洲《おおず》の新谷から内子《うちこ》の大瀬にかけて一日に九回もの接待があり、ほとんどが食べ物である。

遍路の途中で病気を煩《わずら》って遍路を続けられないときは、郷里へ戻らねばならない。その場合には「村送《むらおく》り」が行われた。幕末の頃と思われるが、豊後の府内領下高村の和太郎が高松藩領阿野郡北の坂出村まできたときに歩行困難となり、帰村したいとの本人の申し出により、庄屋の阿河加藤次は人足二人を付けて、隣村の宇足津村庄屋へ往来手形《おうらいてがた》、船揚切手《ふねあがりきって》、遍路願書の三通を添えて村送りをしている（阿河家文書、瀬戸内海歴史民俗資料館蔵）。宇足津からは船で府内へ戻ったのであろうか。

遍路の途中で行き倒れになったり、病により死去する場合もあった。讃岐の阿野郡北の大庄屋渡辺家の「御用日記」（香川県立ミュージアム蔵）に、文政二年（一八一九）に伊勢の鈴鹿郡の伊右衛門が阿野郡北の鴨村で病状が悪化し、その日の暮に死去している。翌三年には同じく鴨村で備中の浅口郡の宗五郎が行き倒れ、七日後に病死した。また天保五年（一八三四）には能登の羽咋《はくい》郡百姓の娘きくとのぶが、西庄村の惣兵衛方で一宿したが、のぶが病気になり、数日後に病死している。

遍路の行き倒れはむろん讃岐に限ったことではなく、阿波の名東《みょうどう》郡の組頭庄屋（大庄屋）後藤家文書によると、天保五年に筑前の怡土《いと》郡の半六・福太郎親子は父親が府中村で倒れ、十五日後に病死した。残された男児は村で養育することになったが、男児も父の死後ほぼ二か月半後に病死している（町田哲氏「近世後期阿波の倒れ遍路と村―後藤家文書を素材に―」『旅と祈りの道―阿波の巡礼―』。二〇〇七年）。

## 4　遍路と「村入目」

煩い遍路・村送りや病死遍路には、村の経費で処理するというのが一般的であったようである。たとえば讃岐の丸亀藩領の安藤家文書に、三野郡上勝間《かみかつま》村庄屋安藤忠治郎が嘉永四年（一八五一）に、伊予の新居《にひゐ》郡東角《ひがしかど》村・西角村の計五人の七十六日間の「煩逗留中入目銀」、また翌五年には丹波の天田《あまだ》郡の天野村百姓林伴右衛門倅《せがれ》清助の、三日間の煩い後の病死による「取埋諸入目」を藩役人へ届け出ているのは、このことを示していると考えられる。

余裕のある町人や村役人層はさておき、多くの遍路は経済的に恵まれず、また体力的なこともあって遍路途中で煩って、病死することも少なくなかったであろう。こうした不幸な状況に陥った遍路に対して行われた村、あるいは村人による好意的な配慮は、江戸時代の遍路に対する慣行として、十分に考慮しなければならない事柄であろう。

# 二十　高松藩の五街道（講演要旨）

（会報『たかまつ』。高松市文化財保護協会、二〇一五年）

## 1　高松城下町と五街道

生駒《いこま》家が御家騒動《おいえそうどう》によって讃岐を去った後、讃岐中・東部一二万石を支配したのは、寛永十九年（一六四二）に御三家水戸藩からきた松平頼重《よりしげ》であった。頼重は生駒家が築きつつあった近世的な体制を推し進め、領内農村の検地《けんち》、家臣団の統制、高松城下町の拡充、高松城天守閣の再建などを行い、藩の支配体制を確立した。そして年貢米や物資の運送、人々の往来のために、高松城下と領内各地を結ぶ道の整備を行う必要があった。高松城南の外堀、丸亀町の北に架かる常磐橋《ときわばし》を起点として、五つの主要な道が整備されていった。東から志度街道《しどかいどう》、長尾《ながお》街道、仏生山《ぶっしょうざん》街道、金毘羅《こんぴら》街道、丸亀《まるがめ》街道と呼ばれた。志度街道は浜街道ともいい、高松城下から海岸線を志度、三本松、引田を通って阿波へ通じていた。長尾街道は城下から東南に進み、長尾、田面《たづら》を経て、町田で志度街道に合流した。仏生山街道は城下南の田町から栗林荘《りつりんそう》の近くを過ぎ、藩主松平家の墓地のある仏生山への道で、お成り道《なりみち》ともいわれた。金毘羅街道は城下はずれで、仏生山街道からわかれて西南へ向かい円座、滝宮を経て金毘羅へ至る道であった。丸亀街道は城下西の西通町《にしとおりちょう》（現錦町）から香東川《こうとう》を渡って西へ向かい、宇足津を経て丸亀藩境の土器川右岸へ通じていた。これらの五街道の中から、仏生山街道と金毘羅街道について紹介する。

## ２　仏生山街道

古くから仏生山には阿波への道があり、安原往還《やすはらおうかん》ともいわれる。松平頼重は寛文十年（一六七〇）に仏生山に法然寺《ほうねんじ》を建て、松平家の菩提寺《ぼだいじ》とした。三年後の延宝元年に寺領三〇〇石が幕府将軍の朱印地《しゅいんち》となった。二人の藩主を除いて歴代藩主の墓所があり、藩主一族による参詣の道として発達したが、のちには民衆の法然寺への参詣も多くなった。門前町《もんぜんまち》には素麺会所《そうめんかいしょ》が置かれて、素麺作りが盛んになり、そのほか米屋・木綿商・宿屋などが軒を連ねて、仏生山門前町は大いに繁栄した。こうして仏生山街道は法然寺のある仏生山門前町と、高松城下を結ぶ道として発展した。仏生山は遍路《へんろ》の人たちにも関心を持たれ、僧真念《しんねん》が刊行した貞享四年（一六八七）の「四国偏礼道指南《へんろみちしるべ》」にも紹介されて、遍路たちも仏生山を訪れている。現在仏生山街道は、塩江街道から太田上町でわかれるが、そこには天保二年（一八三一）に建てられた金毘羅灯籠《とうろう》が残されている。

## ３　金毘羅街道

寛永十年（一六三三）の「讃岐国絵図《さぬきのくにえず》」には東から象頭山《ぞうずさん》（金毘羅）を通って伊予へ向かう道が描かれている。それから五〇年近く経った延宝三年の絵図にも金毘羅から高松へ、また伊予へ向う道が大きく書かれており、近世の始めより讃岐の東から内陸を通って伊予へ向かう、交通の要衝《ようしょう》であったといえよう。松尾寺《まつおじ》にあった金毘羅堂は元和八年（一六二二）に生駒高俊から金毘羅大権現《だいごんげん》として三三〇石を与えられた。松平頼重も襲封直後の領内巡視で、金毘羅へ立ち寄って以後何度も参詣し、生駒藩時代の金毘羅領を認めて、金毘羅大権現への信仰は厚かった。頼重の斡旋により慶安元年（一六四八）に、金毘羅領は幕府の朱印地となった。その後の藩主も金毘羅参詣を続けており、高松と金毘羅の間を行き来した。また同時に民衆の金毘羅への信仰も高まり、高松から金毘羅への道は一層発展していくことになった。街道途中の滝宮は交通が盛んであったところで、高松藩主の休憩所や金毘羅参りの人々や往来者の宿場町《しゅくばまち》として大いに賑わった。金毘羅へは遍路が七五番札所の善通寺から訪れている場合もあった。

〈著者紹介〉
木原《きはら》　溥幸《ひろゆき》

1939年４月　福岡県生まれ。
1967年３月　九州大学大学院文学研究科（国史学専攻）
　　　　　　博士課程中途退学。
1968年４月　香川大学助手（教育学部）。
1998年２月　九州大学より博士（文学）授与。
2003年３月　香川大学（教育学部）定年退職。
同　年４月　徳島文理大学教授（文学部・香川校）。
2010年３月　徳島文理大学定年退職。

編著書
『幕末期佐賀藩の藩政史研究』（九州大学出版会　1997年）。
『香川県の歴史』（共著）（山川出版社　1997年）。
『近世の讃岐』（編著）（美巧社　2000年）。
『讃岐と金毘羅道』（編著）（吉川弘文館　2001年）。
『地域にみる讃岐の近世』（美巧社　2003年）。
『藩政にみる讃岐の近世』（美巧社　2007年）。
『讃岐・江戸時代の町、村、島』（文芸社　2008年）。
『近世讃岐の藩財政と国産統制』（溪水社　2009年）。
『佐賀藩と明治維新』（九州大学出版会　2009年）。
『史料にみる讃岐の近世』（美巧社　2010年）。
『香川県謎解き散歩』（編）（新人物往来社　2012年）。
『近世後期讃岐の地域と社会』（美巧社　2012年）。
他

現住所　〒761-8082　高松市鹿角町27番地15-608

近世讃岐地域の歴史点描　　定価2,000円（税別）

2016年７月１日初版発行

著　者　　木原　溥幸
発行者　　池上　晴英
発行所　　㈱美巧社
高松市多賀町１丁目８－10　〒760-0063
電話　087（833）5811


印刷・製本㈱美巧社
ISBN978-4-86387-074-1 C1021